知识生产的原创基地
BASE FOR ORIGINAL CREATIVE CONTENT

颉腾商业
JIE TENG BUSINESS

THE
CONSULTING BIBLE

HOW TO LAUNCH AND GROW A
SEVEN-FIGURE CONSULTING BUSINESS

咨询宝典

如何成为
百万美元咨询师

〔美〕艾伦·韦斯（Alan Weiss）著　　孟夕冉 译

浙江教育出版社·杭州

图书在版编目（CIP）数据

咨询宝典：如何成为百万美元咨询师 /（美）艾伦
·韦斯（Alan Weiss）著；孟夕冉译. -- 杭州：浙江
教育出版社, 2024.3
　　ISBN 978-7-5722-7340-7

　　Ⅰ. ①咨… Ⅱ. ①艾… ②孟… Ⅲ. ①咨询服务
Ⅳ. ① C932.6

中国国家版本馆 CIP 数据核字（2024）第 033366 号

Title: The Consulting Bible: How to Launch and Grow a Seven-Figure Consulting Business, 2nd
Edition by Alan Weiss

Copyright © 2021 by Alan Weiss. All rights reserved.

This translation published under license. Authorized translation from the English language edition,
published by John Wiley & Sons. No part of this book may be reproduced in any form without the
written permission of the original copyrights holder.

浙江省版权局著作权合同登记号 图字：11-2023-442 号

咨询宝典：如何成为百万美元咨询师
ZIXUN BAODIAN：RUHE CHENGWEI BAIWAN MEIYUAN ZIXUNSHI

［美］艾伦·韦斯（Alan Weiss）　著
孟夕冉　译

责任编辑	赵清刚
美术编辑	韩　波
责任校对	马立改
责任印务	时小娟
出版发行	浙江教育出版社
	地址：杭州市天目山路 40 号
	邮编：310013
	电话：（0571）85170300-80928
印　　刷	涿州市京南印刷厂
开　　本	710mm×1000mm　1/16
成品尺寸	170mm×230mm
印　　张	18.5
字　　数	320 千字
版　　次	2024 年 3 月第 1 版
印　　次	2024 年 3 月第 1 次印刷
标准书号	ISBN 978-7-5722-7340-7
定　　价	99.00 元

谨将本书献给所有从事过咨询行业的人们。

你们通过提供咨询服务，帮助客户改善了现状，

同时也帮助周围的人改善了生活。

因此，这本书是献给你的，

也为你所取得的成功表示祝贺。

INTRODUCTION TO THE SECOND EDITION

自从十年前这本书的第 1 版出版至今，这期间我们经历了多次社会抗议、新冠疫情、两次美国总统选举、高度两极分化的社会、恐怖袭击、恶劣的自然灾害（从火灾到洪水，从飓风到海啸）、英国脱欧、气候变化、可替代能源的使用问题、社交媒体的普及、自动驾驶的汽车、人工智能领域的突破、面部移植、远程医疗等。

我们亲眼见证了苹果和亚马逊的市值都增长到了一万亿美元以上，通用电气能源集团从此一蹶不振，大众汽车、富国银行、麦当劳、塞拉诺斯和宾夕法尼亚州立大学都遭遇了丑闻风波。庞氏骗子伯尼·麦道夫、马丁·史克雷利、罗杰·艾尔斯、比尔·科斯比、杰弗里·爱泼斯坦和大学招生舞弊案的丑闻让舆论陷入哗然。

十年弹指一挥间，历史的车轮依然滚滚向前。

确实，我们很多人都经历了古巴导弹危机、越南战争和"9·11"事件。

世事难料。

很显然，这段时期也有很多好消息和重大突破是我未提及的。在困难的情形下，需要一个头脑更清晰的人，他有明智的方向和有效的解决方案，来带领大家走出苦难。未来仍然需要具备专业知识的人才，需要人们明察秋毫和目标明确。

这个时代需要你我共同努力。希望这本书能帮助你更好地了解咨询行业，从刚刚入行到扶摇直上，从营销到实施。人们常常谈论着"智能化"和"大数据"，但我们真正对知识和智慧的关注还不够。

我希望与你们分享我在职业生涯中所收获的知识和智慧，也希望你们能将其与更多的人分享。这不是一份工作，更不是一个职业，而是一个使命。

因此，我给这本书取名为《咨询宝典》。

——艾伦·韦斯

罗得岛州，东格林尼治

2021 年 3 月

INTRODUCTION TO THE FIRST EDITION

这是一本为独立咨询师和精品咨询公司首席顾问构思和创作的书。在明确了这一点的基础之上，我想告诉大家，本书中所述的战略、概念、方法和经验对大型咨询公司的合伙人和从业者同样有效。我在咨询实践方面的开创性著作《成为百万美元咨询师》(*Million Dollar Consulting*)，自 1992 年第 1 版面世以来已经拥有超过 50 万名读者。

大家可能会问："这本书会有什么不同呢？" 会有如此的提问，尚且在我的意料之中。

这是我所撰写的关于咨询方面内容最全面的一本书；也就是说，它的内容涵盖了从刚开始上手做咨询到成为百万美元咨询师、从行业小白到行业大咖所面临的种种专业问题。我也会根据需要对内容进行更新和修订。同时，我会在个人网站上持续更新和添加电子附录里的信息，大家可以随时访问我的网站（http://summitconsulting.com），进入线上书架，选择本书，然后点击"附录"即可，不会收取任何额外费用。

我将自己最新的感悟和思考都纳入本书，包括最近的知识产权，如百万美元咨询师的加速曲线、思想领袖的诞生与作用、扩大的市场引力轮、市场价值的钟形曲线，以及如何成为人们关注的对象。当然，这些也可以统一归纳在社会、技术和经济发展及其他可能的潮流环境中。我将告诉大家如何在持续变化的环境中建立动态平衡，以及如何提高自己的身价。

有的人批评我早期作品中的内容没有向读者解释清楚如何发展成为一家拥有众多员工、固定资产和基础设施的大公司。我想是那些批判者没有在书中找到他们想要的答案。

我是一个独立咨询师，我没有员工，但是我的利润率维持在 90%——我对自己所创造的东西拥有绝对的话语权。这是一本指引你如何达到这一境界的宝典，你将获得足够的独立性，成功或失败都取决于你自己，你可以为自己的未来、职业和后代投资，因为你创造了最大的财富——可自由支配的时间。在这本书中，我讲述了两种可行的商业模式，教大家如何打造一家公司。但是请千万记住，不要浪费40年的时间去寻找完美的商业模式。你在咨询这条路上应该获得成功。

我给这本书起了一个高尚的名字，因为我们的事业是高尚的。无论你是一个新手，还是一个经验丰富的老手，我都会告诉你如何在吸引和服务客户方面变得更加出色，从而使你自己和周围人的人生变得富有意义。

但首先，你必须有这样的信念。

——艾伦·韦斯

罗得岛州，东格林尼治

2011 年 3 月

第二部分
出 埃 及 记
咨询成为一项业务

051

创 | 世 | 记

咨询成为一种职业

成功咨询的起源、演变和基本要求。
有些实际情况是不言而喻的，也是亘古不变的。

第1章
起源与演变
我们从何而来

1

1.1 咨询师的角色

在中更新世的某一天，最后一个冰河时代结束之后，一个男人正琢磨着怎么削尖石矛的矛头，以便于能更好地捕获和猎杀野猪来养活他的氏族，同时也能保护自己和族人免受恶狼的伤害。他用自己从观察父亲时学来的，同时也是自己唯一知道的方法来做——选一块较大的岩石，在上面费力地打磨矛头的两侧。

一个陌生人碰巧经过他身边，这个人可能正在四处漫游，或者被他的部落流放了，或者也可能就是迷路了。这个陌生人看了看这个男人磨制的矛头，向男人演示需要用一块更坚硬的岩石来打磨矛头才行，并告诉了男人如何来挑选更合适的岩石，不是随便哪一块岩石都能用上的。事实上，他的方法奏效了，男人很快磨出了锋利的矛头。男人向这位陌生人致谢，并赠予陌生人食物和狮子牙作为感谢。吃饱喝足之后，陌生人带着他的"狮子牙"护身符上路了。

咨询行业就此诞生了。

信条
咨询师的角色是帮助客户改善他们的状况。

咨询行业的起源究竟是怎样的？上面的故事有没有发生，我们无从求证。但不可否认，自从人类社会形成以来，人们居住在一起，身边就充斥着各种建议和

意见。"最古老的职业"这一说法被误用到了另一个职业上。但是有些人可能会说，如果咨询工作的动机不纯或是咨询师本身技能欠佳，这个行业根本就是虚有其表。

我们的工作是改善客户的状况。医生也是咨询师的一种，他们在医学院学到的第一件事就是 primum non nocere（拉丁语，这是古希腊医药之父、名医希波克拉底的名言，意思是"首要之务便是不可伤害"）。当我们和客户结束合作时，客户的状况应该比合作前要更好，否则我们就失败了（这里的"我们"指的是客户和咨询师双方，失败是由我们双方共同承担的）。

事情就这么简单。

然而，我们开始作为独立咨询师和小公司首席顾问（或大公司的顾问和合伙人）为企业提供管理咨询类的相关工作并非源于远古时代。我们在有生之年见证了管理咨询行业的开拓和繁荣发展。

第一家管理咨询公司理特管理咨询于 1886 年创立，创始人是麻省理工学院的一位教授。起初，这家公司主要是做技术研究的。博思艾伦咨询公司由西北大学凯洛格学院的埃德温·博斯于 1914 年创立，是第一家同时为工业和政府客户提供服务的公司。直到大萧条爆发后，这些独立咨询公司才逐步进行扩张，吸纳大量的专业人士。

大多数管理咨询的编年史家认为其起源可以追溯到弗雷德里克·温斯洛·泰勒，他是 20 世纪初著名的劳动时间和工作方法的研究大师，据说他催生了一大批以效率为衡量基准的工程师和咨询师。这个简单粗暴的起源论存在两个问题。首先，是由于政府的规定和第二次世界大战的紧迫性，才导致我们大家所熟知的咨询业务的出现。其次，泰勒主义就是一个弥天大谎，因为泰勒伪造了他的数据。在计算工作效率时，例如一个人铲煤，泰勒会测量铲子的大小、铲子要经过的距离、每分钟铲多少次等，**但他从未把体力劳动中存在的疲劳系数考虑进去**。人们做的活越多，效率就越低。当这一因素变得无法忽略时，泰勒就凭空编造数据来掩人耳目。他的这个做法败坏了他一生的名誉。[1]

有了这些开端之后，管理咨询业务急剧增长，尤其是在美国。民主平等的观念有利于人们去寻求帮助，哪怕是资深人士也会如此（相反，欧洲人认为高级职位应该由有家庭背景、校友关系、贵族血统的人来担任，或是由拥有绝对权威的人授予给他人），寻求帮助象征着强大、能明辨是非，而不是软弱或不成熟。[2]直到第二次世界大战促使全球转型之后，管理咨询才从美国传到海外其他国家。

其实，在战争之前，政府的监管实际上促进了独立咨询的发展。与泰勒关注的车间管理不同，管理咨询其实更侧重于解决组织结构的问题——官僚主义。这些外部专家们由会计师、工程师、律师和银行工作人员等专业人员组成。

20世纪30年代中期，《格拉斯—斯蒂格尔法案》等新政立法禁止银行从事非银行相关的业务，因此银行无法再雇用或聘请外部专家。然而，银行仍然会向客户建议通过咨询行业专家来保护贷款和投资项目，并确保能更有效地进行个人资产的管理。

因此，大萧条时期的政府监管措施间接促进了独立管理咨询行业的发展。[3]例如，詹姆斯·麦肯锡孜孜不倦地维系着和各大银行之间的关系，这样一来，银行就可以把需要财务咨询服务的客户引荐给麦肯锡。

第二次世界大战给世界人口的发展和技能学习方面带来了巨大的变化，首当其冲的就是咨询行业。面对从农业文化到城市文化这场变革，人们需要经过大规模的培训以适应新的社会面貌。包括那些从事制造业工作的女性在内，以前大家从未经历过这样的变化，也未曾在如此短的时间内尝试迅速提升自己。可以说，第二次世界大战使得培训"产业"的建立成为必然，因为这一产业同时也满足了军事和国内发展的需求。战后，管理咨询分为两大方向，从最初提供某一专题领域的专业咨询转而兼以流程管理为主的咨询服务。咨询师所掌握的这些流程管理可以用于各类公共和私人企业中。[4]

如图1-1所示，如果一个人是某单一领域内的内容专家（比如：刹车片、空中交通管制、医疗事故），他们无法为客户的任何"流程技能"赋能，只能作为公司创新实验的见证者。在有限的时间内，咨询专家的内容知识可以应用在特定的领域。但是如果刹车片或空中交通管制行业消失了，这个咨询专家就无法再提供相关的服务了。

图中的横坐标代表这个咨询师能够应用"流程技能"，并且可以把这个技能传授给客户。如果咨询师只辅助于流程，而不具备任何专业领域的知识，那么他们的角色相当于一个引导者，可以负责开展团队会议并防止发生混乱情况，但不提供任何的知识及智力资本。

图中的这条对角线代表既可以应用和传授"流程技能"，又拥有丰富的专业领域知识的咨询师。这些人能够真正展示出咨询的力量。这类咨询师被客户视为合作伙伴，相较于图中横纵坐标所示的仅具有单一能力的咨询师，他们能提供更有价值的服务（也可以向客户收取更高的咨询费）。这类咨询师也更容易成为值得信赖的顾问，后面我们会提到，这是最理想的咨询师角色。

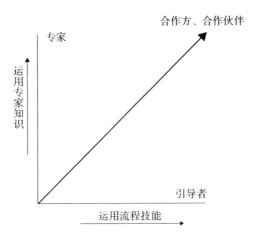

图 1-1　流程技能和专家知识的关系

这些年有很多传统的审计或会计公司转型进入综合性的管理咨询领域。客户们把对它们解决公司财务方面问题的信任自然而然地转移到其他项目的运营中，导致的结果却常常是喜忧参半——比如，有的公司将审计思维运用到项目计费上，按照服务时间来收取费用。我认为按时计费是很不明智、很不道德且不可原谅的做法。我将在后面的章节展开更详细的讨论。历史上也不乏因为滥用客户信任而倒闭的咨询公司，比如美国安然公司和后来的安达信会计公司，后者后来经过调整才涅槃重生为"埃森哲公司"。

最后，我想说的是，别忘了 IBM 最大的利润不是来自硬件和软件销售，而是来自它的咨询业务，由此可见咨询行业的发展前景。管理咨询职业到底创造了多少收入，无人知晓，也无法衡量。但是我在写这本书的时候按照自己的方式做了预估，足足超过 5000 亿美元。

1.2 持续的需求

我们在前面已经明确了，咨询师的作用是帮助客户改善现状。这些我们称之为客户的人，用他们的预算来购买我们的服务，我称其为经济型买家。这些买家是客户，不是组织。他们是活生生的人，而不是了无生命的机构。

我理解大家都更倾向于说"美国银行这个机构是我的客户"或"微软这家公司是我的客户"，当然我也会这么说。但事实上，很少有买家有权代表整个公司，即使是这些公司的首席执行官、董事会主席，也只能聘用我们来做有限的事情。所以作为咨询师，你应该效忠于你的经济型买家，这个人可能需要你的帮助来改善自身情况。（只有当你发现买家与企业组织存在道德或法律冲突时，你才应该考虑拒绝买家的请求。）

对于买家来说，需求有以下三种形式：

◆ 已存在的需求

有一些传统的需求是不论现在还是未来都长期存在的。这些需求可能包括客户关系、市场拓展、战略规划、冲突解决、业务创新等。即使法老也有团队建设的需要，但他们选择通过鞭笞手下来解决这个问题。

◆ 你创造出的需求

所有的客户都知道自己想要什么，但很少有人知道自己真正需要什么。没人能想到他们需要用一个与耳机相连的腰带式设备来播放音乐，但索尼的盛田昭夫发明了随身听（尽管内部建议是不要推进这项产品研发，因为没有市场）。随身听可以说是 iPhone 这个历史上最受欢迎的消费产品的始祖。随着技术的发展，又出现了远程医疗和 3D 打印等新技术。这些新事物一开始会被大家视为"奢侈品"，但是一旦人们接受了这个产品之后，奢侈品会渐渐变成生活的必需品！近年来，新冠疫情也创造了新的需求，比如：远程会议、居家办公管理制度、工作场所安全管理等。

◆ 你预测的需求

全球化趋势、不断加剧的社会动荡、不断变化的社会风俗、科技发展的浪潮等，这些社会发展变化都是咨询公司预测客户在未来会需要什么的依据。比如，企业需要远程管理团队成员，需要将业务划分为外包或内包，需要重新制定内部网络信息安全的标准，等等。我们不要将外部市场的动荡和变化视作需要被坚决抵制的威胁，而是要把它们化为进攻性的武器。

从图 1-2 中我们可以看到，价值距离指的是客户所提出的要求与你所能满足的深层需求之间的差距。为了实现更高的价值，通常你只需要问一个看似简单但实则复杂的问题："为什么？"

"我们想要做一个领导力培训项目。你能为我们设计一个吗？"

"可以，但是你为什么想要做这个项目呢？"

"一旦员工晋升为地区经理，离职率就会变高。他们显然没有为此份工作做好准备。"

"这是其中的一种可能性。但也可能是因为出差频率增加、管理压力上升以及行政业务增多等因素，给员工带来了极大的压力和负面情绪，对吗？"

"嗯，是的。"

"那么，我们难道不应该先调查清楚背后真正的原因，然后再依此制定合适的应对措施吗？只是通过培训可能无法解决这个问题。"

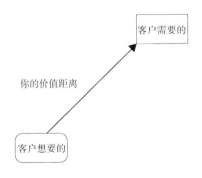

图 1-2　价值距离

那些不成功的咨询师共同存在的一个问题是**他们把客户"想要的"当成了他们"需要的"**。但实际情况是，客户深层次的需求往往超出了他们所描述的表层需要。如果你所做的只是满足了客户的要求（价值距离值为零），或是稍微多做了一些（价值距离值很低），作为咨询师的你就没有发挥出很大的价值。

但是如果你能说服客户，并且向他证明解决问题要从根本入手，那么你就有机会拓宽项目范围，让客户更满意，当然也能收取更高的费用。

如果想要在咨询事业获得成功，对于客户"需求"这一概念的理解至关重要。没有人会关心你作为一个咨询师的使命、愿景或价值观，但是现在很多咨询公司都在官网上千篇一律地宣传着这些无用的口号。

你自己的理念、价值观和公司发展史对买家来说是无关紧要的，甚至是无聊透顶的。买家感兴趣的是他们自己的发展史、价值观和信仰。你越是关注和迎合客户的兴趣点，就越能成功地吸引他们的注意力。而且要始终牢记，买家有两方面需求：专业需求和个人需求。

因此：

- 永远不要满足于买家提出的"想要的方案"（哪怕对方在和你交谈时用了"需要"一词）。要深度探寻客户推动这个项目的初衷，并做到对症下药。多问"为什么？"，促使他们做出决策。
- 抓准客户的专业需求（例如，占领更大的市场份额）和个人需求（例如，我不想再做团队之间或者团队与客户之间的仲裁人）。

无论您从事哪种类型的咨询工作，这些都是不变的真理。但是，不同形式的咨询工作之间确实也有一些差别。

1.3 多样的形式

现在这个时代，任何人都可以成为一个咨询师，当咨询师是没有门槛的，这是件祸福相依的事。1991 年，我在写《成为百万美元咨询师》的时候，发现在大西洋城的木板路上为路人看手相的人都要比独立咨询师通过更多的测试考核、遵守更多的行业规定。我敢打赌，这种情况在今天依然存在，尽管没有人会为了掩盖自己还在找工作的事实而声称自己是帮人看手相的。

我在这里要区分两个概念：

- 咨询师是在特定时间内，根据客户的情况提供与之相对应的技能、行动、内容、建议、经验等，从而帮助客户改善现状的人。咨询师是与买家站在同一战线的人，他们会制定项目考核指标，并与买家达成项目合作共识。咨询师为客户提供的是智力资本，优秀的咨询师根据提供的价值来收取服务费用。
- 承包人或分包人是按照买家的指示和决裁为其执行工作的人。作为临时雇员，他们会完成客户指定的工作任务。事实上，承包人作为一个临时雇员，是按工作时长来计算工资的，通常按小时收费。他们是企业内部执行人员的同伴。在大多数情况下，他们无法向买家提供智力资本，买家也不会为他们的执行力买单。

也许有的人已经听得不耐烦了，但是我还是要坚持我自己的想法。咨询师是"大脑"，承包人和分包人是"一双手"。

正如很多人所说，许多人自称是咨询师，但实际上并不专业。我在过去的 30 年里经历了时代的更迭起伏，据我估计，在那些所谓的咨询师中，只有一半称得上是真正专业的咨询师。[5] 如果去除那些没有正式工作却说自己是咨询师以保全面子的人，以及那些不具备咨询师资质的分包人，在美国可能有大约 20 万名咨询师，全球的咨询师人数大概是这个数量的两倍。

如果没有其他的资金来源，例如配偶的收入、后院的油井、亲戚的遗赠，我想可能只有 50% 的咨询师能过上体面的生活。也许 20% 的咨询师收入能达到 6 位数或 7 位数，那是这本书后面会讲到的内容。

很多人可能注意到了一个令人恐慌的现象，90% 自称是信息技术（IT）的顾问只是在有偿地帮助，而没有得到他们工作成果的收益。

信条

　　如果你工作只是靠"一双手"，而不是"大脑"的话，那么你就不能被称为一名咨询师，充其量是一个廉价的雇员罢了。

我曾亲自指导过世界各地的 IT 顾问，帮助他们成为真正的咨询师、买家的同行者，这样他们就能收取与所提供价值相匹配的服务费。但是这一过程称得上是举步维艰。大多数 IT 从业人员只是在执行代码编写、修复漏洞、测试新程序的任务。他们没有贡献出自己的智力资本，也不是以合作伙伴或顾问的身份来服务公司的首席信息官或首席技术官（这类关键人物大概率是他们的买家）。

因此，全球咨询师的实际数量比人们想象的要少，但需求却在不断增长，这意味着，如果你有路边看手相的人那么勤奋的话，你进入前 20% 咨询师的潜力是相当大的。另外，随着公司人才的减少，对咨询师的需求量就更大了。在美国和其他很多国家，创造净增就业岗位最多的就是小企业。大公司因为自动化进程，大量裁员和辞退员工是司空见惯的。

在图 1-3 中，我复制了一下之前的图，并对内容做了细化。

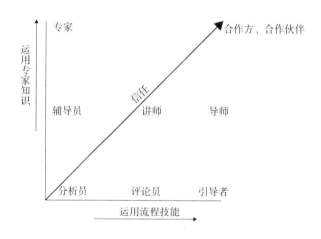

图 1-3　内容、流程和信任

前面也和大家讲过这条"对角线"，我提倡大家成为落在"对角线"上的咨询师。成功与否基于三个因素：

（1）你为客户带来了多少专业内容方面的价值。

（2）你为客户带来了多少流程转型方面的价值。

（3）你与买家之间建立起的信任程度。

内容：很多客户平时都被内容给淹没了，这往往是问题所在——他们呼吸着自己的废气。(我曾经提醒梅赛德斯－奔驰公司的高管,他们拥有大量汽车领域的专家,但还是无法解决公司客户服务方面的问题。)但是,如果一位咨询师能够复制自己的实践经验(哪怕遇到的问题并不完全相同,有类似相关的经验都可以),那么你提供的服务一定是非常有价值的。咨询专家的个人价值增长(图中纵坐标数值增大)取决于你与客户接触的深度,从你独自一人坐在房间里闷声研究到和公司代表人谈笑风生,客户关系越紧密,价值越大。

流程:你可以将一些通用的流程运用到项目中,这些有可能是客户所忽略的或者不擅长的。大多数以专业内容见长的企业客户不擅长解决冲突、优先级排序或策略制定等流程性问题,因为他们花费了大量时间在内容性的事务上。沿着图中的横轴向右移动,咨询师的角色也随之从"幕后"转移到了"台前"。

信任:落在图中右上角的咨询师才是买家真正的合作伙伴,而信任是其中的关键因素。你可以通过以下方式快速、有效地建立信任:

- 通过熟人介绍来与买家建立联系
- 拥有一本商业出版的书籍
- 创造自己的知识产权或模型专利
- 注重穿着和行为举止,表现得像个成功的商务人士一样
- 能及时和高频地提供价值
- 有知名度,或在某一领域受到大众认可

信任的定义是本着真正的信念,坚定地相信你会满足他人的最大利益。这意味着我们也愿意接受对方的批评,因为我们知道这些建议是为了能把事情做好。但如果我不信任你,甚至会对你的恭维保持警惕,那么我会怀疑你的动机。

提供咨询的方式有很多种,也有自己的行话。但是我反对那些仅仅以咨询师的头衔来假装自己有全职工作的人,也拒绝那些实际做着执行工作的兼职雇员却称自己是咨询师。这听起来或许有些精英主义,但咨询是一种高尚的职业,我们需要为这个职业制定一些标准,现在的咨询行业也缺少这么一个标准。

让我们看看真正的成功人士是怎样的。

1.4 成功案例

"新的阶段""巨大成功""事业的发动机"这些话说起来很容易，但是这些暗喻到底是什么意思呢？它们是否意味着更多的客户、更多的资金和更多的时间投入？

让我们先来讨论一下，一位成功的咨询师通常是什么样的。他们通常具备以下的特质：

- 从业多年，并且成功帮助客户改善了他们的境况
- 买家以文字或视频的形式为他们所取得的项目成就背书
- 所服务企业或客户的类型很宽泛（并且不断拓宽服务范围）
- 服务范围辐射全球，哪怕只提供远程服务
- 通过虚拟方式和其他替代手段提供个人价值，而不仅仅是身临现场
- 有足够的收入来维持自己想要的生活方式，包括有足够的存款和对未来的规划
- 建立了品牌、确立了市场地位，在市场上有一定的知名度，并且能很快获得客户信任
- 专业能力获得了行业的认可和同行的尊重，被多次引用或提及
- 拥有知识产权，包括出版物、音频、视频和其他数字化作品
- 职业生活和个人生活两不误，有可自由支配的时间来追求自己的兴趣爱好
- 有强大的个人品牌，并且被视为"思想领袖"

大约 15 年前，我开始指导的一位咨询师以一己之力赚了大约 50 万美元，他几乎马不停蹄地在工作。如今，他已经能赚到 1000 万美元，并且将项目分包给五家公司去做，也有权拒绝自己不感兴趣的业务，他有着清晰的未来两年发展规划，**并且每年能休假 12 周**。他的假期路线包括从加勒比海的一个岛屿游到另一个岛屿，以及乘着私人飞机游览数十个国家。

你可能并不需要数百万美元的收入，或是长达三个月的假期，但是相信你应该明白我想表达的意思。你有机会获得你渴望的生活，甚至去超越它。如果我在 30 年前写了一份商业计划书并抱有雄心壮志，我永远无法想象自己会成为今天的我。

绝不可能。

"市场计划"会敦促你勇往直前。但"商业计划"会"要了你的命",因为你会达到你所设定的目标,并且踟蹰不前。

成功意味着你有一个不断优化和发展的市场计划,由于它在许多方面都是被动的,即便你去休假也并不影响计划推进的情况。但是你未必需要有一个商业计划,众所周知,商业计划是不准确的,你可能会因为无法实现自己的计划而沮丧,或者是因为已经实现的目标而变得不思进取。

如果你的计划是增加 20% 的收入,或者挖掘四个新客户,或者增强你在网络世界的知名度,也许你能达到这个目标,但却忽略了你实际上做了更多的事情!你要的不仅仅是增加 20% 的收入,而是实现收入最大化,最大限度地获得新客户,并扩大你的网络存在感。

我曾经因为一项 35 万美元的项目接受了时任道富银行 CEO 的面谈。他对我说:"过去五年在我的率领下,营业收入年复合增长率达到 22%。我们为什么还需要你呢?"我必须在接下来的三秒钟里给出正中他下怀的回答,否则就会失去这 30 多万美元的生意。

我对他说:"你怎么知道当时没有收入增长 34% 的可能性呢?"

他想了一会儿,笑了笑,说:"你被雇用了。"

让我们回到这个熟悉的话题上。真正的财富是可自由支配的时间,金钱只是财富的燃料。但讽刺的是,许多追求成功的咨询师就像狗在追赶汽车一样,他们很有可能根本就追不上,即使追上了,他们又能做什么呢?很多人忙于挣钱,但实际上是在侵蚀他们自己的财富。

在这个前提之下,我们总结出了另一个信条——TIAABB:总会有一艘更大的船[1]。

---

[1] TIAABB 是由 "There is always a bigger boat." 这句话每个单词的首字母拼写而成。作者将企业比喻为船。"总会有一艘更大的船"的意思是总有更大的企业客户。——译者注

重点不是拥有的最多，而是拥有那些为了达到目标你所需要的东西，假定这些目标会随着你的成长而增长。随着一个人逐渐成熟，他的家庭、兴趣、慈善事业、朋友和其他方面通常需要他提供更多的支持。这是很自然的事情，也是可以预料到的事情。

几年前我们在圣巴特度假时，内港的几个泊船的船位都被占用了，六艘游艇就像超市停车场里的本田汽车一样被拴在一起，每艘游艇价值达 2500 万美元。在海湾里，还有十几艘远远漂泊着的游艇无法停入内港。

总会有更大的船。关键是不论何时都能找到适合你的船，并在你需要的时候适时获得新的船，而不是为了迎合别人的需要或者满足自我挑战。

我在前面提出了成功人士的特性和理念，这样你在学习后面几章的策略和方法时能够更好地吸收它们。这是我在这个行业几十年来观察到并享受其中的成功的基本要素。每个人的生活方式、兴趣和意向都不同，所以具体情况会因人而异。

最后，要想在咨询行业获得成功，无论从哪个角度来看，最好的办法就是做一个通才，而不是专家。"要么专业，要么去死"这种老生常谈的说法听起来像新罕布什尔州的车牌格言（"不自由，毋宁死"）。当然，我们也能找到一个折中的解决方法！

我的口号是"服务泛化，兴旺发达"。这很简单，你有越多的潜在买家，就有越多的机会可以达成合作。你对越多的人越有吸引力，就会获得越多的青睐。

一旦你开始在你的价值定位中加入形容词，你所服务的领域就会持续变窄，直到它变得像一根针那么细。在下面两个价值定位中，哪一个对你来说更有吸引力？

（1）我们能缩短成交时间，同时降低收购的成本。

（2）我们服务于新英格兰地区抵押贷款领域中型市场的客户，我们能缩短成交时间，同时降低收购成本。

第一种说法仍然会引起抵押贷款银行家们的兴趣，而第二条只会让目标客户感兴趣。

1.5 关于未来

在通常情况下，一本书要到最后一个章节才会提到未来的发展趋势和对未来的展望。我在这里转变一下思路，因为我觉得要先和你们就"未来将会如何"达成一致，才能在接下来的几个章节里和大家更有效地探讨如何才能备战未来！正如苏格拉底所说，"如果你不知道航行的方向，就没有风向是顺风"。

那么，如何分辨"风向"，避免跌入低谷呢？仅凭一本书，任何人都无法通过只言片语对未来妄下定论，因为事物总是在不断地发展和变化。但是我会通过两种方式，尽可能帮大家规避这个问题。

首先，我在个人网站（http://summitconsulting.com）里上传了一个电子附录。通过这一渠道，我可以定期更新网站里的内容，大家也可以持续获取最新的信息。其次，我不会跟大家讨论黄金的价格或替代能源的未来发展这些具体的话题。我会将重点放在对宏观趋势和体系的洞察之上，这些变化趋势将影响我们的客户，从而影响我们的流程和系统。

趋势一 人才流动性

企业的组织架构分为流动性的和非流动性的。根据企业自身的优先级和发展规划的变动，一小群人当中总会有剩余人才和流动性人才。未来，有的人会在公司办公，有的人会在家远程办公，也有的人在两种状态之间切换。有的人会用W2税单来报税（全职雇员），有的人会用1099税单报税（临时职工）。这将是一个全球性的发展趋势，就像你可能身在密歇根州的兰辛，却与在吉隆坡的信贷专家交谈一样。

趋势二 精简人力资源部门

人力资源部门将继续精简。在过去的20年间，企业人力资源部所承担的事务性工作（福利管理、搬迁安置等）已经逐渐被外包出去了，随之剩下的工作是转型性职能（变革管理、人力规划重建、继任规划等）。总的来说，大部分人力资源人员工作的完成情况都很糟糕，更别提让他们紧随学术大师或培训机构的最新研究和流行趋势报告了。

如果你不相信我所说的，那你可以想想自己目前所处的市场以及你周边的市场环境。你会发现，在一家需要你的企业里工作并且持续服务于这家企业，并不能为你带来满足感。我在写这篇文章的时候，回想这十几年的人物案例，没有任何一位《财富》500强公司的首席执行官是从人力资源主管的位置提拔上来的。这意味着你的职业生涯就是一条死胡同（这是从这本书第一次出版以来都不曾改变的事实）。

对于独立咨询师来说，这意味着：面对公司转型的需求，我们能给公司带来更高的性价比。我们来到一家公司，踏踏实实完成我们的工作，帮企业改善现状之后就启程前往下一站，没有获得任何员工福利，和组织内部不存在利益关系，也没想着完成工作后会得到晋升或拿到退休金。在如今这个时代，企业对于变革管理和组织发展技能的需求非常大，相较于一个第三方机构带着旗下50余员工成立一个伪人力资源部门，独立咨询师能更好地满足企业的需求！

趋势三 新兴市场

我一直认为非洲市场以及部分南美和亚洲市场在未来将会有很大的发展。这些市场的进步体现在科学技术、信息交流、远程学习、线上咨询等方方面面的发展之上，也体现在当地市场将英语作为一种通用语言之上。随着中产阶级的日益壮大，市场上也会涌现更多的创业公司和小型企业。

随着社会的进步，想去大公司的人会越来越少，大家不再认为进入大公司是一个"安全选项"。时间自由灵活的独立咨询师能更好地响应新兴市场的需求。而那些队伍庞大的咨询公司，他们可能会带着手下300位初级员工为企业客户提供服务，但是这些年轻人需要花上几个月来学习客户的业务。

信条
若想在咨询行业中谋发展，一味重复以往的经验是不会获得任何成长的。只有心向未来，才能有所成长。

趋势四 志愿服务

在未来，志愿服务的规模也将大幅增长，原因主要有以下几点：很多老人退休后借此来打发时间；美国人乐于助人的精神（美国人比欧洲人更热衷于志愿服务，很多欧洲人都希望当地政府能帮民众解决问题）；越来越多的企业在积极履行社会责任，很多公司领导人都参与到非营利组织、社区活动和其他社会活动中。

然而，正如我跟每个服务过的艺术和慈善机构董事会所说："非营利并不意味着非专业。""我只是一名志愿者"不能成为机构出现管理松懈、资金浪费、人员选择不当等问题的借口。

对于独立咨询师来说,这意味着:多年来,非营利组织一直缺乏政府资金和企业捐赠的支持,外界的捐助只能勉强维持机构的运转。再加上新冠疫情对行业的重创,这些非营利组织只有通过对志愿者和资源进行有效管理和运作,才能成功存活下来。数以万计的此类组织已经销声匿迹了。鉴于此,对于机构人员的培训需求越来越多,机构的董事会成员和管理层需要知道如何获取、培训、评估和留住志愿者。有时候,遇到一个差劲的志愿者会比没有志愿者更加糟糕。另一方面,当机构人员学会将捐赠者、赞助者和募捐者的力量聚集起来,他们也就不用为运营的资金发愁了。

趋势五 社区的重要性

我没有说"及时、立即",这只会让人有种要紧急冲刺的感觉。专业咨询师和咨询企业的员工都能访问各类平台,而且平台上的信息都是及时更新的,从哪里上映了某部电影到一位 28 岁的新婚航空公司飞行员的最佳保险额度,大家都可以获取这些信息。但是面对着如此庞杂的信息量,你要如何锁定你所需的范围,而不至于在 Facebook 上苦苦寻觅 20 多个小时呢?

这对咨询师来说意味着社区的概念将得到蓬勃发展,人们将会被组织者、其他参与者和社区环境所吸引。

你需要在创建自己社区的同时,向客户展示如何创建他们自己的社区。不要忘记,大家的抱怨恰恰说明了他们感兴趣,如果大家能在社区互动中畅所欲言,是最好不过的事了,这些想法和建议反而能够为你创造商机。

现在让我们来讨论一下:如何建立你自己的业务体系并策划后续行动。如果你已经有了一些业务,那么你可以用这些准则来验证下自己是否为接下来的事业发展做好了万全的准备。

第 2 章
创立
如何建立并快速发展你的咨询事业

2

2.1 法务方面

2.1.1 成立公司

一般来说，成立公司或创建一个合法的商业实体有三种选择。也许你偶尔会听到别人告诉你说不需要成立公司。躲开这些人吧，他们都是傻瓜。很少会有律师告诉你，没有必要成立公司。

请给律师协会的道德委员会打个电话咨询一下！

你成立公司是为了创建一个法律实体，可以保护你的个人资产，形成一道防火墙来为你保驾护航，这样你就能获得一些优惠政策，包括独立申请贷款、免税政策、**帮助你和重点客户开展合作**等[1]。

时刻谨记，你要和对小型专业服务公司有着深刻了解的律师和税务顾问进行合作。不要雇用那些曾帮助你完成房屋交易、立过遗嘱或是与你的关系比远隔两代的表亲还亲密的人（如果你所在的地方与他们结婚是非法的，你就不应该雇用他们作为顾问）。

下面我们来说一下有哪三种类型的实体。

（1）法人企业（C 型企业）。这是美国的标准型公司，像微软或联合航空公司就是 C 型企业。我以前偏向于成立这一类型的公司，因为有额外的补助和税务优势，但后来出台的法律条规取消了这些好处。你必须在年底前将 C 型公司的现金清零，否则同一份收入就有可能会被征收两次税（一次是作为公司收入，另一次是作为工资或奖金），所以它不再是个人执业者或小公司的最佳选择。

（2）小型公司（S型企业）。在这种类型的公司中，所有的公司收入都流向你的个人报税。这种方式整洁、简单、高效。没有必要清空账户，但是你要注意保持企业账户和个人账户的独立性，并将每一笔开销都仔细地记录下来。我有一个客户是一家规模15亿美元的私人建筑公司，他持有的就是一家S型企业。

（3）有限责任公司（LLC）。LLC适合那些公司架构内有合伙企业的公司，但在某些情况下，也允许只有一人的有限责任公司。这里的所有者是有限责任公司的成员，公司采取股份制，但个人所持有的股份不一定是相等的。这是一种非常受欢迎且行之有效的形式，尤其是在你向另一家实体公司出租或租赁（比如办公空间）的时候。

根据你的所在地、个人目标、业务体量、额外福利等，你的律师和税务顾问会为你出谋划策，经过综合考虑后再告诉你如何选择，以确保你在公司规章制度允许的范围内最大限度地少交点税。在合法的情况下，大家都想尽可能地用税前收入而不是税后收入来进行支付。我们承担了创业的风险，就应该获得回报。作为一个独立咨询师，一年赚25万美元相当于年薪收入35万美元的打工人在其纳税结构下的实际所得。

这里举例一些能够减免的类目：

- 非保险的医疗费用
- 某些俱乐部会员费
- 家庭办公室
- 办公设备
- 通信设备
- 职业发展
- 差旅费用
- 远程技术
- 职业服装
- 证书和执照
- 董事会会议（你的或者合作伙伴的）

2.1.2 保护措施

你的任何原创作品都将自动受到版权保护法的保护。但是，你应该用以下任意一种方式（而不是两种都用）来表明你的作品受到了保护。

© Alan Weiss 2021. 保留所有权利。

Copyright Alan Weiss 2021. 保留所有权利。

你并不一定要向联邦政府注册你所拥有的版权[2]，这么做只是为了打官司的时候能收取惩罚性赔偿。即使没有注册版权，你也可以起诉对方并让他们停止抄袭和侵犯你版权的行为，但不能索要惩罚性赔偿或任何业务损失的赔偿。如果你已经向政府备案了，那么你就可以提起诉讼并获得赔偿。35 年来，我写了数千万字的作品，从未向政府申请过进一步的版权保护，但却成功打击了数不胜数的剽窃者。

对于某些词组、模型和材料（个人知识产权相关的材料），你可以申请商标（™）和服务标（℠）保护。如果它们通过了调查和质询，你将获准注册（®），这是最高形式的保护[3]。

商标和服务标通常是按产品和服务来区分的。不要因为贪图便宜而试图从网上获得知识产权的保护。聘请一位好的商标律师，取决于您居住的地方和保护的性质，费用应该在 600 美元到 1500 美元之间，但是你会获得高质量的服务，他们会为你进行详尽的搜索，并且能妥善地处理所有的文书和回复。在某些情况下，从申请到授予注册可能需要将近一年的时间，但您可以在申请后立即使用商标和服务标的标志。

如果你选择将企业或者商标转手，它们也会成为企业的资产。

一般来说，你不能注册常用短语，但可以注册其形容词的用法。比如，我不能注册 "Million Dollar Consulting"，但可以注册 "Million Dollar Consulting® College"。此外，商标的类别也有所不同。我和我的合伙人（我们注册的是有限责任公司）曾经成功注册了 "Odd Couple® Workshop" 的商标（面向专业演讲者），因为它与戏剧制作属于两个不同的类别（这都让我感到惊讶）。

这就是为什么你需要一个优质的、专业的律师。

2.2 财务方面

2.2.1 保险

你需要以下几项保险。我再强调一遍，如果有人告诉你并不需要它们，请用双手把耳朵捂住，闭上眼睛，大声尖叫。(请不要在开车的时候尝试这样做。)

- 误差和遗漏（又称 E&O 或渎职）保险。如果客户声称你提供的建议对其造成了损失和伤害，或者你窃取了客户的知识产权并将其分享给了客户的竞争对手，这个保险可以保护你。E&O 保险的保费金额通常基于你的业务体量，如我们所说，你的保额是 100 万美元，那么对于一个收入在 10 万到 40 万美元左右的公司来说，可能要支付 3500 美元的保费。
- 责任赔偿保险。这个保险是为了防止有人被你正在使用的电脑上的电源线绊倒而摔伤所导致的起诉，他们可能起诉你、电脑制造商、电源线供应商、你身处的场所和鞋子的发明者。这种保险非常便宜，只需几百美元就可以获得六位数的保险。
- 伤残险。从事咨询行业的人更有可能意外伤残，而不是丧命。有时你可以通过行业协会获得团体伤残保险，个人投保也是可以的，但是价格会相对昂贵一些。你越早投保越好，因为保费可能会随着你投保时的年龄而增加。需要考虑的因素有：
  - 等待期。这指的是残疾发生后的一段时间，在保险生效前你不会收到任何赔偿。等待期越长，保费就越便宜。
  - 保险金额。在通常情况下，保险不会支付超过正常收入的 80%，而对于一个咨询师来说，可能很难证明你的平均薪资。
  - 回归正常工作。根据保险政策，有的保险在你可以开始正常工作的时候就停止了。
  - 从你的个人账户中支付保费。如果你的公司为你预付保费，这就是对你的一种福利，如果你需要这个福利的话，你的这项收益就需要纳税。

很显然，为了追求你理想的生活方式，你需要一些必要的人寿、健康和财产类保险。长期的医保福利也受到了越来越多的追捧，而且在年轻的时候参保也相对便宜一些。你的公司通常可以为你支付这些保费，尽管这些往往是应税的福利。具体你可以进一步咨询你的税务顾问。

2.2.2 退休

启用对你来说行之有效的所有福利计划，但一定要最大限度地将钱存入简化员工养老金个人退休账户（SEP IRA）、401（k）、Roth IRA 等类似的养老金账户中，这些计划是公司可扣除的费用，并且有上限。普通 IRA 和 Roth IRA 也值得在年轻的时候投资。在很多情况下是允许公司匹配供款的，尽管供款来自你税后的工资。

请注意，针对你公司正式的（W2，全职）雇员，他们也必须能够平等地享受这项福利计划，这是有些公司只雇用兼职和分包人员的理由之一[4]。

始终如一地为你自己制订一个万全的退休计划。虽然有一些补缴的机会，但是通常到了第二年初你就没办法再进行补缴了，那么未来，你也将无法获得更高的养老待遇。所以即使你才刚刚开始工作，也要尽可能地缴纳这部分退休养老基金。

2.2.3 常规情况

把你的企业账户和个人账户分开。你可以建立一个储蓄账户或流动账户，以储存那些不需要立刻使用的资金。要知道，每个人都有以下一种或多种需求：

- 常规开支：食物、衣服、抵押贷款 / 租金、娱乐
- 特殊情况：结婚、大学学费、长途旅行等
- 意外事件：家庭应急、疾病、未投保的损失
- 冲动消费：自发性消费、满足自我的需求
- 生活方式变化：新车、房屋改造
- 偿还债务：还信用卡、一次性采购
- 非退休金投资：股票、债券、房地产
- 慈善事业：捐款、会员会费

不要总是挥金如土，也不要只把钱花在你当下需要的东西上。考虑一下各个

事项的优先级，因为你也有以下这些业务需求：

- 专业发展
- 新的硬件、软件和技术
- 办公室后勤支持
- 不报销的差旅
- 市场营销
- 信息通信

把这些需要支出的费用列出来看看，能让你的头脑变得更清醒，别让钱花得不明不白。这就是为什么精打细算是最好的方式。我从来没有员工或兼职雇员，我的办公室一直是在我家里。

不要把个人和企业的资金混在一起，即使是在 S 型公司里，直到一年的年末，你再去考虑关于收入分配和分红的问题。尽量在银行建立一个独立的商业信用贷款。如果你同时拥有个人和企业账户，你在这家银行的影响力会更大，也可以拿到更大额度的信贷。

信贷是为了平衡收入和支出的不平等流动。在商业中，尽快偿还信贷是合理的、负责任的表现。那些告诉我他们"从不使用信用卡"且只用支票付款的人都是外行，他们让我想起那些把租金放在一个信封里，把牛奶钱放在另一个信封里的人。如果你不敢使用信用卡，那么你就是在质疑自己的能力。

2.3 行政支持和资源

如果你不注意这部分的话，就会一不小心损失一大笔钱，原因就在这里。

1985 年，当我作为一家咨询公司的总裁被解雇时（老板和我互相看不顺眼），我告诉我的妻子，我打算自己独立开展业务，这样任何人都不会再有机会解雇我。她说可以，问我接下来打算先做什么？

"先找一个办公室。"我回答。

"为什么？"她问。

"因为我要自己一个人单干了呀。"

"那你为什么需要一个办公室呢？"

"否则我就没有任何支持我的东西了。"

"是这些人要过来找你，还是你要去拜访他们？"

"呃……"

"等公司初具规模的时候，如果你确实需要一个办公室，那就去找一个。但就目前而言，为什么不省下这笔开销呢？"

到现在，我仍然没有办公室，没有员工，也没有助理，不管是真实的、虚拟的，还是想象中的都没有。我的两个孩子从学前班到大学，都在私立学校就读，这些学费总额为 45 万美元（别幸灾乐祸，现在的情况更糟糕）。我算了一下，21 年的时间，一间普通的办公室，包括水电费、保险费、租金、维修费和兼职人员的费用，将花费我约 45 万美元左右。

你能想象这个画面吗？

信条

是否拥有自己的员工并不重要，除非你需要一个人在你道阻且长的事业道路上为你提供灵感。如果是这样的话，那么你的公司就不是一般"好船"。

大多数虚拟助理的工作都需要监督，而且他们中的大多数不能很好地代表你，因为他们同时也代表着另外十几个人。我曾经警告过一个帮助我"良师益友"项目成员接电话的虚拟助理，她身在多伦多。我告诉她，如果她在我下次打电话来的时候还是这么没有礼貌的话，她就会被直接解雇。

另外，你要知道，全职和兼职员工需要享受福利和退休计划，正如你为自己和家人所安排的一样。然后还有健康问题、盗窃问题、个人问题、工作失误等——你真的想要去处理这些令人头痛的问题吗？大多数人都是寻求大型公司庇护的"难民"，在大型组织里也滋生出了很多人员管理问题，就像潮湿地窖里的霉菌一样，生生不息。

下面为大家提供六条建议及解决方案。

（1）收起你的自负。拥有一个员工并不能提高你在买家心目中的地位。告诉别人你的"人"后期会深入研究这个问题，只会增加结果的不确定性。

（2）学会高效地完成简单的任务。你应该有发票模板、样本提案、自动统计的费用报表等。多多运用技术，用你的笔记本电脑与客户或潜在客户沟通。

（3）学会打字（我说的不是只用你的大拇指）。我每分钟可以打 60 个字，你也可以。如果你能学会使用键盘，那么你就能学会在键盘上打字。(我喜欢那些已经使用键盘 20 年，却从未费心去学习的航空公司柜台职员，这年头没有什么是难的。)

（4）授权和外包。我经常使用以下这些方式：

- 自动语音信箱
- 图形编辑器
- 记账软件
- 打印
- 数字音频处理器
- 摄像师
- 互联网专家
- 国际豪华轿车公司
- 美国运通公司服务
- 邮寄和包裹服务
- 联邦快递和 UPS 账户

这些人或者公司可以随时为你们提供服务，只要你支付给他们固定的费用。我还养成了给当地供应商提预支酬金的习惯，比如负责打印和设计的人员，因为他们经营的都是小本生意，手上需要有一定的现金流。而当我接了个急活时，他们总是会优先考虑我的业务。

（5）把工作转交给客户。你的价值在于结果，而无须亲临现场。让买家了解客户应该如何为项目提供日程安排、行政支持、安全通行证、停车位、报销费用、内部跟进等，这样你的工作才不会那么费力。让你的客户协助你的工作，而不要全权包办。

（6）根据情况，按小时来雇用人员。如果你一定需要人手的话，可以雇用大学生或社区里的熟人（不是朋友！），甚至是机构里的兼职员工，他们能用几个小时或一天的时间来完成大量工作。但这应该是你的最后一招。

在你职业生涯的早期，要学会精打细算。在后期，你要学会检查那些因为事业增长随之而来的成本膨胀问题。我曾经指导过年薪 35 万美元的咨询师，他有两名全职员工和两名兼职员工！我运营着超过 350 万美元的业务，却没有员工。

独立咨询师聘请员工的一个有趣而常见的原因是，他们追求与他人之间的联系和归属感。这些需求曾被大公司（或联系紧密的小公司）的环境所满足，但是现在他们失去了这样的环境和归属感。解决这个问题的方法是在其他方面找到归属感，比如：公民责任、社交、专业协会、家庭聚会、志愿服务、和他人一起追求共同的爱好等。

如果你仍然追求归属感，那就养一条狗，而不去雇用工作人员。我很喜欢狗，也愿意为它们做任何事，但它们不会花费我 45 万美元。

说到这里，让我们来说说另一个抽象但却更重要的支持需求。

2.4 情感支持和资源

情感支持不是虚的，它是所有咨询实践中最重要的一部分，不论你是新手还是成熟的咨询师。

在理想情况下，它来自家庭，然后是朋友，其次是熟人，再是专业的同事，最后是帮助性的职业顾问。我指导过太多的独立咨询师和小公司的老板，他们为家庭付出了太多，而家人却没有给予他们情感支持。

以下是其中的一些原因以及你能做些什么。

2.4.1 对风险的过度恐惧

每个人对风险的承受能力各不相同。此外，如果你没有全面了解和掌握信息，往往会高估风险。

如图 2-1 所示，我通常会把它运用到企业客户中。根据这个图，你可以向他们介绍你目前所在的位置（现状），以及你进一步的投入、实施想法和行动后的风险和回报。风险往往无法被抵消。诚然，一个风险值为 –5 的事情，如果收益值是 +2 确实不值得去做，除非风险可以降低。但是，+4 的收益值伴随 –2 的风险值却值得一试。

这个图通过可视化的方式，将帮助你与家人和其他保守的人（律师、银行家、会计师）了解谨慎的风险和赌博之间的区别。它也能帮助你更好地利用发展的惠益（从 +3 到 +4）和降低风险（从 –3 到 –2）。投资 5 万美元到会议中心上可能不再具有任何情感价值，直到你发现去年有 30 万美元的收入都来自会议，但却不得不花费 15 万美元在会议场地租赁上。

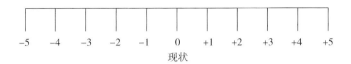

问题：可能产生的最好和最坏的结果是什么？

+5= 突破式的进展，成为行业领军人物。

+4= 巨大的改进，重点的宣传。

+3= 获得很大的好处，整个组织受益。

+2= 获得次要的好处，组织内局部受益。

+1= 非常轻微的改进，几乎察觉不到。

−1= 非常轻微的挫折，几乎察觉不到。

−2= 受到轻微的挫折，可以局部控制。

−3= 重大挫折，需要控制损失。

−4= 重大失败，遭受经济损失，需要一定时间才能恢复过来。

−5= 毁灭性的损失。

图 2-1　风险或收益系数

2.4.2 时间需求和注意力丧失

当你错过了晚餐约会、舞蹈表演，甚至周年纪念日这些重要的时刻，你可以通过下午的一场足球比赛、一个漫长的周末假期，或者提供一份特别的周年纪念礼物来进行弥补。

当我第一次开始旅行时（那时还没有发达的技术和远程工作的条件），我 80% 的时间都在路上。在这方面，我有两个个人目标：第一，我想逐渐缩短出差的时间[5]；第二，我想补偿我的孩子们。我常常会错过孩子们的学校活动，孩子们也习惯了告诉他们的朋友我在加利福尼亚、佛罗里达或伦敦出差，但是当他们在某个下午的足球赛场上或者某个上午去野外郊游的路边看到我时，也会非常自豪地跟朋友们介绍我。当其他孩子的父母们去学校参加活动的时候，我可能不一定在，但是当其他父母不在的时候，我经常有时间去学校看望孩子。错过特别的日子和特别的事件并不是一件好事，但是未来的那么多天比一段已经逝去的时间重要得多。最重要的是与对方共享这段亲密无间的时间，无论在什么时候，这种爱的体验都弥足珍贵。

而且我们现在都知道远程办公有多高效，尤其是对于咨询师来说。我是在2020年9月写下这章内容的，而我自从该年3月初开始，就没有坐过飞机，打破了我自1972年进入这个行业以来，连续最长时间不坐飞机的纪录了。

2.4.3 两个人的事业

咨询工作需要时间，尤其如果想要把它发展成一个繁荣的事业。如果你的另一半也有自己的事业，那么你们两个人需要相互调整和包容。你需要外包！你需要雇帮手来照看宠物、看护孩子、打扫房子、清洁房屋、收拾垃圾、修剪草坪、浇灌植物等。如果夫妻俩的收入不足以支撑雇用这些人员的费用，那么这种双收入的模式就有问题了。

双人事业不应该顾此失彼。 那些平常性的工作（打扫院子、粉刷房子）可以找人代为完成，但是其他"神圣不可侵犯"的事情（度假、与孩子们共度美好时光、在海滩上散步）不能假手于人。这并不是一个零和游戏，一方的获益需要牺牲另一方的利益。只有双方共同努力，才能有好的结果。

但是，如果你的配偶工作收入是4万美元，那么花费5万美元来请人照顾孩子从商业层面来讲是不合理的。孩子们会长大，到那时另一个人再去工作也不迟，但是孩子们的成长岁月错过了就永远也回不来了。

提供情感支持要摒弃殉道者的做法。正如幽默大师乔治·阿德曾经说的："不要可怜那些殉道者，他们喜爱那样的工作。"

当然，不是每个人都处在一段特定关系中，这使得拥有情感支柱和合适的资源更为重要。虽然有其他的咨询师可以提供这方面的帮助，但你也别同情心泛滥（"不要担心失去那笔生意，我们现在的生意都不好干"）。你希望身边的人能够告诉你，哪些问题不是你的错，而哪些问题是你所导致的。你需要有人来帮助你缓解压力，但也希望有人提醒你要承担责任和及时应对。

简而言之，你需要信任。请记住：信任是本着真正的信念，坚定地相信对方会将你的最大利益放在心上。

找到那些能够感同身受的人（他们理解你的处境），而不是同情你的人（他们分担你的感受和处境，但往往会不知所措）。这些资源可能会随着你的业务增长和你的成熟而改变。你可能会比其中一些人成长得更快一些。如果你无法释放自己的压力，无法和别人推心置腹，也没有来自他人的公正建议，那你将会孤身奋战。另外你要注意，尽量去寻找那些没有个人目的和动机的人。

不要以为所有的反馈建议都是准确和有效的，要注意看这些反馈有没有证据或行为的支持。最重要的是，永远不要接受那些**不请自来的反馈**，它们基本都是建议方出于自己的利益考虑而提出的，并没有为接受方考虑。如果你听信那些随随便便的意见，你就会任人摆布，失去自己的决策权。

这会使你陷入痛苦的深渊。

信条

建议和反馈并不都是有效的，或者值得你加以考虑的。你只需要听从你所尊重的人或者你询问过的人提出的建议。记住这一点，你便不会再重蹈覆辙。

这就是为什么我如此关注你的"支持系统"。

你的成功就在图 2-2 所示的三条路径的汇合处：

（1）市场需求，你发现、创造或预测的需求。

（2）提供优质的服务和优秀成果的能力。

（3）足以接受拒绝和克服障碍的工作热情。

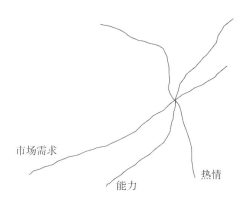

市场需求

能力

热情

图 2-2　三条路径汇合

如果你找到了市场需求，也有足够的热情，但却没有能力，你就会输给竞争对手。如果你有能力和热情，但却不能把握客户的需求，那也没有人会愿意听你的故事。

如果你找到了市场需求，有能力，但缺少热情，你就会拥有一份朝九晚五的工作，而我们之所以成为独立咨询师，不就是为了逃离朝九晚五的工作环境吗？

你的支持系统是你追求热爱事物的引擎舱，你需要持续不断地往里面添加燃料。有些人可能更善于独立发掘自己的内在热情和活力，但是在某些时候，我们会需要别人的支持和同情。

在这三条线的交叉点上，你就有可能造就一个强大的品牌。如果你缺乏热情，那将是比孤军奋战更糟糕、比不成功更悲惨的一件事。

你不会获得任何的满足感。

2.5 两种可用的公司结构

简单来说，咨询业务有两种可用的公司结构，你可以任意选择。但是如果你在两种结构的选择之间徘徊不定，情况就没那么简单了。

2.5.1 真正的个人从业者

根据我们之前讨论的那些标准（你是"大脑"而不是"双手"，你能帮客户改善状态，等等），如果你是一个真正的个人从业者（又称为独立咨询师），你自己通常是在家里或者租用的共享办公空间里独自工作。如果有可能的话，在家里工作会比较好，因为你会感觉舒服得多，成本也低得多。如果你觉得家里干扰太多，那就试试便宜的共享办公室。记住，是你去找客户，客户不会来找你[6]。（疫情让我们明白了居家工作的必要性。）

每年，你都要将自己的短期和长期收入最大化。在短期之内，你要尽可能地从税前收入中支付项目所需的费用成本。另外，你要通过不同的方式使你的税后收入最大化（取决于你注册的公司是 S 型公司还是有限责任公司）。从长远来看，你要最大限度地提高税前和税后的养老储蓄。除了采购设备和技术以确保公司与时俱进之外，你不需要再对实体公司进行投资。你应该按照现金制度来运营公司，在获得收入和费用支出的时候都要记录下来（与权责发生制相反）。

独立咨询师的显著特征有：

- 没有工作人员，不论是全职或兼职。
- 在家办公。

- 有常规的外包需求，如印刷、图形或网站设计等。

- 亲自负责关键任务，如开具发票、函件往来、存钱、处理信用卡等。

- 通过个人信贷为公司的运转提供资金，直到累积了足够的客户数量和款项创建公司信贷。

- 没有重大资产的采购，比如办公场所。

- 打造品牌的方式可能各有不同，但是终极品牌是一个人的名字（例如，"给我去找乔伊斯·威尔逊"）。

- 没有出售企业或将其留给家人的计划。

- 拓展收入包括知识产权许可和特许权使用费。

- 出于对自己和家人的考虑而设立退休金和福利计划。

有些人一开始是独立咨询师，但在职业生涯的后期选择创立公司。这也很好，只要他明确转型的关键点。(也有些公司负责人选择将公司解散，并且成为独立咨询师——这种情况比你想象得要普遍，通常是由于财务压力或逐渐对人员管理失去耐心所造成的。)

2.5.2 公司负责人

许多咨询师要么从一开始就开办了公司，要么从独立咨询师转为经营公司。这意味着这位负责人每年都必须对公司进行再投资以扩大业务、人员、商誉、基础设施、品牌以及其他会计师所说的"持续经营"的附属品。这么做的最终目的是在某个时候以收入或收益的几倍来出售该企业。

经营公司需要的不仅仅是咨询技能，公司负责人必须要对人员进行管理，还要处理人员授权、招聘、司法仲裁、赔偿金、人员离职等问题。许多咨询师都是从大公司或管理层脱离出来单干的（包括我）。重新成立一个咨询公司并不意味着这些义务的艰巨性、频繁性或重要性会打折扣。

在公司中，福利计划必须是包容性的，以便雇员获得与所有者相同或成比例的收益。这样做就大大增加了开支。薪酬和福利也必须经常进行调整，并且要注重全面性和公平性。

精品咨询公司负责人的显著特征有：

- 公司有不断增加的员工，包括全职和兼职。
- 公司负责人是公司主要的业务创造者，获得公司大部分人的支持。
- 有独立的办公空间，可以是租赁或者是自有的空间。
- 大部分工作都由自有员工完成，有特殊需求再寻找外包。
- 责任和权力下放，特别是文秘职能、日程安排、财务、技术等方面。
- 出于对资产、财产、商誉等问题的考虑，个人与公司银行账户相互独立。
- 更注重公司的品牌宣传而不是老板个人的形象宣传。这样一来，公司被出售之后，原来的老板就不需要继续长期参与工作。
- 制定退出策略以便于所有者在某个时间点出售并离开公司，即使可能需要保持一段时间的合同关系；公司的出售对象可以是员工，通过承诺他们在一段时间的利润，从而进行股权收购。
- 保留许可权和版权费用，以增加公司的价值。
- 在出售公司时，原公司负责人的工资将被视为企业的利润。

当咨询师的两只脚分别踩在峡谷的两边时，危险就发生了，峡谷间的裂缝在咨询师的脚下不断扩大。我指的是那些所谓在经营公司的人，但实际上他们就是独立咨询师，为一些不需要的员工和有形资产不断支付费用。**除非高薪人员能带来新的业务，否则并不值得为他们花那么多钱。执行和交付人员一抓一大把。**

我知道这么说对你们许多人来说是一种侮辱，但现实就是这么残酷。有数以万计的交付人员只负责实施、培训和执行，**因为他们不会拓展市场，也不能为公司带来收益**。无论他们如何行事，他们的工作都是可以被替代的，并不能为公司的发展和成长做出贡献。拓展和获取新业务才能帮助公司发展，如果公司里只有老板在做这个，那么这个老板就是一位独立咨询师，同时他的身上还背负着一个非常沉重的包袱。

我把这些致命的混合体称为"咨询福利国度"。

菲尔的故事

几年前，我对菲尔进行了大约 18 个月的指导。当时他 47 岁，体重超标约 30 磅，而且未能戒掉抽烟的习惯。他的公司有八名员工都是执行者。菲尔一个人拓展业务，每年创造了大约 45 万美元的收入。这样的业绩对于一个独立咨询师来说还算不错，但对这种规模的公司来说就很糟糕了（有这么多的专业人员，公司至少应该创收 225 万美元才行）。

菲尔和我每个月约谈一到两次，有好几个月没有联系也很正常，因为他的日程被预约得很满。他大约 80% 的时间都在出差，这对他的妻子和两个孩子来说也是一种伤害。在我们断联了两个月后，我给他的办公室打电话，是他的妻子接听的。他的妻子告诉我，菲尔在两周前，独自一人在波士顿的酒店房间里去世了。她还没来得及联系每个人告诉他们这件事，有些客户甚至还不知道。

> 我随时可以多赚一美元，但是我无法多赚一分钟。

我并不主张大家从独立咨询师开始做起，然后自然而然地发展并建立起自己的公司。我在不雇用员工的情况下，自己在家里工作通常都能赚到 300 万美元。当我刚开始发展自己事业的时候，我第一年赚了 67 000 美元。渐渐地，我的收入增多了，但我的业务结构并没有改变。我是否可以赚到 400 万美元或建立一个 4000 万美元的公司？也许吧。这是很有可能实现的，但是我对此并没有兴趣。

记住，真正的财富是可自由支配的时间。

我在此呼吁大家仔细考虑一下个人执业和成立公司各自的优势。如果你只是需要附属关系，请通过其他方式和途径来获取。成立公司是一个非常昂贵且笨拙的获取同事的方式。

图 2-3 为大家展示了一名成功独立咨询师的基本模型。在这个世界上，没有任何理由你不能单干。

而且要记住，我们都是从大公司"出逃"的人，但是如果独立开展自己的事业，有时我们甚至可能会成为别人眼中糟糕的老板。让自己休息一下吧。

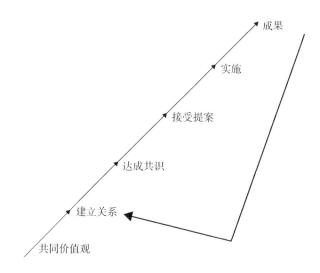

图 2-3 咨询模型

第 3 章
哲理
你的信念将影响你的行为方式

3

3.1 调节系统：提高费用，减少劳动力

我们在之前已经明确了，只有可自由支配的时间才是财富，而不是银行里的存款、巨大的游艇或者众多资产。虽说金钱是财富的燃料，但是因为我们都是从大公司逃离出来的人，我们应该对自由和代理权感兴趣才对，而不是真金白银。

信条
如果你不相信财富是可自由支配的时间，那么下次你在谈生意的时候，试试看你能不能再多创造出一个小时的时间。

在提高收费的同时减少你的劳动强度，这两个概念之间并不是矛盾的，而是可以协同进行的。因为我们知道，你在场与否并不重要，你的参与度越低，需要付出的劳动就越少。

一个好的财务顾问会告诉你，偿还债务和储蓄一样重要。这和我们刚刚讨论的很相似：减少自己的劳动付出和赚钱一样重要。

你在公司上班的朋友和熟人在做些什么？他们在黎明时分起床，7:30 前到岗，工作到 5:30，7 点才回到家，然后开始一系列的活动：吃晚饭、和孩子们聊天、逗逗狗、和自己的另一半聊天、看电视，然后上床睡觉。我光是写这些就已经很累了。如果你只能住在一个家里，那么拥有两个家是没有意义的。我的车库里有

四辆车，但是我有足够的时间来驾驶我所有的车。

那么，如何在拓展业务的同时减少你的时间和劳动投入呢？

◆ 不要与非买家打交道

从事人力资源或学习发展的人不太可能是买家（我认为人力资源部门的人与我"几乎不相关"，但这仅是我的个人观念）。永远不要和那些会说"不"但无法说"是"的人建立联系！你可以通过这些人去接近买家，让他们帮你引荐。但是如果你被视作与低级别的人为伍，那你将很难被高看一眼，一定要明确你是在和买家交谈，如果不是的话，就要学会动用人脉关系将你介绍给买家。在过去的十年里，你找不出一个《财富》500强公司的CEO是从人力资源主管的位置上升职而来的。

◆ 简化你的交付模式

我们有很多人都依赖于方法和技术。每当我们遇到一个问题的时候，都想从书中找到答案，丝毫不顾及内容的相关性。如果书中说促进销售的方法有六步，天哪！有的人就会全盘接收。这样的做法很危险，你付出一定程度的辛劳来努力实现你的规划，并提升了买家的期待值。永远不要接受客户为你提出的咨询方案。"我们需要一个为期四天的领导力变革之旅。"与其拿出计算器报价，还不如问一个简单的问题："你为什么需要做这个？"这将把你带向一个更大的目标（"因为我们的决策与战略规划无法达成一致"），你将有潜力成为一个咨询角色，而不是单单花费一个长周末去做执行。客户的每一个提案请求实际上都是由不了解自己根本问题所在的低层次人员所提出的替代方案。当梅赛德斯 – 奔驰北美公司固执己见时，我告诉他们："这样吧，我不会教你们如何制造刹车片，也请你们不要来教我如何做咨询。"[1]

◆ 学会运用客户的资源

将能力转交给客户是有好处的。借用客户的人员来制定行程、协调运作、安排采访、开展技术工作、做记录、提供茶点等。你的提案中会有一部分是关于"客户责任"的，这个我们在后面的章节里会说到。

如今，我自创了一套方法论——认知策略（Sentient Strategy®）。运用这套理论，我（以及我授权的咨询师）能够在一天内远程交付项目。

我会在房间里贴满图表，通常会有60张或者更多，并依此来实施战略制订计划。我必须把这些图表按顺序摆放、编辑、抄录，整理完毕之后将计划传达给客户的团队，这比实际互动更费事、更辛苦。

最后，我想到了一个方法：让一个值得信赖的客户方的行政人员来现场做记录，帮我取下画架上的纸张进行抄录，经过我的批准之后再将文件外发。在90天的合作中，他为我节省了一周的工作时间。而且，由客户的人员来做这件事远比雇用其他人更合理。

◆ 外包和委派

我会把图形、网页设计、印刷、记账、会计和其他许多人亲自做的"任务"外包出去。我也会将任务转包出去，这样他们就可以执行项目中的一些常规任务，比如观察、采访和协调工作。除非这个任务与业务有关联（如市场拓展或介绍推荐），否则你就可以按小时或以固定费用将任务外包给别人。

◆ 分包

有很多人不会营销，但可以提供很优质的服务，他们会很乐意为你工作。不要把他们当作雇员来对待，而要当作分包商（又被比喻为"一双手"）。咨询师们倾向于给执行人员过高的薪酬，因为他们认为方法论才是关键，但其实结果才是真正的王道。你对人际关系的处理和项目最终的结果才是赢得长期客户和客户为你做推荐的关键。

方法和实施只是引擎舱。你需要做的是舵手，而不是工程师。

为什么要用分包商呢？以下是一些不可撼动的理由：

- 你手头有大量的工作——焦点小组、访谈、课堂讨论、用户访问等。
- 你需要专业的知识。项目有一部分涉及财务知识、技术能力或者其他你并不具备的专业技能。

- 你觉得有些工作很无聊。你能够完成这个工作（比如采访），但是你可能会在采访的过程中睡着。
- 你有其他优先级更高的事情。你需要在做客户拓展的时候让大家觉得只有你可以完成这项任务，而不是任何人都能提供类似的服务。（关键点：只因为你能更快或者更好地完成这个任务并不意味着其他人在同样的情况下无法妥当地处理好。没有人会用榴弹炮来打苍蝇，至少我不会。）
- 如果你预想自己以后会需要分包商，那么可以尽快开始适应和培训未来的得力助手。

最后，当你打造自己的市场引力时（我们将在后面的章节中对其进行详细的讨论），你将学会通过建立人际关系网来拓展自己的业务。越多买家被你的品牌和声誉所吸引，你需要投入到找客户和指导客户的时间就越少。

如图 3-1 所示，随着你职业生涯的发展，你用来寻找客户的时间应该越来越少，更多的客户会主动来找你。如果你已经是一位资深的咨询师了，却还没有遇到过很多客户主动找上门的情况，那么请继续读下去。

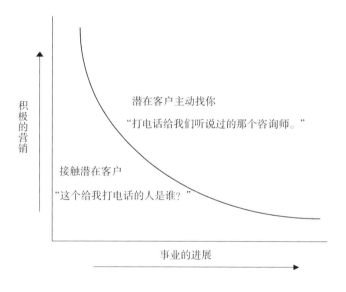

图 3-1 业务拓展与市场引力

十多年前，我曾指导过一位在制造业领域表现得很出色的客户。他当时大约能赚 60 万美元，但一整年的时间几乎都被预约满了。我为他解释了上面提到的这些原则，但他说，"我所提供的服务是别人无法取代的"。我相信他所说的话是真的，但并不表示他的工作无法进行细分。当我最终说服他试着将工作分包出去之后，他的收入增加了，与此同时，他自身所需要提供的劳动力却减少了。

如今，他手下有三名全职员工和一些兼职员工。另外，他每年可以享受六段假期，在全球任何一个地方消遣放松，年收入约为 1000 万美元。

3.2 识别真正的买家

真正的买家是那个被我称为决策型买家的人。我之所以这么称呼他们，是想把决策型买家与可行性买家区分开来，后者会从文化、方法或需求方面对你提出的策略进行评估，但他们无法做出购买的决策。

还有那些非买家，我们之前也提到过，这些人有说"不"的能力，而没有点头称"是"的能力。

这相当于你坚定不移地拒绝接受或接受拒绝。也就是说，你必须拒绝接受那些不能帮助你的人（他们不能签支票或把你介绍给能签支票的人），并且要学会接受偶尔的拒绝，在这个行业中这是不可避免的事情，因为你要与强大的、真正的买家打交道。不要忘记图 3-1 中描述的，随着你越来越成功，买家会蜂拥而至，客户对你的信任度和选择你的服务几乎是毋庸置疑的，并大大减少了拒绝你的概率。

你承受不起与低级别的非买家建立关系和深入交往的代价，因为这种共事就像在八月得克萨斯州的柏油路面上去除口香糖一样难。如果你和真正的买家建立联系，那么你可以站在买家的高度自上而下地落实策略，可以与组织中任何部门的人展开合作。但如果你被视为是人力资源、培训部门或者中层管理人员的同级，你将无法与重要买家展开合作。

被称之为决策型买家的人是能为你开支票的人。也就是说，他本人有开具支票的能力和权限。下单采购或应付款项问题不是由你来处理的，你也不必遵守他们相当武断和单方面的付款方式。他们会根据你和买家签订的条款执行。（当出现失误或者项目无故拖延的时候，买家也可以要求一个手工支票。记住，当你的客户说款项支付需要一定的周期，比如 30 天，这就意味着有 29 天的时间，你的款项支付申请书都会放在某人的桌子上等待被批复，因为用电脑是可以随时开支票的。）

案例研究：可悲的付款政策
....

在个别情况下，一些技术公司会对供应商实行 120 天的付款政策。这种不道德且卑鄙的付款政策对小型企业非常不利，除了能帮助这些甲方公司实现四个月的资金"浮动"之外，从现金流的角度来看，这样的付款政策令人难以接受。

这个时候，买家就能发挥他的作用了。通过买家的话语权和影响力，他可以确保与你签订的付款条例免受公司现行政策的束缚。当然，有人会说，"每家公司都有自己的规定"。这话当然没错。但是你也可以有自己的政策，例如要求客户公司提供对你更有利的付款条件。

如果公司的"政策"是抢劫和掠夺，这也是可以被接受的吗？

那么，如何分辨谁是决策型买家们呢？我说"买家们"是因为在大型组织中可能有几十个甚至几百个买家。在 12 年的时间里，我仅在默克这一家公司就与十几个不同的买家打过交道。你无法只通过职位和头衔来分辨他们。我的一位最重要的买家，几年来每年花费 25 万美元，他的头衔是"国际管理发展总监"。相反，在一些组织里，有些副总裁连要买一只牙刷都无法拍板决策（在银行机构里千万不要找职位是副行长的人）。在较小的组织中，公司的所有者、首席执行官或总裁会是买家。在非营利组织中，通常执行董事或常务董事是买家。然而，在大多数情况下，你可以通过问对方这十个问题来找到真正的买家。

以下问题可以帮助你判断对方是否是决策型买家：

（1）这个项目的预算是哪一方支出的呢？

（2）谁可以立刻批准这个项目？

（3）谁的话比较具有公信力？大家通常会向谁寻求支持、批准？

（4）谁能调动资源去推进这个项目？

（5）谁提出了这个要求？

（6）谁被要求对结果负责？

（7）谁会被视作是主要的赞助者或支持者？

（8）你是否需要寻求其他任何人的批准？

（9）谁会接受或拒绝这个提案？

（10）如果你和我达成共识，那我明天是否就可以开始实施项目了？

在非买家中，往往有一些关键的推荐人，他们可以加速你找到决策型买家的过程。与这样的人建立短暂的关系也是很值得的，这样你的工作就不会进行得举步维艰。

信条

与那些态度友好、亲切的非买家建立起长期关系并不难，但这也将导致你无法支付得起自己的抵押贷款。

我们来一起重温一下之前提到的咨询模型图（如图 3-2）。

从共同的价值观开始——这里指的不是精神或宗教价值观，而是商业价值观。例如，我不会参与裁员相关的工作，因为我认为这是不道德的，是行政部门的失误（甚至是昏招）。这是我个人的想法，可能其他人的想法会有所不同。但是因为双方价值观的不同，我会拒绝这项工作。

如果价值观是一致的，那我们就可以与决策型买家建立起关系。而这个前提是我们需要找到决策型买家，这也是为什么我们花费了很多时间来研究怎样判别谁才是真正的买家。

下一步是达成概念上的共识，这是我咨询模型的核心，但是只能和决策型买家共同完成。只有买方可以签署提案（这是模型中的下一步），也只有他们可以提供项目相关的更多细节。这些细节可以提升提案的价值，并证明你收费的合理性。

大多数咨询师在寻找决策型买家的过程中，由于自视甚低，觉得自己不值得关键高层的关注，退而求其次地与低层次的人建立关系。

要克服这种惯性。

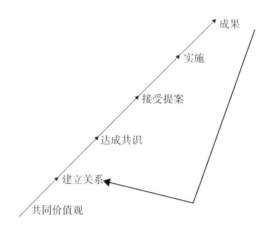

图 3-2　咨询模型

如何判断你与买家建立了"信任关系"？

买家不会让外来电话、电子邮件或助手打扰你们的谈话。

买家不会提前结束会议，甚至可能会延长会议。

买家就某个问题会征求你的意见。

买家会向你透露一些机密信息（"我们正在考虑扩张……"）。

买家会幽默地回应你，并且对你的幽默感也给予良好的反馈。

你是在与买家进行交谈，而不是单方面地在"演讲"。

没有其他人被单方面邀请参与此次会议。

3.3 达成概念的共识

一旦你与决策型买家建立了信任关系，就相当于你们在概念上达成了一致。双方正处于图 3-2 的中间位置，即"甜蜜点"。讽刺的是，**如果你花费越长的时间来建立与对方的关系和达成共识，那么你就会越快拿下这个项目。**

我知道这听起来有些不合常理，但我只是想表达：这些步骤的排列有着合理的顺序，是循序渐进的。没有人会直接把自己想达成的目标交给你去完成。如果他们不信任你，如果你和买方的期望和价值观不一致，在这种情况下是无法进一步提交服务方案的（达成概念共识的下一步），你也无法获取对应的服务费用。

达成概念共识有三个方面：目标、成功的衡量标准（指标）和价值。

3.3.1 目标

谈及项目目标，我们讨论的永远都是商业成果，而不是应交付物或投入。商业成果指的是客户状况得到了哪些改善。因此，目标不可能是项目投入，因为一个培训项目或一个焦点小组本身并没有办法来改善客户的状况，他们只是花了钱而已！（你会发现，大多数审计和人力资源部门的人只谈投入，几乎所有的招标书都预设了公司需要有所投入，例如，一个为期四天的领导力变革课程和一次安全审计。）

"项目目标"可能包括：

- 减少公司销售的平均成交周期。
- 改善企业客户复购的订单规模和频率。
- 减少员工的压力水平以及由此产生的旷工事件。

请注意，目标既可以是专业方面的，也可以是个人层面的，可以是有形的，也可以是无形的。通过问一些睿智的问题，你可以从买家那里得知对方的目标，直到你把所有可获取的答复都谙熟于心为止。这里有十个问题的例子：

（1）你想要的最理想的结果是什么样的？
（2）你想达到怎样的结果？
（3）你在找寻哪些更好的产品、服务、客户条件？
（4）你为什么想要推进这项工作、项目、聘用？

（5）根据这项工作的结果，你的业务会有何不同？

（6）投资的回报是什么？（销售、资产、股权等）

（7）在形象、声誉、信誉方面，会有何改善？

（8）有哪些危害（压力、职能失调、市场争夺等）会得到缓解？

（9）你会在竞争中获得多大的利益？

（10）如何提升和改进公司的价值定位？

提示：如果买方确实给了不慎重或武断的反馈，那你可以询问对方这么做的必要性和想要达到的目标。问"为什么？"可以帮助双方做出正确的决策，从而达到预期的项目效果。(问"怎么做？"会降低决策水平，使之变成实施，在这里是有隐患的。)

注意：每个企业目标的背后都有一个个人目标。如果企业的目标是减少人员流失，那么个人目标可能是专注于战略，不再面试那么多候选人。人们所期望的可能是更好的团队合作，因为买方已经厌倦了在团队中扮演"裁判员"的角色。

3.3.2 成功的衡量标准

达成概念共识的第二个方面是成功的衡量标准，即衡量项目进展或项目完成情况的指标。这一点很重要，方便你和买家能够随时判断项目是否在顺利进行中，以及所取得的成功是否归功于你在项目中所做的贡献。这对于证明投资回报率和费用的合理性是至关重要的。

衡量标准可能包括：

- 销售报告显示首次合作后的销售成交速度。
- 每季度的客户复购订单的销售总额和成单的速度。
- 每周提交个案报告，反馈大家在开会时候的心理压力值和缺勤记录。

请注意，这些衡量标准既可以是客观的（基于实验证据），也可以是主观的（基于感知和对行为的观察）。这都没问题，只要你和买家达成了共识并指定一方来做个案报告。

你可以通过以下十个问题来制定衡量标准：

（1）你如何判断我们是否帮助你达到了目的？

（2）请具体描述下，在我们完成项目后，公司运营会有什么不同？

（3）你将如何衡量这一点？

（4）你将用什么指标来评估我们的进展？

（5）谁来评估或者通过什么来（对照目标）报告我们的结果？

（6）你是否已经有了衡量项目成功与否的标准？

（7）你们寻求的回报率（销售、投资等方面）是多少？

（8）如何得知公众、员工或客户的看法？

（9）每次当我们谈话时，哪些方面的指标会告诉我们事情正在推动中？

（10）你如何才能知道是什么阻碍了你获得成功？

提示：如果买家还不确定采取什么样的衡量方式，你可以问："你如何断定项目交付质量或效果还没有呈现出来，你又如何得知它开始生效了呢？"或者"是因为哪些状况导致你现在这么痛苦，以至于你想除之而后快，你又如何知道这个麻烦已经解决掉了呢？"

为达成你的目标而制定有效的措施是至关重要的。很多买家在读了《从优秀到卓越》这本经典的管理学书籍后，把"从优秀到卓越"当作他们的目标。或者根据他们所鼓吹的公司使命，声明想要公司达到"世界级的标准"。如果你无法认清自己的目标，那这些话都毫无意义。大名鼎鼎的培训专家鲍勃·马杰在他的几本书中都曾提到过："你如何才能知道是什么阻碍了你获得成功？"

这个建议不错。

信条

永远不要跳过或轻视"概念共识"这一步骤。如果你太过急切或焦虑而忽略了这一点，要么会错失成交的机会，要么只能达成小额的交易，或者在你实施了策略后没有产生任何的实际效果（你的买家也会感到不满）。

3.3.3 价值

这是概念共识中最容易被忽视的一个方面，但这一个核心点能起到关键性的作用。买家将评估项目的价值，由你来证明你索要的咨询费用能为其带来巨大的投资回报率。出于这个原因，你必须不断地自我反问所提供的服务能带来什么价值，直到你最终明确一个成功的咨询项目能为商业和个人产生怎样的影响。

价值可能包括：

- 提高新成交订单的平均利润率。
- 提高单个客户所贡献的年利润。
- 把更多的关注点放在战略上，而不是战术和高层人员的失败经历上。

有时候，价值和目标是相同的。例如，收益或盈利既是目标，也具有很高的价值。但收益能产生巨大的且不同的影响力：更多的研发投入，更多的投资者红利（分配给股东的利润），在华尔街更受好评，设立一个储备基金，等等。

永远都不要仅仅从表面上看待问题，而是要帮助买家阐明所有相关的价值点。

与此相关的包括以下十个问题：

（1）这些结果对你的组织来说意味着什么？

（2）你将如何评估实际回报？（投资、资产、销售、股权等方面）

（3）改进（或纠正）的程度有多大？

（4）这些结果将如何影响到最终的盈利（或亏损）？

（5）每年会节省哪些方面的费用支出？（第一年的预估可能不够客观和全面）

（6）（对声誉、安全性、舒适度等方面）会带来哪些无形的影响？

（7）你个人将会有哪些收获或会得到哪些支持？

（8）对客户、员工、供应商来说，所影响的范围有多大？

（9）相较于你的整体责任来说，获取价值有多重要？

（10）如果失败了怎么办？

提示：如果买家询问为什么确认"价值"很重要，你只需回答说，这将有助于你们确定双方共同的优先事项、项目工作范畴、资源投入等。买家不应该对你的意图有所怀疑，你的目的并不是增加服务费用，因为你们双方已经建立起了信任关系。如此一来，你就明白为什么咨询模型里的步骤有特定的顺序了，以及为什么要维持特定的步骤顺序。

概念共识（目标、成功的衡量标准和价值）理解起来并不难，通过前面几页的内容已经跟大家交代清楚了，但是对于你的咨询事业而言，学会运用这个概念和你在书中所学到的其他知识一样重要。稍后我们在讨论提案环节时，你就会明白，概念的共识能够助你打造一个简单却有力的服务方案，并且这个提案是双赢的。它们为提供巨大的杠杆作用奠定了基础。

3.4 杠杆作用

在说完这些经营哲学，进一步展开对于营销战术的探讨之前，还有一个重要的战略原则需要讨论，那就是"杠杆作用"。

所谓的"杠杆作用"能够成倍地提高你的机会、成功率、获得成功的次数等，你不需要做任何额外的工作，不需要依靠玄学占星，也不需要贿赂政府官员。依我之见，只需要做一些很简单的事情就能打出一副好牌。

信条
当你在一场比赛中使用对方的设备，在对方的地盘上比赛，运用对方的规则，并让对方聘请裁判员的话，你将会输掉这场比赛。

你越早、越好地学会利用杠杆，你的业务就会有更大的发展，它也会逐渐成为你的第二天性。阿基米德曾说过："给我一个杠杆，我就可以撬动整个地球。"

我所要求你做到的是，你能撬动一些客户即可。这就是杠杆。

3.4.1 杠杆的原理

◆ 始终要提供能让对方点头称是的一系列选项

尽量避免只提供一个选择——一个让别人"要么接受，要么离开"的选择。在你的提案中，一定要提供多种选项。但是在下次见面时，你可以通过说这几句话来增加成单的机会。"我们似乎需要更多的时间来确定项目的目标。我明天可以跟您会面，就在同样的地点，同样的时间；或者如果您不想约在办公室，我们可以约周四或者周五的早餐或午餐；或者如果您想通过电话沟通的话，看本周哪一个下午您比较方便，我希望能用一个小时的时间来与您沟通一下。您更倾向于哪一种方式呢？"[2]

如果你面对的是公司的中间人，你可以说："您可以把我介绍给你们的副总裁，安排我们三个人一起开个会；或者也可以为我单独安排一个会议；又或者我是否能自行联系副总裁，并告知是由您推荐的。您更倾向于哪一种方式呢？"

我估计，通过提供能让对方点头称是的一系列选项，你能得到正面回应的机会至少可以提高 50%。所以你能理解在提案中提供多样性选择是多么重要了吧，当我们正式进入提案的阶段，我会跟大家探讨更多技巧方面的问题。

◆ 永远不要提供全套服务，把服务项目都拆开

我的一位同事保罗，为客户提供电话销售方面的培训和提升，其中包括：

- 与管理团队进行讨论
- 为客户量身定制方案
- 亲自授课
- CD 和文字材料
- 与买方进行后续沟通
- 配对计划
- 通过邮件和电话提供 30 天的指导
- 两天半的现场培训
- 允许在远程地点录音
- 新闻订阅
- 能够获得新产品的知识产权（IP）

保罗的服务收费是 7500 美元。如果是我的话，我会报价 75 000 美元。

保罗把他能提供的所有东西都列到了他的提案清单里。如果是我的话，我会给客户提供不同的选项和菜单。

保罗聚焦的是可交付的事项。如果是我的话，我会把重点放在这些最终交付所能带来的成果和价值上。

大多数咨询师倾向于将他们的产品和服务打包销售，本质上是因为他们对自身的价值没有自信，因此想要尽可能提供更多的东西来证明自己收费的合理性。这就是为什么在我的咨询体系里，与买家达成概念和价值的共识是一切的开端。

不要提供打包服务。正如你打电话叫一个水管工来维修的时候，他不会说："除了会修理下水管道，我还可以给浴缸填缝，修补瓷砖。"

◆ 确保你的全部能力得到彰显和理解

我听到很多咨询师们会说："但如果我告诉对方，这些事情我都可以做到，难道我不会被视为一个'万事通'吗？"这句来自 17 世纪初的谚语，影响了这么多现代人，这难道不是很可笑吗？"万事通，无事精通。"这不是一个零和游戏，我们也不是在谈论铺砖或放牛的体力工作。

我有一个关系很好的客户，他是我服务了两年的一家保险公司的 CEO。有一次他对我说："你能为美国人寿保险委员会的 CEO 年度聚会推荐一位主讲人吗？我是这个项目的主席。"我花了一天的时间去说服他，我并不是要为了给自己创造一个演出机会，我本人一直都是一位备受瞩目的（名人堂）主题演讲者。

他从来都不知道这件事。他为什么要知道呢？我从来没有告诉过他！

以下是如何优雅地做到这一点：

● 在你电子和书面版的个人材料中体现你所有的能力。
● 收集客户的好评，内容提及你完成的所有事项，不管频率如何。
● 交叉传播。例如，在你的演讲中提及你的咨询业务；当你和潜在买家交谈的时候，也可以提及曾经做过的演讲。另外也可以在你开办辅导、出版、培训项目的时候，为自己其他的个人业务打广告。
● 永远不要过分缩窄自己的领域，要保持一个广泛的价值定位。不要拘泥于一个小众领域，把"要么专业，要么去死"这句话和"万事通"都丢进垃圾桶里。

◆ 要疯狂获取推荐

学会这句话："推荐是我这个行业领域里的通行货币。"

时常默念这句话，给自己打个预防针，在你面对客户的时候，自然地表达出来。"推荐是我这个行业领域里的通行货币。我在想，你认不认识一些别的人是我能为其提供价值，他们也能从中获益的。"（持续提供能让对方点头称是的选项："你可以介绍我们认识；或者我可以只使用你的名号；或者我主动与对方沟通，但是不提及你的任何信息。你倾向于哪一种方式呢？"）

你应该每季度至少跟你的所有联系人沟通一次，请他们为你做推荐。几乎很少有咨询师能做到这一点。他们总觉得自己是在求人帮忙，而没有创造一个三方共赢的局面：给被推荐的人、做推荐的人和你自己都带来好处。

重点：以名字或者头衔进行询问。"我想要见见您最大的供应商的总裁。"或者"你总是提到莎拉·詹姆斯这个人，能不能介绍我们认识一下？"

出于礼貌，我们经常会为我们的医生、律师、牙医、会计、汽车修理工进行推荐。那咨询师又有什么不同呢？没有任何不同。但他们不常把别人介绍给你，这是因为相较于你提供的价值，他们更了解"月亮的黑暗面"。你一定要确保他们知道你是如何帮助别人的，如此一来，他们才更加愿意成为创造三赢局面的人。

永远不要讲太深奥的东西，比如："我们处于一个团队互动协作的空间之中，通过对每个人员的自我引导和调节，从而构建多维度的和谐团队"。而要说："我会帮助所有组织，无论其规模如何，都会竭尽全力地发挥团队精神，创造更好的业绩和利润。"

这一点，即便是律师也能理解。

询问被推荐方的名字或具体的头衔，并且请你的推荐人为你牵线搭桥，或者征求推荐人的同意，让你在联系对方的时候能够告知推荐人的名字。随后给对方打电话，不要发电子邮件。就像我一直说的，咨询业务非常注重人际关系的处理。

出 埃 及 记

咨询成为一项业务

克服障碍和免入歧途的途径、技巧和手段。
想要为别人提供帮助是合理的，也是重要的。

第 4 章
征程
如何快速推广你的价值并获得收益

4

4.1 创造引力和吸引力

"市场引力轮"代表着你能用来吸引客户的各种方式和工具。你在这个行业的时间越长，就越应该：

- 通过你的声誉和专业来吸引客户。
- 通过客户的推荐来获得新业务。
- 通过客户的重复购买来获得业务。

以上这几种获客方式组合起来，应该能达到你年度业务量的 85% 左右。如果你赞同我的理念，即你每两年都需要砍掉你业务中盈利最少的 15%，那么接下来你需要发展一些新业务，但新业务的数量并不需要太多。

> 任何业务销售都有三个方面：款项即时结算的即时性项目或咨询服务；生意推荐；业务扩展。大多数咨询师只满足于第一方面，很少有人能兼顾三个方面。

很多咨询师在他们的职业生涯中苦苦挣扎，是因为他们没能实施这一理念和策略。他们都沉浸在项目的交付中，不做市场推广，因而面临着时而富裕、时而贫穷的情况：要么他们有项目需要交付，要么他们在拼命地寻找可做的项目。

这就是传说中的"过山车"综合征。如果你没有不断拓展新的业务，你将难以爬上下一个山头，而且可能也会失去前行的动力。

你应该放弃客户名单中的低端客户，因为：

- 客户不能为你带来收益。
- 你对这项工作感到厌烦。
- 客户很难相处。
- 工作令人不快。

讽刺的是，如果你不再服务这些客户，既帮了你的客户，又帮了你自己。你之所以习惯于服务这些客户，仅仅是出于惯性或是虚假的忠诚。你对这些项目已经没有热情和兴趣了，你并没有为客户提供真正的价值，也没有全力以赴，你是在欺骗这些客户。所以你只需要对他们说："我的业务重心有所转移。您的项目可能得不到应有的关注和重视，所以我想为您推荐其他合适的咨询师，他们会为您的事业添砖加瓦。非常感谢这段时间您对我的支持和厚爱，但我不愿再与您进行合作，也确实无法再提供您所需要的服务。"

之后，你就可以向前看了。

此外，因为以下这些原因，你会想要继续拓展新的业务：

- 改善或改变你的经营范围。
- 学习新技能，获得新经验。
- 丰富客户名单和客户的多样性，从而增加可信度。
- 提高你的个人知名度。
- 创造更多的兴趣和乐趣。

但是你每年的大部分业务应该来自现有客户和他们推荐的客户。所以，你不能在手上没有项目的时候才想起要去做客户拓展营销。你必须时刻为自己做宣传和推广，这意味着你的一部分营销方式是被动的，即使你什么都不做，它也在自行运转；而另一部分则是主动的，你需要在做项目的同时，也积极进行业务的拓展。

图 4-1 描绘的是我开发的经典型市场引力轮，随着技术和社会的发展，引力轮也在不断演变和进化。

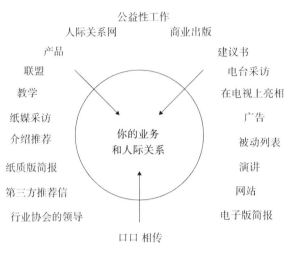

图 4-1　市场引力轮

我们在这里简单讨论一下其中的主要元素，在后面章节的内容中，我们将更深入地探讨如何将这些元素融入你的市场营销计划里。

信条
我们这些咨询师们都没有接受过市场营销方面的专业培训或教育。但是我们的业务需要做市场营销，所以我们最好能掌握这个技能。

介绍推荐。我们已经讨论了至少每季度请联系人帮忙做推荐的重要性，不仅是你的客户，你也可以请业内人员、熟人、朋友和其他人帮你做推荐，充分利用公民参与度和人脉关系网。

商业出版。如果说他人推荐是铂金标准，那么成为出版书籍的作者就是黄金标准。现在这个时代出版的书籍比以往任何时候都多，既有纸质版，也有电子版

（和音频）。**你不需要写出一本畅销的书，你只需要一本书，能让买家看了之后说"我们得和这个人聊聊"。**

博客。博客是建立和彰显一个人的专业度的理想途径。你必须拥有知识产权，发表真知灼见，每周发布几次文字、音频、视频，并欢迎大家积极评论。大家可以访问我的网站（alanweiss.com）上的博客，看看文章的格式和内容。

人际关系网。最好与没有成见的陌生人搭建人际关系网，不是为了收集名片，而是为了找到一两个关键买家或推荐人。

公益性工作。如果你能找到一个为此效忠的事业，你为董事会或委员会提供的帮助对事业有所助益，或者你可以贡献你的技能（战略规划、领导力、团队建设等），你会发现自己成为这些高管和社区领导人的同盟，这些人也在以同样的方式为他人提供服务。

宣言。创造一系列煽动性的观点来表明你的专长，以及大家为什么要关注你提供的服务。如果你为会计行业提供咨询，你的宣言可能包括：为什么合规工作就像白蚁一样，会侵蚀掉你的建筑；你的报酬过低，交付内容过多，这是因为你已经习以为常。

演讲。即使你不是一个专业的演讲者（即通过主题演讲和培训来创造收入），你仍然可以在坐满买家和推荐人的房间里通过演讲来进行市场营销。贸易协会是一个很好的途径。[1]

网站。你的网站不是一个销售工具，真正的买家（这就是为什么我一直在强调：对买家的身份做区分一定要小心谨慎）不会在网上寻找资源（虽然低级别的人也会这样做）。你的网站是一个可信的站点，你可以通过它来突出你的思想领导力、知识产权和整体地位。[2]

推荐信。在项目运营期间（而不是在项目结束后）请客户帮忙写推荐信，请他们介绍新客户。为他们提供一系列选项，询问他们是否愿意提供一封信件，或者作为推荐人出现在 60 秒的视频中，或通过其他方式推荐。在你的网站上播放视频，体现客户对你的满意度，这将是非常有力的客户证言。

在后面的章节中，我们将进一步深入研究这些要素。围绕这个引力轮，你会看到轮边的元素呈现多样的变化。你不需要面面俱到，但是应该至少选择其中几项，并且每年所做的项目都应该有所增加。

有一些元素可能你做起来觉得不舒服，或者它不在你的舒适区内。但我想要跟你强调一下：这一部分的副标题是"咨询成为一项业务"。

如果市场引力轮中的每一个元素都不在你的舒适区内，那么咨询生意可能并不适合你。

4.2 高效拓展业务

每个人在其职业生涯的某个阶段都必须向外拓展。有一种常见的推销方式是"电话销售"，大家会告诉你这样做是合理的，是拓展市场和促成销售的最佳方式。我完全不相信这一点。

把自己放在买家的位置上。如果一个陌生人给你致电或发邮件，告诉你他能为你解答困惑，可以帮助你解决那些你并没有察觉到的问题，你会积极回应吗？如果你认为这些问题不是那么重要，或者你只愿意把这些问题交给自己信任的咨询师来解决，你还会理睬这些陌生的联系人吗？

如果有人致电过来，想要与你沟通一个投资机会，或者发邮件告诉你有个机会能帮助第三世界国家的人出口 4500 万美元的遗产，你真的会回应对方吗？当一个你从未听说过的人向你提供一个美好到不真实的交易时，你会欣然接受还是保持怀疑的态度？

电话销售是一种有效的商品推销方式，因为价格低廉，产品质量较为标准化，并且也有源源不断的需求。公司招聘采购人员，专门负责以最低的价格来采购某型号的电脑，人们也善于拿着从网上打印的制造商发票走进车行，以高于经销商实际成本 100 美元的价格跟对方谈生意。

但这些方法对宾利、宝格丽或布里奥尼并不奏效。这是因为这些都是大家公认的高质量品牌，他们不需要跟买方讨价还价，因为这么做反而会损害他们的品牌。

因此，当你拓展业务时，不要通过电话销售；至少要稍微表现得冷淡一些。你需要与对方建立一定程度的信任，这是最基本的原则，而不是以陌生人的身份来向别人推销服务。

在图 4-2 的信任金字塔中，你将更清楚地看到通过什么方式能获取更大的信任，这样你就不会再花费时间去做推销，也不会进行无聊又无效的电梯演讲了。[3]

金字塔的基础是推荐人对你的信任，我们在前面已经谈到了这一点。如果你与对方成功建立起了信任，即使你不提出要求，对方也会主动为你推荐客户。

另一方面，通过展示我们的专业性也能获取对方的信任。这意味着你的智力资产是流通的。（如果你担心别人窃取你的想法，那就把它们锁在保险库里，但是你也要去开拓更多的业务，偏执和多疑是无法帮助你获得成功的。）你有大量的知识材料、名言警句和资讯，尤其是发布在互联网上再进行大范围的传播，这是获得大众认可的最快方式。

图 4-2　信任金字塔

更高一层的信任基于关联性需求。这意味着当你在建立关系网的时候（这本质上是一种业务拓展和引力机制），你在尝试吸引他人。当你频繁出现在各大活动中的时候，人们会被你吸引，你会占据领导者的地位。（一个买家对我说："我还没有想到有哪些项目可以用到你，但我确信我们需要有个聪明人在身边出谋划策，所以从下周开始，我们会合力找出适合你做的事情，并付给你报酬。"）

强大的人会钦佩于对方的才智从而建立起信任，他们会被那些写过书的、大胆发表自己观点的、不畏惧展示自己的智力和实力的人所吸引。专业知识是指在特定领域的突出能力。才智是指在任何领域都能成为杰出人物的能力。

信条
买家基于价格来选择产品，基于信任度来选择合作伙伴。

最后，基于情感连接而产生的信任当属最高级别。请记住，这个金字塔不是必须从下至上按照顺序来的，你不需要费心费力地从底部往上发展，而是可以从任一层面切入。如果你正在拓展人际关系网，之前与对方并不认识，该如何与对方建立起高层次的信任呢？你需要找到买家的核心利益点。他们是否有公开支持某个慈善机构？他们是某支运动队的忠实粉丝吗？他们以家庭为重吗？他们的旅行是为了度假吗？做一些功课，并通过这些情感触发器来发展你的策略。

顺便说一下，电话销售这一方式最糟糕的一点就是：你通过这种方式获得了成功！因为你成功的概率大约是万分之一，而如果你早期通过电话销售促成了一单业务，你将很容易继续维持这种拓客方式，挨家挨户寻访、打电话、发送邮件，直到你失败了 9999 次。

如果你明天在人行道上捡到了一张百元大钞，你会放弃自己的事业，然后把所有的时间都花在满大街寻找百元大钞上吗？还是仅仅把这一个例子归结为好运气？

综上所述，图 4-3 概括了我的咨询营销模型的另一个观点。

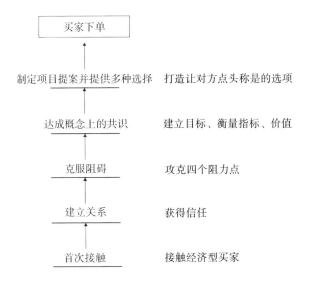

图 4-3　咨询事业的营销模型

我们将持续更详细地探讨这些问题。现在让我们来谈谈我之前提出的一个观点：如何利用互联网加速建立你的声誉和品牌、展示你的专业性、推广你的口碑——几乎不用花费任何费用，也不用四处奔波。

4.3 病毒效应和社交媒体运营

我知道几样东西——宠物石、迷笛短裙、四声道音响、苦艾酒，比所谓的社交媒体平台具有更大的传播力和影响力，但实际用途不大。如果运用得当的话，它们也能发挥实用性。但如果大家误以为日常营销就能创造奇迹的话，花费大量的时间在这些平台上是不可取的。

让我们先来理智看待这些平台的弊端，摒弃神话，然后专注于其有效的优点。

◆ **社交媒体可以放大你的信息声量**

麻烦的是，它们放大了所有的信息声量，在一片纷繁嘈杂的情况下，信息很难被捕捉到。想象一下在圣帕特里克节的时候，你在波士顿酒吧里，每个人都在放声尖叫和享受自我，大多数人都在随意、散漫地聊天；而那些正在交谈的人，在一片喧嚣中也听不到他们具体的谈话内容。好在可以喝点小酒，让自己好受一点儿。

◆ **你可以不花费任何费用，就能直接接触到客户**

并非如此。如果你从事的是房地产或餐饮行业，那倒有可能。但企业买家不会使用社交媒体来寻找和选择咨询师。不要相信那些研究报告所说的有多少企业高管每天通过互联网来查找信息。他们很可能只是在使用谷歌、维基百科或亚马逊而已。但他们并不是在寻找咨询顾问！你会选择一个只在互联网上接触过的人来做自己的个人顾问吗？如果你敢说是的话，我可要揍你了！

◆ **即使感兴趣的客户不多，但如果你接触了大量的潜在买家，你也能获得成功**

在写这本书时，我的 LinkedIn 账号上已经有超过 800 万个联系人了，这些人通过各种各样的关系与我建立了联系。我提议：如果你能告诉我如何从每个人那里获得 50 美分，我就会和你分享这笔钱。如果你的邮件列表里有 100 万个人，但没有一个人对你的服务感兴趣或有购买你服务的可能性，那么你的列表就毫无价值。对你来说，从商务社交活动中找到一个真正有需求的买家会更有用，而不是每周在 Facebook 上添加 1000 个联系人。大多数人都想通过 LinkedIn 来招揽人才和拓展业务，而不是购买业务。

◆ 人们通过社交媒体平台成功地建立和发展自己的业务

大多数人都是在社交媒体上售卖服务，比如教你如何在社交媒体平台上进行营销！他们卖的不是有形的商品，也没有在社交媒体上成功销售过某个产品或服务方案。但是从某个方面来说，他们也是专家，销售的是社交媒体的营销技巧。我很乐于承认有一些例外的情形和案例。但是，你不能选一条迂回或者艰难的道路然后再去做尝试；你要选择一条已经铺设好的道路，只有在这样的道路上，你才可以加速前行。

在明确了这些负面因素之后，接下来我们将讨论如何才能更明智地运用社交媒体，以最少的时间投入达到最好的效果，因为当你的信息发布之后，它们将通过平台进一步扩散、整合并推送给更多的群体——当你读到这里时，我所说的这些技巧可能会更实用。

◆ 建立你的知识库

我每天早上都会在 Twitter 上发帖，发一条帖子也就需要两分钟的时间。另外，我会尽量把每条帖子的字数控制在 140 以下，以便于观看者转发。信息在网络上形成"病毒性"的传播，能够帮助你快速建立起个人声誉。我从来不发表陈词滥调，也不会发布名人名言，或者分享"我正在享受什么美食"这类无意义的内容。我发布的都是有价值的信息：商业技巧、企业管理洞察、创新的销售模式等。有一次，我针对某一事件进行了评论分析并且推出了我的观点合集，在 100 天内，我发布了共 100 条帖子。[4]

◆ 打造品牌独特性

在 Twitter 平台上，我有近 1 万名粉丝，但是我没有关注任何人。虽然我这么做得罪了一些人（这些人永远也不可能成为我的买家），但也造就了我与众不同、不随大流的人设。

◆ 运用多媒体

当你打造自己的社交媒体和博客时，可以尝试融入文字、音频和视频等各种形式。通过挖掘社交媒体的潜力，你将有可能成为人们关注的对象，他们也可能会引用你的观点。另外，你也可以发布照片或视频来展示你的工作成果，或是你在给某个小组做演讲培训的场景，或者是客户的推荐信。

◆ 发布重大消息

你可以通过各大站点来发布重要事件，将它们带到大众关注的"聚光灯"下，让大家了解你获得的奖项和荣誉、组织的研讨会、出版的书籍、做过的演讲、受到的任命等。你只需要几秒的时间就可以发布这些内容，并不需要投入很多的时间，所以通过这种方式博取万分之一的获客机会是合情合理的。

◆ 创建自己的社群

成为那些关注你的价值定位、工作内容、专业知识和方法论的人群的思想领袖，将你的知识财产和思想领导力贡献给大家。随着社群组织不断地壮大和发展，可以尝试与大家进行线下会谈、建立联系、洽谈合作。

> 我发现 LinkedIn 上发布的很多视频都没有达到应有的效果，因为视频的制作质量很差，灯光和音效也不好，镜头前的发言人也没有整理好自己的妆发，整个视频没有任何的闪光点可言。

总的来说，你每天因为工作而投入社交媒体平台的时间应该少于 30 分钟。（如果你是为了娱乐和社交，花些时间在社交媒体上完全没问题。但千万不要把工作和休闲娱乐混为一谈。如果你准备在网站上发布一条时长一分钟的内容通知，而两小时后还在网站上闲逛，这和你离开了办公室跑去公园里玩耍没有任何区别。）

而创建博客有所不同，你投入在博客上的时间应该稍微多一些。我建议你每周至少发布三次。关键点在于：

- 运用播客、视频、照片、漫画、图形和文字。保持博客内容的丰富多样、新鲜感和趣味性。要打动别人，而不是单纯地灌输知识。
- 邀请大家评论留言，并进行回复。对网站进行管理，删除淫秽色情的内容、明显具有促销性质的内容和愚蠢无聊的内容。

- 发布的内容篇幅不要太长，最好占到整个屏幕的三分之一到一半之间；一些重要的文章的篇幅可能会占据整个屏幕，但尽量不要超过这个范围。
- 保持网站的信息性和价值性，只做软性宣传（例如，在常设项目栏、页边空白处或公告栏里发布）。如果整个网站的内容看上去像一个广告牌，大家是不会想要收藏这个网站的。
- 不要害怕分享有价值的内容。敢于发布你的想法、知识产权和技术。要有独创性，要大胆。

如果你已经拥有了个人品牌，博客是一个非常强大的工具。但如果你是一个有趣又有进取心的人，也可以通过博客来建立品牌。无论你身处职业生涯的哪一个阶段，都可以创建你的博客，好的内容可以很快形成病毒式地传播。确保提供 RSS 订阅的选项，这样订阅者就可以及时收到你博客更新的消息。你也可以考虑发表客座文章，以此证明你是受到同行认可的行业领域专家。

> 我所说的"影响范围"的计算公式是你拥有的联系人数量乘以你的买家或推荐人数量。如果你有 10 000 个联系人，但却没有任何一位会购买或者推荐你的服务，那么你的影响范围就是零。如果你有 1000 个联系人，其中有 500 位是买家或推荐人，那你的影响范围就是 500 000。

4.4 创建加速曲线

我们已经讨论了吸引买家来关注你的服务，以及偶尔主动寻找买家的必要性。从专业营销的角度来说，关键的技巧在于如何让买家更快地与你建立合作关系、加强合作深度与范围。

因此，我们可以通过加速曲线（Accelerant Curve™），从长远的角度来看待业务发展，并与客户建立终身联系。

在图 4-4 的左侧竖轴代表客户与你做生意的便利性。坐标图左上角部分的业务往来不会产生高昂的服务花费，对方可以免费下载材料、低价获得手册、通过电话会议进行低成本沟通、免费获取上传的作品等。

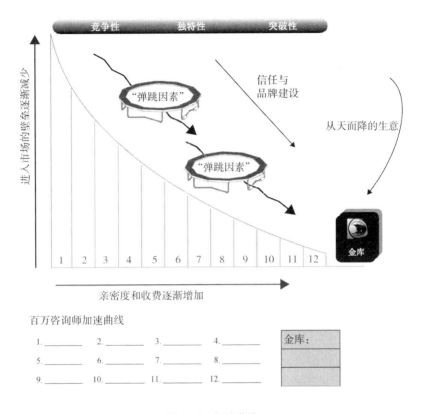

图 4-4　加速曲线

　　而在图中下方的横轴，代表咨询师与客户之间联系逐渐紧密，随之也能获取更高的服务费用（与之相反，咨询师所需要付出的劳动强度越来越小，我们后续会进一步探讨这一点）。坐标图左边部分涉及标准化服务或出席大型活动，而右边部分则包括个人定制辅导、接受聘任等。

　　垂直的分项（这些数字没有什么特殊的意义，只是用它们来做标识）代表你所提供的服务或供应的产品。根据图示的衡量标准可以把它们分成三类，若位于坐标图左边三分之一的部分，则表示你的服务或产品在市场上较为普通，可能会面临竞争的激烈；若位于坐标图中间三分之一，则表示你的服务或产品具有独特性；若位于坐标图右边三分之一，则表示你的服务或产品独一无二且史无前例。

在第一次和客户接触的时候，就要考虑到和对方后续的合作。你与客户的合作不是一次性买卖，而是一种长久关系的建立，只要你能为对方提供价值且始终斗志昂扬，双方的关系就会一直维系下去。

最终，业务汇聚到你的"个人金库"里，而服务的积累依靠的是你与客户建立紧密的联系。例如：

- 每月 25 000 美元的聘用费。
- 将你的知识产权授权给该客户。
- 提供为该客户定制的简报、音频、视频等。
- 提供带有竞业限制条款的独家合作协议（收取更高的费用）。

以下三个因素驱使客户沿着"加速曲线"前进：

（1）你所开发的信任和品牌，促使客户想要获取更多的价值。

（2）若你和客户的关系很牢固，双方之间没有任何嫌隙，客户可能会无条件地信任你，并且放心交给你更多的项目。

（3）受一些"弹跳因素"的影响，客户和你的关系可能会突飞猛进。例如，很多人可能在花费 40 美元读了我的书之后，就立即决定加入我的精英训练班（费用为 17 500 美元），或者直接进入我的百万美元咨询师学院（费用为 16 000 美元）。

当你以这样一个全新的方式来看待你的业务时，你首先要考虑到和客户的后续合作。也就是说，**通过引入多样化的服务和产品为客户不断提供新的价值**，你的客户也同样可能为你带来高额的长期回报。

当你打造了自己的强势品牌之后，你将获得"从天而降的生意"。如图 4-4 所示，新的业务会从右侧直接落入你的"金库"中，而不需要沿着曲线一路颠簸前进。因为你的个人声誉和实力得到了认可，在社群中引发了讨论，从而引起了潜在买家的注意。（这也是为什么我们在前面探讨了"病毒效应"。）

你所提供的服务可能是开展一场电话会议、训练指导、研讨会等。根据内容配置与交付形式的不同，所提供的服务价值也有所不同。这些不同类型的服务产品分布在加速曲线上的不同区域内。（我的大师级导师课程包含三个类目的内容，我与客户的亲密度和服务收费也随之增加。）

出乎意料的是，当你沿着坐标图向右移动到"金库"的过程中，你工作的劳动强度往往会减少，这是因为：

- 被聘用说明了你的服务价值，对方希望在遇到问题的时候能及时获得你的帮助，你无须随时待命。
- 知识产权的授权是可以远程进行的，并且受制于客户的落实情况，而不在于你。

因此，如果你方法得当，可以让客户主动要求你增加服务范围和费用的同时，减少对你参与度的要求。这样一来你就踏上了成功的康庄大道。如果你有十个签约客户，每月支付一万美元，那你就会拥有七位数的年收入。如果不需要太多的劳动力和成本支出，那么你的净利润也会很高。

我在这里引入了加速曲线，是因为它能帮助将你的收入从五位数提升到六位数，甚至是从六位数提升到七位数。如果你发现自己提供的服务与曲线不吻合，那就要尽快舍弃这些项目，而不能因为自己盲目的喜爱和偏好而对它们有所保留。

随着你的事业逐渐走向成功，你的业务机制也会随之向坐标图的右侧移动。这意味着即使你的服务门槛不高，足够的品牌吸引力也能为你带来高收入。

新手可以从每个类别先提供两到三项服务开始，但是已经有足够经验的咨询师应该确保每个类别能提供五到六项服务。你可以从以下六点入手，搭建自己的宣传和业务结构。

（1）你能否提供免费或低价的服务？以此先吸引客户，让他们有兴趣了解你所能提供的产品。在如今的数字时代下，采用 Zoom 会议、流媒体直播、网络研讨会、播客等方式都可以达到这个目的。

（2）你有没有对合作项目进行合理的、连续的规划？循序渐进，使得客户能够与你保持长久的合作关系。（很少会有人在花 40 美元读了一本书之后直接支付 15 万美元的战略咨询费用，尽管有这样的先例，但也不应该视作典型。）

（3）你是否将产品和服务区分开来？从而让买家意识到只有从你身上才能获取重大的价值。

（4）当你在与他人建立关系时，能否轻易保持这种良好的势头？

（5）当你在开发产品和服务时，它们是否符合不断进化和发展的加速曲线？或者它们是否在寻求问题的解决方案？

（6）你是否在积累自己的财富？即你和客户是否建立了深厚和亲密的关系？

在提供服务时，可以将"免费业务"和"收费业务"结合起来。也就是说，你可以把提供免费服务作为营销宣传的手段，从而带动后期的项目收入（同时，这也有利于你以后的营销宣传）。

花上几分钟的时间来研究和运用这个图，看看你目前的服务项目是否具有竞争性、独特性和突破性，以及在这三大类别中的分布情况。认真反思一下，你是否在积极开发多样化的服务，还是说你对于自己目前所取得的成就过于自满而忽略了创新。

扪心自问，你的金库里现在有什么？未来还有可能增加些什么？即使有很多人可以提供咨询服务，但是你的个人专长和技能具有不可替代性。

买家的购买逻辑不会偏离这条曲线。

4.5 "厚颜无耻"地进行宣传

我发现，当我写完一本书进行出版时，即使和再优秀的出版商合作，我也要做好自己为新书做宣传的准备，只有这样才能达到好的宣传效果。毕竟出版商要为成千上万本书负责，从商业角度出发，他们不会把关注点放在我一个人的作品上。但是就我个人而言，在这段时间内我只写了一本书，因此把所有的注意力都放在这本书上是完全合理的。

这是我的责任和义务。如果出版商为我的书籍做宣传和推广，这会对我有所助益，但是需要承担责任的人是我自己。

一本新书的宣传尚且如此，那么你的个人名声、业务成果、知识产权和专业性呢？尽管你有病毒式营销、数字科技、推荐人等渠道做辅助，最重要的一点还是你要准备好自己做宣传。

"厚颜无耻"地进行宣传！

很多人都跟我说，各个国家之间存在文化差异，针对部分区域（但是他们所说的区域似乎包括了从英国到日本、从格陵兰岛到南极洲的很多地方）不能采用这样的宣传方式；在美国的某些区域（从缅因州到加利福尼亚州，从明尼苏达州到佛罗里达州）不能采用这样的宣传方式；针对一些特定的行业领域（从银行到汽车拆解，从化学制品到游乐园）也不能采用这样的宣传方式。

信条

确保你的名字被广泛传播和被大家积极引用的唯一方法就是——亲力亲为。

我想要告诉这些人：我们可以自行进行宣传，而且最好能够熟练掌握这项技能。是否要运用这种"厚颜无耻"的方式确实也和你的个人定位和所处环境有关，但主要取决于你自己的意愿和厚脸皮的态度。但不管你是谁、身处何方，可以肯定的是，你肯定有办法更好地宣传自己。

我们都大致知道什么样的宣传方式才是正当的、体面的、适当的。但这通常是因为大家都背负着过度谦虚的包袱。这个时代充斥着真人秀节目、人体穿孔艺术、流媒体娱乐、虚拟会面和多重文身。如果你多向外界宣传自己的工作表现，我不认为你会被礼仪警察逮捕。

从根本上来说，这是一个思维定式问题。

消极思维定式	积极思维定式
· 我在试图推销东西	· 我正在为人们提供巨大的价值
· 这是对抗性的，只能一个人赢	· 这是合作性的，这是双赢的
· 别人应该为我唱赞歌	· 只有我才能有效地推销自己
· 礼貌使他人感到舒适	· 我自信使别人也自信
· 我应该多听而不是多说	· 说话时一定要有说服力
· 没有人想听我有多好	· 每个人都想得到帮助
· 你必须言出必行	· 你也必须说到做到

你要记住，你现有的客户会比较了解你。因为有了之前的合作基础，客户对你的能力判断有参考的依据。但是你的潜在客户并不知道这些。这就是为什么在你证明自己言出必行之前，你需要先学会头头是道地宣传自己。太多的咨询师抱怨他们的潜在客户不像现有客户那样欣赏和信任他们。

> 思维定式：你不是在向别人"推销"，你并没有在打扰他们，让他们为你的业务买单。相反，你是在为他们提供价值，如果你不向他们提供帮助，那这就是你的失职。

当我进入罗格斯大学时，一些高年级的学生决定在体育馆开展一场篮球赛。我们的队里有 11 个人，所以有一个人无法参与比赛。我高中时曾经在校队里打球，所以我并不担心。

直到我没有入选参赛队伍，我对那些傻瓜感到很愤怒。当天晚些时候，一个朋友听到我的抱怨，问道："当你告诉他们你在校队打过球时，他们怎么说？"

"我没有告诉他们。"

"好吧，"他说，"这不就是了？"

你需要向你的潜在客户展示你的能力。这里有些技巧能让你在展示能力的同时不被对方反感。

艾伦的"厚颜无耻"技巧

- 塑造你个人网站的可信度，发布建议书、出版物、视频证言、客户名单等信息材料，多向大家推荐和介绍你的网站。随着 iPhone 和 iPad 等数字产品的发明，他们不需要等回到办公室再去查看你的网站。当你坐在他们旁边的时候，就可以直接向他们展示！

- 在谈话中提及你操盘过的客户案例。"关于你所提到的赔偿问题，我曾在运营波音和苹果公司的项目时遇到过类似的情况。"如果你和客户签署了保密协议，那么你可以换一种表达方式，告诉对方你曾为"全球知名的制造商和顶级计算机公司"解决过类似的问题。

- 用你自己的姓名来为你的个人品牌命名。正如我在第一点里提到的，在你的简报、博客里反复提及你的品牌名。（我博客主页的名字是"艾伦的博客"。）

- 通过引入新的想法去展示你的专业性。举个例子，在谈话中说道："您刚刚多次提到'团队建设'这个词，但是根据我的经验，大多数组织机构里都设有委员会，而非团队。我已经明确了委员会建设的四个关键原则。"这样一来，大家的注意力就会转移到你身上。

- 每天都提升自己的知名度。你可以录制一个播客、制作一个简短的视频、发表一篇文章、在一场活动上发表演讲或者给编辑写一封信。你怎么舒服就怎么做！大家不会因为频繁听到你的名字就感到厌烦。

- 我鼓励大家在社交媒体平台上发帖，但你不能只依赖这一个渠道。如果你选择了社交媒体，那么你也必须通过其他渠道进行多方位宣传。如果你幻想着通过社交媒体就能为你带来持续性的业务，这就像你把跑道灯留给了阿梅利亚·埃尔哈特，想法不错，但是不见得有用。

- 每周发布新闻稿，创作话题围绕你的新客户、获得的荣誉、做过的演讲、新模型、对当前事件的看法等。同时，你也可以运用你的个人资源，与你认识的访谈节目制作人、责任编辑和媒体人一起完成创作。或者，你也可以寻找和调动会员资源。网络上也有大量的免费新闻稿供你使用。

- 最后，向对方展示你的能力以及你希望和他们一起共事的热情。热情是会传染的，而保持沉默会让对方失去与你沟通的兴趣。"我的一个客户上周刚告诉我，我是她公司有史以来最好的变革管理专家，我很乐意告诉你她为什么会这样说！"

我在前面的内容里已经提到过，之后还会再强调这一点，你必须接受这个显而易见的事实：如果你不自己吹喇叭，就没有音乐。

至于那些喊着要谦虚的人，问问他们自己和身边的人，是否会选择一个谦虚的心脏外科医生、一个谦虚的离婚律师，或者一个谦虚的顾问。不会的，你想依靠一个始终相信自己不会失败且必要的时候可以做非凡的事的人。

4.6 技术策略

科学技术以各种形式为市场营销赋能和辅助。但最重要的是，不能让科技对你产生干扰。

前《华尔街日报》技术专栏作家沃尔特·莫斯伯格曾经跟我的活动小组说："就像你在使用吹风机或电视时，不会对外宣布你正准备插入电网，我们以后也不会再说我们要'上网'了，因为我们随时随地都在线上。"像大多数思想领袖一样，他知道如何简明扼要地去改变人们的观点。

因此，对于手机、笔记本电脑、平板电脑等以及未来的各类个人数字助理（PDA）产品，以下原则都将适用于专业咨询及相关领域的从业者：

- 我们拥有个人应用程序，可供客户随时访问，它们也会为咨询师提供全新的、独立的收入来源。
- 社交媒体平台将凝聚、发展并重新组合成更实用、更有针对性的工具，通过这些创新的工具，你可以建立起自己的社群、兴趣小组，分享发展经验，等等。
- 随着网站内容的频繁更新，网站像生命体一样有机、自然地生长。有的网站甚至每天都会更新，发布最近发生的重大事件，有可能是新的客户证言、新的经济状况或是新的知识产权报告。
- 因为现在网络上的各种声音太多了，品牌建设（我们将在下一章进行讨论）将变得更加困难；但同时，因为互联网提供了前所未有的曝光度，品牌建设也变得更容易了。如何建立你个人品牌的差异化和独特性优势成为其中的关键。
- 与 24 小时营业的超市一样，有很多潜在客户在全球范围内寻求帮助，并期望在 24 小时内得到回应。响应的速度和响应的质量都很重要，响应速度甚至可能是一个更为重要的差异化因素。
- 无论你在哪里，都可能被找到，但这并不一定是个好事。
- 工作和生活都是你的人生，你应该学会适应一种新的生活方式：如果你有一个 15 万美元的合同要签，那么你在海滩上也需要回工作电话；如果你要去看女儿的舞蹈表演，那么你可以选择在那周三的下午请假。
- 如果你认为一直通过电子媒介与之互动就能建立起人际关系，那你可能反而会陷入被孤立的状态。这就相当于你在听录音，而不是在音乐厅中享受音乐。
- 远程医疗技术已经非常成熟，事实证明，远程咨询是一种有效的、优先被考虑的服务模式。

　　如果用iPad读《纽约时报》比读报纸更困难，那么当你手边有报纸的时候，仅仅为了运用技术而选择用iPad看报纸是很愚蠢的行为。但如果在iPad上查询股票价格比用报纸更容易，而你的手边又有iPad，那么这时候用报纸查看股票价格就是愚蠢的。

　　你要从时间、效率和准确性等方面进行考虑，做对你而言最有意义的事情。

　　这条规则适用于所有的技术。不论是最先进的、规模最大的或者最精巧的技术，追求所谓的最好的技术不一定是个明智的选择。如果3.0.25a版本的产品使用起来没有问题的话，花费一个小时的时间来查找和安装3.0.25b版本值得吗？

　　以下是如何规划技术战略和理念的六点建议，其重要性超越了你在书中能找到的所有关于如何打造一个成功且盈利的咨询业务的战术性建议。[5]

艾伦给非技术专家的技术性建议

　　（1）精通某项技能不等于要使用这个技能或投入大量时间和精力在这上面。举个例子：经常有很多人询问我的社交媒体账号，所以我在Facebook和LinkedIn上有一定的活跃度，也有许多"关注者"和"朋友"。如果我没有亲身经历，就无法提供合理的建议（正如你在这本书中读到的内容）。然而，这并不意味着我每天要在社交媒体上花上十多分钟，也不意味着它是我自己市场营销计划中的关键组成部分。[6]

　　（2）不要什么事情都亲力亲为。找一个技术大牛或公司来建立和优化你的网页、技术需求等。优秀的技术专家会主动提出与你的价值定位和宣传计划相符的新创意和技术。不要浪费时间试图让自己成为技术专家，除非你也想让潜在客户成为自己的咨询师，那他们也将不再雇用你。

　　（3）正确使用媒介并善于运用其独特性。如果你在视频会议里只是一个会说话的头像，那么为什么要用视频通话而不是音频通话呢？如果你需要向对方展示一些视觉性的内容，那么为什么要用音频而不是视频？如果你希望大家能从网站上获取到价值信息，那么为什么要让访客登记自己的信息呢？大家会因为担心收到垃圾邮件而被吓跑的。

（4）领先并不意味着越界。我在1990年的美国新闻学会上第一次听说有一种平板电脑可以载入报纸并"供所有人使用"！当时这个平板电脑甚至还有一个原始的模型。但在20年后，并不是"所有人"都用它来阅读报纸！始终要将你的潜在客户和受众放在心上，以节制和实用为主。问问自己，大多数人能接受的形式是怎样的，接受程度有多高。如果你过于保守，日后还可以优化你的方案，但如果因为你的过分乐观和不谨慎导致需要放弃之前的一项重大投资，那代价可就太大了。

（5）如果你觉得一个东西非常有用，那就要学会它并且加以利用。如果你每天都在使用键盘，那就学习快速打字，这并不难（远比学会大多数游戏要容易）。如果你需要发送简报，那就找到最好的、最自动化的、最可靠的数据库，使用专业的录音设备。

（6）咨询业务是一项关系业务。与对方的互动方式也会影响到你们之间的关系，以下互动方式按其影响力由大到小排序依次是个人会议、虚拟会议（如Zoom）、电话、电子邮件。若想与对方产生心灵感应，就不要再"躲"在电子邮件后面。

技术，像电力一样，是我们日常生活的一部分。我的建议是专注于结果和目标，并由此倒推你需要采用哪些有效的技术应用来帮助你快速达成目的。再次告诫大家：如果你要花好几个小时来学习关于这项新技术的教学视频，那建议你要么找一个专业人员来帮你完成，要么就压根不要做这件事。

第 5 章
存在感
如何让自己成为权威和专家

5

5.1 创建和培育一个品牌

品牌是服务质量的统一性表达。它可以是一件作品、一句短语、一个标志或一个名字。个人品牌的终极形态就是你的名字，客户会直接说："联系 Jason Wilson，我们要跟他合作。"

> 然而，对于品牌的定义，更重要也更实用的一个说法是：品牌是他人私下里对你的认知。

成就一个强有力的品牌需要以下三个条件：

（1）你能识别市场需求：

- 已经成熟的市场（制定策略）
- 你所创造并操盘的市场需求（远程咨询）
- 你预见的未来市场需求（非洲市场）

（2）你有能力做到：

- 创造个人知识产权和启发性的观点

- 为专有模型和技术申请商标并加以保护
- 从竞争对手所提供的服务或产品中脱颖而出

（3）你有足够的热忱：

- 不介意他人的冷言冷语
- 持续提升和优化你的服务
- 成为思想领袖，甚至是行业的代表人物

如图 5-1 所示，三个要素缺一不可。但是，如果你拥有（或能够构建）这三个要素，那么你就一定可以快速建立起自己的品牌。

1. 品牌概念不错，但你没有能力兑现。
2. 品牌很适合你，但不被市场接受。
3. 品牌很有潜力，但缺乏热忱的支持。
4. 品牌有一种魔力。

图 5-1　成就一个强大的品牌所需要的条件

信条
如果你是一位个体经营者，你的品牌必须与你个人相关联。如果你打算成立一家公司，未来有要将公司出售的想法，那么你的品牌就必须与公司相关联。

不断重复和保持一致是建立品牌最有效的方法。当我还是一个捉襟见肘的初级咨询师的时候，我在这个行业的喧嚣和迷雾中迷失了方向，但反倒因此成了一个"特立独行"的人。我没有意识到我在打造一个品牌，但不得不说，运气有的时候比实力重要。我提出了一些新理念，比如，品质发展并不完全是产品质量的问题；团队建设是无效的，因为很多组织是由委员会组成的；所谓"战略规划"是一个自相矛盾的说法。

对于我所提出的理念，有人怀疑，有人不屑，有人震惊，但同时也吸引了一部分人的兴趣。有人聘请我去做演讲，也有人邀请我为专栏供稿，从此，我便从喧嚣和迷雾中走了出来。在我的名字成为一个品牌之前，我曾用过"百万美元咨询""平衡法""专业社区建筑师"等十几个短语作为品牌名，我已经为这些短语都注册了商标。

品牌的核心在于重复。一旦坚持下来，你的品牌传播量就能成倍增长。受制于篇幅，图 5-2 中只列举了品牌网络中的部分元素，在三维世界中这个图可以无限延展。当然，品牌传播可以通过技术手段加以强化，**但只依赖于技术是不够的**。你需要通过表达、写作、演讲、建立关系等多种方式，才能全方位地打响你的品牌。

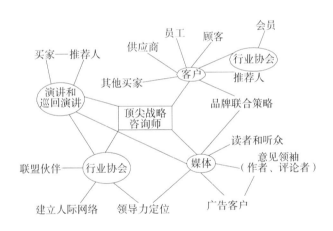

图 5-2　建立你的品牌网络

最初，你的品牌应该与你的价值定位相关联。如果你的价值定位是："我们可以帮助你减少获客成本、缩短成交时间"，那么你的品牌可以是"销售加速器"或"快速成交"。

随后，你就可以运用简报、博客文章、专栏、播客、视频、演讲、电子书等（想想引力轮的轮辐）来传播你的品牌。

整体顺序如图 5-3 所示。

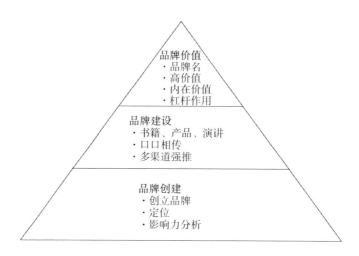

图 5-3　品牌金字塔

案例研究：杂志

●●●

　　我保持着这种特立独行的风格，为自己的品牌做宣传。我为波士顿的一家杂志写了一篇关于质量改进、质量小组和愚蠢至极的"精益化"概念。因为这些概念，很多人把时间浪费在内部的琐事上，而不是客户身上。

　　这篇文章发布之后引起了很大的轰动。拥护质量运动的"黑带高手"蜂拥而上，他们高举着"质量"和"精益化"的大旗，向我和杂志社发起进攻。这让我感觉毛骨悚然，于是我打电话向编辑道歉。

　　他说："我每月付给你 50 美元，请你定期为我们的专栏写稿，多写点这一类主题的文章。"

　　"但是你的读者很讨厌这篇文章！"我指出。

　　"孩子，至少他们读了。"

　　之后的六年时间，我每个月都会提交一篇稿件。直到出版物被出售，

我一共发布了 72 篇文章（收益足足有 3600 美元！）。另外，我个人也获得了曝光和宣传，并从中获益。同时我明白了，你必须痛击他人的软肋才能引起他们的注意。

25 年后，我被介绍为"特立独行者，艾伦·韦斯"（作为主题演讲者，我一小时能赚 3.5 万美元）。

你可以从打造品牌名开始，先看看你的品牌名是否具有足够的吸引力，大家听了这个名字之后觉得怎么样？这个名字是否会被大家引用？其他人是否会被这个名字吸引？站在目标买家的角度去考虑，他们在看什么内容、听什么内容、参与什么活动。（在品牌建立的初期就融入你的名字。比如，不要用"十大增长秘诀"，而要用"戴安娜·约翰逊的十大增长秘诀"。）

按照我所说的方式来建立你自己的品牌。在你的舒适区内，运用引力轮内所列举的各种方式来传播你的品牌（也可以打破你的舒适区，做更多新尝试）。珍惜你的品牌资产。用你的名字来做品牌名，之前用过的品牌名也都保存好。通过你的品牌资产招徕联盟伙伴和介绍人。众所周知，当你的品牌足够强大的时候，你的出版计划更容易通过，你也相对更容易搞定那些捉摸不定的客户。

一旦你的品牌日益强大并且得到认可，你就可以通过增加服务品类来进一步撬动市场杠杆。

5.2 扩展你的产品和服务范围

没有特色是最可怕的。如果别人的评价是"一般般"也代表着你"还是老一套"。当我回顾我的工作经历时，我常常对我在 20 世纪 80 年代末到 90 年代给客户提供的咨询建议感到震惊。但是，这是我当时所能提供的最好的建议，客户们也都很感激我。大部分建议在当时的情况下都很奏效。我曾经以为雪佛兰科尔维特和庞蒂亚克 GTO 是我开过的最快的车，直到我后来买了法拉利、阿斯顿和宾利（以及新款的科尔维特）。

原先这些都是好车，但现在不再适合我了。（当我在买完第三辆法拉利后告诉别人，我不打算再买车了，我已经成熟了，对这些东西不再感兴趣了。他说："我从未听任何一个成年男性这么说过，我以后应该也听不到别人再说这样的话。"）

> 我常常会感叹，两周之前的我有多愚蠢。

我近期有三分之二到四分之三的收入来源于近三年开发的产品和服务。加速曲线右侧的业务以及我的个人金库都在随之增长，也有更多的客户主动找到我。这就是品牌的作用，它能使你成为行业的名人，我们在下一章会对这一点做更详细的讨论。

现在，让我们来看看如何将你的服务和产品排兵布阵，通过合理的策略让它们发挥经济价值。如图 5-4 所示，让我们先就这四种基本关系达成共识。

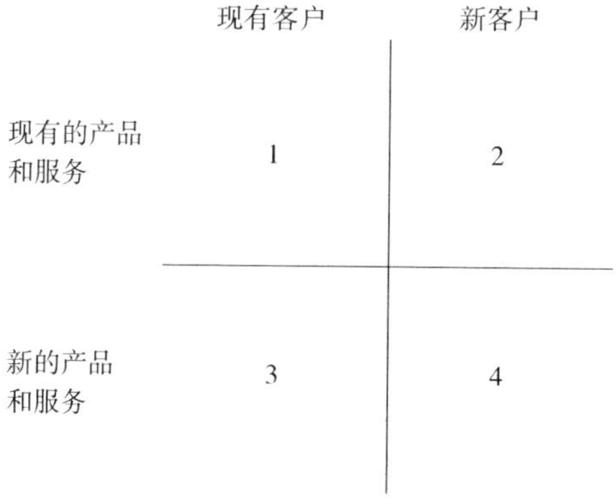

	现有客户	新客户
现有的产品和服务	1	2
新的产品和服务	3	4

图 5-4　市场优先级排序象限图

最大的潜在市场是向你的现有客户提供新产品和新服务。这是因为这些客户（买家）已经对你产生了信任，他们见证了以往的项目成果并且从中受益，因此他们也更乐于接受你的新想法和创意。

第二大潜在市场是将你现有的产品和服务提供给新客户。这些人并不认识你，因此你必须先与对方建立信任。你可以通过展示已有的客户案例和客户推荐信向他们证明你的服务价值。（记住，最好的收入结构是，你的现有客户及他们推荐的客户带来 80％ 的收入，新客户带来 20％ 的收入。）

同样具有潜力的第三大市场，是更多地向你的现有客户宣传你现有的产品和服务。尤其是当你在现有产品和服务的基础之上做了优化，能为客户提供额外的价值，并且这一点是客户之前没有考虑到的（在这种情况下，客户也会认为你提供了一个"新思路"）。

向潜在客户推销新产品和服务是很困难的，除非你针对一个特定的市场需求开发出了相应的服务产品，比如远程工作者。

如你所见，这样一个简单的图对你的业务扩张起到了不可估量的作用，你需要制定业务扩张策略，否则以下这些因素都可能导致你的服务和产品在某一时间变得不再具有吸引力。

- 经济动荡
- 出现新的竞争对手
- 新技术的发明
- 新趋势或流行趋势
- 市场趋于饱和
- 主要目标行业和业务重组
- 公众观念的改变
- 政府监管
- 危机

不要等到迫于无奈才行动，要学会主动出击！

信条
你就是自己的研发工厂，而客户则是你的实验室。你要保证工作台上总有食物正在烹饪中。

最后需要考虑的一点是：如何判断应该先与哪一类客户接触，或者哪些潜在客户的购买潜力最大？从某种程度上来说，这个问题是一门艺术也是一门科学，我们可以理性分析一下。

这与你能提供的服务多样性（正如我在上述"信条"中所提到的"烹饪实验室"）和客户成熟度有关（如图5-5）。

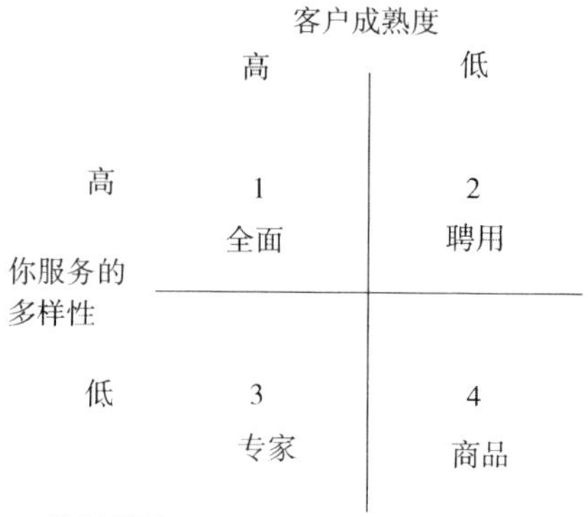

客户成熟度
| | 高 | 低 |

```
                    客户成熟度
                高              低

    高          1              2
                全面            聘用
你服务的
多样性
    低          3              4
                专家            商品
```

1. 长期项目。
2. 合作伙伴关系。
3. 现场提供专业支持（实施技术方案）。
4. 远程提供专业支持（打造商业计划）。

图 5-5　客户成熟度

你的产品和服务越多样化，客户越成熟[1]，你能采用的服务方式就越全面。反之，如果客户成熟度较低，而你能提供的产品和服务也较为单一，那么你所能施展的空间也不大。

如果你能提供多样化的产品和服务，而你的客户相对不成熟，那么更适合采用聘用制进行合作。如果你提供的服务较为单一，而客户相对成熟，那么客户可能会使用你的专家技能为其服务。

图 5-5 举例说明了在服务多样性和客户成熟度的不同组合下，如何达到最佳效益。

危机时刻的插曲

当我写这篇文章的时候，大家正逐渐从新型冠状病毒的魔爪中逃离出来（2020 年底）。希望当你读到这篇文章的时候，疫情已经有所缓和，情况也更乐观了。然而，历史上总是危机不断，类似的事件可能会卷土重来。我想与大家分享我学到的最佳应对之策，当不幸的事情再次发生时，大家就该知道要如何应对了。

要知道，很多伟大的公司（从迪士尼到微软，从露华浓到苹果）都是在经济衰退或者形势不好的情况下成立的，许多突破性的创新成果也是在危机下发明的。在低迷的大环境下，我们需要比以往更有创新力和积极性。现在绝不是一意孤行和满怀戒备的时候，我们应该充满活力，坚定前行。

以下方法教你在疫情肆虐之际如何维持生存，并谋求业务的发展！

给你的每个买家打电话，询问你能为他们做些什么。不要谈论项目或费用的问题，你只需要问"我怎样才能更好地帮到您呢？"。

向商业出版社供稿，提出关于远程客户服务的建议和想法。

设立一个热线电话或电子邮箱，为客户提供寻求咨询的快速通道，并且保证他们能在工作时间内收到回复。

询问当地的客户是否愿意见面，以便进一步讨论对方的特殊需求。

与当地买家和潜在客户组织一场非正式会议，与大家共同探讨应急计划。

提供免费的电话会议服务、播客或视频并进行宣传，教大家如何在这段时间内更好地开展业务。

如果你能直播的话，可以同时提供免费和付费的直播课程。

如果你是一位演讲者，在无法到达现场的情况下，可以用远程直播的方式来进行演讲。

运用大学使用的在线课程的方式来举办你的研讨会。

与现有客户和潜在客户分享你们专业社区里的最佳实践案例。

每周通过视频或播客的形式进行五分钟的"总结报告"并且对其进行定时更新。

写书或制作系列视频，尝试去打造一系列前所未有的新 IP。

居家办公

制订你的日程安排表，包括午饭和休息时间。把你的计划告诉家人，就当作是你"去公司上班一样"。

穿着得体，你的精神状态会很好。把自己收拾一下，就像你要去赴约一样。

把你的房门关上，挂一个"请勿打扰"的牌子，以防孩子们闯入。

我喜欢和狗狗待在一起。

不要打开电视看新闻，不要浏览网页，不要回复个人邮件。

列出要完成的三个优先事项，并且专注于这些事项。如果你在当天"罢工"前已经完成了这些任务，那你再去做别的事情。

学会"分块"思维，如写作或录音。不要在一件事上花费超过 45 分钟的时间。

不要连续安排多个电话会议、Zoom 或 Skype 会议。

清除房间里的干扰因素：乐器、带照片的屏保、填字游戏等。

在主动工作（打电话、写作）和被动工作（构思未来产品、创造知识产权）之间进行切换。

不要播放音乐，它会使你分心。

不要一心多用，如果你同时在做三件事情，很有可能三件事情都做不好。

不要把你一整天的时间全部排满。相反，如果你的三个优先事项都完成了，下午三点左右你就可以收工了（如果你在为别人工作，请提前获得对方的同意）。

午休时间去外面走走。不要在你的办公桌上吃饭，呼吸一下新鲜的空气。

如果有必要的话，向来电者解释你正在居家办公（如果周边有噪声，或者狗挡住了镜头）。

买一个好的摄像头和麦克风。

当你结束一天的工作后，注意保持办公桌面和电脑桌面的整洁。当你第二天来"上班"的时候，你的办公桌面是干净的，你的电脑桌面应该只有前一天晚上收到的电子邮件。

白天工作的时候，要吃健康零食、喝能量饮料，而不是食用垃圾食品。

在你决定要居家办公之后，向你的家人提出要求和期望，这样他们才能更好地支持你的工作。

如果你是自己一个人，做好你需要应对 UPS 快递、联邦快递和其他快递的准备。尽量选择"不需要本人签字确认"的签收选项。

将所有的网络社交活动都推迟到一天工作结束之后。

5.3 建立联盟

围绕着咨询师之间"联手合作""携手并肩"和"成立合资企业"的讨论，就如同无休止地讨论着尼斯湖水怪、52 号机库的外星人是否存在的证据以及克利夫兰布朗队是否会赢得美国橄榄球超级联赛一样——都毫无意义。

送你一个来自电影《甜心先生》的口号——"让我赚大钱"。

我可以明确告诉你，任何理论性的联盟都是在浪费你的时间和精力。我见到过很多咨询师，他们大谈特谈，浪费了太多时间在论证双方是否有合作的可能性上。他们梳理出一张错综复杂的信息网，讨论着双方的方法论可以如何联动、整合并产生协同效应，但最终仍然无法获得一个实际的客户。

信条
唯一有意义的联盟是对方把钱放到你的桌上。

几年前，一位咨询师朋友找到我，说他有一位收入 15 亿美元的大客户。他已经做了几年的领导力和团队建设工作。因为客户公司的高层对他很信任，尽管战略策划并不是他的强项，但客户公司的 CEO 依然把制定战略这项任务交给他去完成。

我们商定好，他把我以战略架构师的身份介绍进这个项目，双方就此达成了合作意向。我会帮忙写出一份策略提案，而他将协助提案的交付，并且教会客户如何推进策略落地。整个项目的费用是 16 万美元，我们商议将收入六四分，我六他四。

这种合作方式非常有效。这位咨询师能够继续服务于他的客户。在和我的合作之后，他也拥有了更多可以赚钱的"工具"。他的客户也获得了很好的服务体验，而我也得到了我原本接触不到的业务。这位咨询师就是带着钱来找我的。

无论你身处职业生涯的哪个阶段，想要建立有效的联盟关系，以下的六项准则都可以帮你规避陷阱和充分发挥联盟的优势：

（1）专注于双方正在处理的、明确的、短期的业务。如果你不能明确说出客户的名字和服务的时间范围，你甚至不必浪费时间去谈合作。

（2）寻找 1+1=60 的解决方案。也就是说，你们双方应该联手为客户创造更大的价值，这样客户才能给你们更多的服务费用。如果你平时的服务收费标准是 8 万美元，但你与盟友联手合作的收费定价为 14 万美元，如果按照五五分成，你只能拿到 7 万美元!

（3）最好的联盟是一方能提供另一方没有的能力和技能。如果两个人都能帮客户缩短销售周期，那么为什么客户聘用你们两个人呢? 但是如果你们其中一位能帮助缩短销售周期，另一位是招聘销售人才的专家，双方联手合作才会更有意义。

（4）请仔细区分你需要的是附属关系还是联盟关系。很多人会习惯性地混淆这两个概念。如果你觉得自己一个人很孤独，那么你可以选择加入职业社团、公民团体、社会或宗教团体。但不要因为你不喜欢孤独而与他人产生商业纠葛! 另外一个更经济实惠的选择就是养一条狗。我就有两条。

（5）像考察你的客户一样考察你的潜在盟友。花点时间搜寻他的背景资料，包括个人信息和公司历史信息，并请对方提供他的客户名单。一定要避开以下两类合作方：一是不愿意与你分享其业务信息的伙伴，二是入不敷出的伙伴。不要让联盟合作成为某些咨询师的救济站。

（6）不要形成法律关系。不要急着与对方组建有限责任公司或签署协议和合同。合法的商业关系比糟糕的婚姻更难摆脱，会损害你的财务、个人生活和客户。

联盟指的是两个同级的咨询从业者形成伙伴关系，而不是分包关系。你的合作伙伴必须能够提供他的方法论，或者有获取业务的能力，或者能提供技术支持，或者能在客户获取、项目实施等重要层面为你提供帮助。你们双方都可以参与项目执行，**但如果另一方收取酬劳只是为了做项目执行的话，那么他就是分包商——是"一双手"，而不是一个联盟伙伴。**

能够做执行交付的人有很多。他们无法有效地推广自己的服务并获得客户，因此，他们必须依靠其他能够做市场推广的人来为他们获取业务。想要雇用这些人很容易，一些做全国研讨会的公司只需要支付 500 美元 / 天的报酬就能招到执行人员。尽管他们自吹自擂说"交付就是一切"（这确实很重要，但远比获得业务简单），在我写这本书的时候，你就能找到保证交付质量的人员，每天你只需要支付给他 1000 美元[2]。

当你确实需要一个人联手合作，也找到了一个有合作潜力的伙伴时，可以通过以下公式来分配收入。

	客户获取 50%	方法论 30%	项目交付 20%
你			
对方			

举个例子：如果你能获得业务，但需要有我的方法论来支撑项目交付，我们双方可以分摊项目交付的费用。假设我们现在在做一个价值 10 万美元的项目，那么我们收入的分配方式如下：

	客户获取 50%	方法论 30%	项目交付 20%
你	$ 50 000	0	$ 10 000
我	0	$ 30 000	$ 10 000

你能拿到 6 万美元，我能拿到 4 万美元。你也可以根据个人品牌、项目人员等因素调整百分比，但是千万不要以为这三个方面是同等重要的。另外，双方一定要事先就如何分配收入及分配方式达成一致。这样事情会更简单明了，同时避免了后期产生分歧时通过法律手段进行补救的情况。

正如你所看到的，如果对方的贡献都集中在第三栏（项目交付），而在前两栏中没有任何贡献，那么他就是一个分包商。这时候，你只需和对方谈好每天的酬劳即可，其他一切都免谈。

5.4 推荐业务

这句话一定要记住："推荐是我们这个行业领域里的通行货币。如今，我们的项目取得了很好的成效，你还认识哪些人可能从咨询服务中获益的吗？"

这样向对方提议，会让对方很难拒绝你："如果你能为我做介绍，我将感激不尽。如果不行的话，我能告知对方是你做的推荐吗？如果你觉得这样不妥，我就不提及你的名字了。"

我想，你在第二组问题中看到了能让对方点头的选项！

让客户为你做推荐是介于大家热情主动地向你咨询（市场引力）和冰冷的电话营销之间的一种折中的获客方式。这是咨询师们很难攻克的一关，很多咨询师没有及时提出这方面的需求，或者觉得要求他人做推荐不太妥当，或者不知道该如何开口。

很多咨询师追溯自己成功的源头，基本都是最初服务的那几个客户。也就是说，虽然咨询师的业务类型各不相同，但是成功的关键都始于——需要通过他人推荐来拓展业务。

信条
如果你在与客户合作时没有积极请求对方为你做推荐，那就证明你对自己能提供的价值没有自信，你不认为你能服务好其他人。

有三类推荐方式：客户推荐、非客户推荐和间接推荐。

5.4.1 客户推荐

你应该与客户保持沟通。这里给大家提供一些参考：

- 在刚开始合作时就告知你的客户，如果双方对项目的成果都感到满意的话，请他帮你推荐其他有潜在需求的客户。
- 用我之前建议的询问对方的话术，让对方难以拒绝你的请求。
- 立即跟进潜在客户。参考话术："你好朱迪，我是汤姆·莱恩介绍给你的咨询师。汤姆告诉我，你很欣赏他和我共同打造的成果。汤姆总能给到我很好的建议，我很尊重他的意见，想跟您约个时间见面详谈。下周我有三天时间可以安排会面，您在这几天有空吗？"
- 每年至少联系你的现有客户和原有客户三次，请他们为你做推荐。
- 保持好心态：你不是在拜托别人帮你的忙，而是希望通过他的举手之劳能帮到相识的人和专业的伙伴。
- 对于现在服务的客户，在项目进行到三分之二的时候请求对方向你推荐新客户。在生意场上，离别并不能使人变得更亲密，只会让人遗忘你。
- 在寻求客户推荐时，要确认清楚对方的身份或头衔，不要只是问个名字，也不要虎头虎脑地去问客户："你都认识些什么人呢？"

只要你遵循以上这些步骤并且用词得体的话，你就有了一个和新客户见面的绝佳机会。当然了，你需要确定这个人是否为有决策权的买家，如果不是的话，请客户为你介绍真正的买家。

> 据我观察，阻碍咨询师事业发展的最主要原因是未能持续寻求业务推荐。

5.4.2 非客户推荐

这些客户来源于其他咨询师、第三方介绍或你自己的意外发现。这里给大家一些参考：

- 在买家不知情的情况下，你向他们推荐了一位付费咨询师，同时你自己也获得了经济利益，这是很不道德的行为。因此，如果有推荐费（见下一项），你必须如实地告诉对方。否则，客户会认为介绍人是经过客观冷静的分析后给出的建议，而实际上，它是一桩商业买卖。
- 关于如何获取推荐费，以下是我的建议：
  - 向我提供了需要我这类咨询服务的买家姓名。我找到了买家并且成交订单之后，会付给你该项目费用的 5% 到 10%。[3]
  - 将我介绍给我正在寻找的买家，订单成交之后，我会付给你项目费用的 10% 到 15%。
  - 将我介绍给和你关系很好的买家，并且我是在你的支持下才被聘用的，那么我会付给你 15% 到 20% 的项目费用作为报酬。
- 询问你身边的每个人，请他们为你推荐业务。你会把自己的医生和律师介绍给身边的人，但是其他人不会把你介绍给别人，这是因为他们大多无法认可你创造出来的成果，他们顶多会留下你的名片。你需要主动联系你的职业社区、社会团队和公民社区，积极拓展你的业务。

5.4.3 间接推荐

在这个行业，业务推荐至关重要。在发展新业务方面，其重要程度仅次于"市场引力"。你可以通过以下方法来获取"间接推荐"的机会，从而最大限度地拓客：

● 如果你能够用客户的名称进行宣传（这是很普遍的情况，但不一定使用客户的 Logo），你可以在网站和宣传资料袋里展示你的客户名单。"你和埃可米公司合作过吗？我认识一个人在欧米茄公司工作，他想和你谈谈。"
● 通过你现在所服务客户的人脉网进行三维扩展。图 5-6 展示了通过人脉网络扩展咨询事业的潜力。

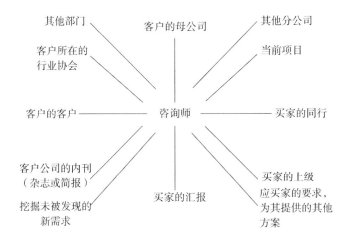

图 5-6　扩展的潜力

你会发现，与他人相识的概率比我们想象中要大得多。你可以缓慢地前进或者在前行的道路上犹豫不决，也可以通过贵人的引荐作为你强有力的敲门砖，快速又高效地直达目的地。一切都取决于你自己。

别忘了你的现有客户中有一部分也是通过他人推荐，所以你可以这样提醒他们："就像我俩是通过桑迪·菲利普斯的推荐才认识的一样。"

最后，善待你的推荐人，并且给对方最好的回馈：将他们推荐给其他人，无论是客户还是第三方。让别人一直为你做推荐的最可靠的方法就是互惠互利。建立自己的"数据库"，记录下来"谁能为谁提供什么"。如果你打造了一条双行道，车流量就会显著增加。

5.5 聘任服务

聘任服务是为了让他人能够"运用你的智慧"。聘用咨询师与律师不同，你的代理律师会向你收取一笔预付费用，并从中按小时（或每六分钟的增量）扣除费用。

在我的认知里，律师并不想要被牵涉进一系列的案件中，也没有积极参与和协助推进项目实施的意向。简而言之，它们不会积极主动地深入到项目中。

在加速曲线中，聘任服务位于曲线的右侧。通常只有"备受信任的顾问"才会被聘用，它也能增加你的"个人金库"。基于信任和之前取得的项目成果，客户才会选择聘任某位咨询师，很少有咨询师能和客户在第一次合作的时候就采取这种模式。聘任模式的优势有：

- 你可以提供远程支持，无须再通过频繁的出差才能与客户会面。
- 你可以同时接受多个客户的聘任。（十名客户每月各自支付给你 1 万美元的聘用费，相当于你一年能获得 120 万美元，这还不包括你其他项目的收入。）
- 你只需要与关键人物打交道。
- 你不会经常被客户"召唤"，这为你创造了大量可以自由支配的时间。
- 即使需要与客户联络，你们接触的时间也会相对简短。
- 以聘任的方式为客户提供咨询服务，是一种长续久存的模式。
- 你可以服务于同一客户的不同项目，并且根据你能够提供的价值，对不同的项目单独进行收费。
- 客户应当提前支付你的咨询费用。另外，你需要设置不可取消的条款。

我曾经被卡尔冈公司的总裁聘用，为其公司担任了五年的咨询顾问。在那段时间里，我还协助完成了几个独立项目。每年仅聘用费就能获得 10 万美元的收入。

只有当你与买家之间建立了相互信任且融洽的关系后，你才有可能被客户聘用。但同时，想要成为一个被聘用的咨询师，你必须极度自律，否则这种工作模式很有可能就是一颗地雷。

- 你会因为太久没有与客户联络而感到愧疚，随后你：

- 坚持致电给客户并向对方提供帮助。
- 一旦没被咨询，就把时间向后顺延。
- 承担项目其他任务以用尽约定的业务时间。

- 一旦你接受了聘任的服务模式，将会有一大波问题接踵而至等待着你去解决。这意味着，你可能收取了 5 万美元的聘用费，而如果将这些项目拆解成一个个独立的项目，你就能收取 17.5 万美元的酬劳。

信条

　　有两种可怕的极端：项目范围蔓延，即你允许客户往项目增加越来越多的任务；项目范围渗漏，即你自己不断往项目里增加越来越多的任务。

　　在聘用模式中，咨询师的角色就像是一份完善的保险计划或是高质量的喷淋系统。除非客户有需要，否则他们不会来找你。只要你在客户需要的时候出现就好了，客户买的是安全感和舒适度；你的价值不取决于你所提供的服务频率和次数。（你不会因为花大价钱购买了自动喷淋系统就频繁地使用它，直到把一楼都给淹了。）

案例研究：火灾

■ ■ ■

　　我的一个辅导学员向我寻求帮助，因为聘用他的一位客户指出，他在这一年里没怎么用到过他的咨询服务。如果以后也是如此，那就该降低收费。

　　"你的客户在这一年中是否发生过火灾？"我问我的客户。

　　"一场火灾？没有！"

　　"那你再问他，他是否取消了他的火灾保险或要求降低保费。"

　　通过以下三个标准，为自己打造一个无懈可击的聘任制度：

◆ 确认有多少人参与到项目中

比如，你只需要和销售副总裁打交道，还是同时也要和他的三位总经理打交道？能够接触到你的人总共有几个？

◆ 确定你的参与范围和深度

你是否需要在工作日随时待命？客户对你的回复速度有什么要求吗？比如，要在两小时内回复电话，要在一天之内回复电子邮件？是否需要定期举行面对面的会议？客户能否在周末或非工作时间也给你打电话？[4]

◆ 你参与的时间是多久

你们的协议是 90 天、半年，还是一年？（我建议你永远不要按月签订聘用协议，客户很容易与你取消合作关系，你也无法在短时间内证明自己的价值。）

协议服务时间至少是 90 天起，并且要让客户在合作初期就给你付款。我每月实际向卡尔冈要价 1 万美元，但如果公司在 1 月 2 日之前支付全年的费用，可以获得 12 000 美元的优惠，客户通常也会接受我的提议。你的协议里不一定需要写明项目目标、标准和价值，但是需要对我以上提出的三条（也是三个主要的问题）进行清晰的界定。

在我 30 年的咨询生涯里，我接受过约 50 次聘任邀请，**从来没有客户滥用这种聘用关系**。正如我目前在全球范围内为客户提供咨询服务，不受任何地域和时间的限制，我能够及时响应客户的需求。这其实就是通过聘任模式来实现的，但是并没有客户因此而提出过分的要求。

如果你曾经与一位真正实行开放政策的高管共事过，我敢打赌，他从不会抱怨有太多人来找他，以至于他无法完成这些工作！采用开放政策后，你会接到很多的聘任邀请，客户会尊重你在他们需要的时候施予援手，你也会为选择这种工作模式而感到欣慰。

咨询师应该是提供建议和服务的人。但讽刺的是，许多客户比咨询顾问更容易接受这种模式。

想要建立一段成功而长久的聘用关系，其关键在于：

- 要快速响应客户的需求。尽管你已经与客户在响应时间上达成了一致，但我建议你最好能回复得快一点。

- 展现出你对客户的重视。如果时间允许的话，在晚上8点回复对方的电话或电子邮件。即使客户可能要到第二天才能看到你回复的消息，但是你的行动很重要。
- 如果客户有一段时间没有和你联系，千万不要感到内疚或不被重视。
- 你和客户的每一次互动都必须是有价值的，不要羞于跟客户进行后续的沟通和互动，你可以说："我一直在思考我们上一次电话会议里交谈的内容，我产生了一个新的想法。"

随着 Zoom、Skype、GoToMeeting 和智能手机等新技术的发明和普及化（可能当你读到这本书的时候，全息影像技术也已经发展很成熟了），为人们提供了能实时通信的工具。在如今这个时代下，专家顾问的意见比以前更容易获取，也更具有价值。

这对于我们咨询师来说也是一件好事，这意味着我们可以提供全球化的咨询服务，也说明咨询行业有了更广阔的市场和更大的利润空间。

5.6 全球工作

全球工作有三种基本形式，这里我按照从易到难进行排序：

（1）与和国外有业务往来的本地组织合作。

（2）与在本地的外国组织合作。

（3）与未在本地发展的外国组织合作（但本地可能有其他机构代理他们的产品和服务）。[5]

当你与本地的跨国公司合作时（例如美国的惠普公司或道富银行），你应该遵循以下原则：

- 如果你有事要去海外出差，你可以告知你的联系人，并询问他们是否需要你和相关人员会面。对了，你也可以顺便在自己的简报和博客上好好宣传一下这趟旅行。
- 当你在推进本地项目的时候，如果某场演讲或会议与你的合作伙伴相关，你可以邀请他们部门的人一起参与。
- 当你在活动中发现有其他国家的人员参与，而你在这场活动的角色是演讲者或参会者时，你可以让旁人为你做引荐。

- 尽量在文化上保持中立。也就是说，你需要向对方展示你的方法论适用于任何一个国家，不受当地环境的影响。

如果你客户的公司也与跨国公司有业务往来，而那个跨国公司在本地也有业务（在美国的跨国公司，比如丰田、壳牌或古驰），请客户为你做推荐。例如，丰田公司拥有庞大的信贷业务体系，任何汽车经销商都可以使用这项业务，而你又发现你或你的家人与当地一个丰田经销商的关系很熟络。对你来说最佳的做法是：

- 如果一家大公司在本地有业务分支，那么就把在本地运营的分部当作本地企业来对待。例如，当我为梅赛德斯的北美公司工作时，我与它的德国母公司没有任何交易。因为语言上的障碍，我也不曾尝试与其母公司产生任何形式的交易。[6]
- 根据你已有的行业经验和成功案例，继续深耕这些领域，因为你已经很熟悉这些行业知识，也了解应该如何运营类似的项目。
- 如果这些跨国公司在本地的管理层也是由当地聘请的，而不是从总公司调过来的，那么你的竞争优势会更大。因为本地管理层的独立性会更强，也更愿意启用当地的资源。

当你与一个总部在其他国家且未进入本地市场的公司寻求合作时（例如空中客车工业公司或意大利的米兰投资银行），你需要有非常明确的理由来说服对方采用你的服务。这些理由可能包括：

- 你是他们这个行业领域的专家，如果他们不肯听从你这位思想领袖的建议，那将是他们的损失。
- 你有认识的人在这个组织内工作，这个人最好是通过你现在或以前的客户认识的。
- 你在对方的国家有一定的根基和人脉，或是对这个国家有特殊的情感。
- 出于某些原因，你会前往对方的国家（比如因为客户项目或个人原因）。

偶然性可以创造奇妙的机遇。有一次，我在英国的米尔顿凯恩斯为两家不同的客户服务，一家是总部在辛辛那提的食品调味品公司，我是在别的公司的推荐下进入该公司的；另一家英国标准协会则是在看过米歇尔·罗伯特和我写的一本书（*The Innovation Formula*, HarperBusiness, 1988）之后找到我的。英国移民官看着我的牛仔裤和留了两天的胡子，问我："你在米尔顿凯恩斯是做什么生意的？"

"你为什么认为我是去出差的？"我问他。

他爽快地回答道："因为你没有其他合理的理由去米尔顿凯恩斯了。"

利用互联网来辅助你的海外业务，特别是我所说的第三类服务。我们可以在全球范围内随时上线，发布和提供各类的信息。据我统计，在参与到我导师课程和专业社区的人当中，澳大利亚人所占的比例最大。除了月球以外，在全球范围内我恐怕很难去到比这更远的地方了。但我在澳大利亚的业务量足以证明我至今前去出差 18 次的合理性，这其中包括与我妻子的两次度假。

正如聘用模式有不同的收费方式，当你为全球不同区域的客户提供服务时，费用也应该有所调整。以我的大本营，美国东北部为例，这里有六条准则：

（1）在我服务美国、加拿大、墨西哥和加勒比群岛以外的客户时，我会收取一些溢价费。因为我去墨西哥城、安提瓜或温哥华所花的时间和去西雅图、洛杉矶差不多。收费标准根据客户所在的地理位置而定，如果客户在美国境内或美国周边区域，我不会收取额外的费用（当然，差旅费用会随着距离的变化而变化），所以我对邻居也不会这样。

信条

用你的网站展示项目成果，用你的博客煽动读者的情绪。更新博客，这会吸引你全球的读者去你的个人网站上获取更多的信息。

（2）针对欧洲和南美洲的客户，我在提供咨询、辅导、演讲及其他相关工作时，会增加 50% 的溢价。

（3）针对亚洲和环太平洋地区，我的服务费用会贵一倍。

（4）我的收费标准基于服务价值，而不是出差的天数。但是如果我需要在异地开展业务，我会至少提前一整天到达，以便于提前适应当地的环境（特别是如果我要在正式会议上进行发言的话）。从我居住的地方出发的大多数航班都在早上 7 点左右到达伦敦或悉尼。

（5）我收取商务舱的机票费用（尽管我升了头等舱并支付了差价）。如果有客户提议要为我报销经济舱的费用，我是不会接受的。如果你在经济舱上颠簸了8到18个小时，还期望在落地时能以饱满的精神和积极的状态面对工作，那你简直是在做白日梦。如果客户真的把你当作合作伙伴而不是分包商的话，他们是不会拒绝你乘坐商务舱的要求的。

（6）对于所有低于六位数的酬劳，我都坚持让客户在项目前期付完全款，并且要求在开工前支付50%的定金。我希望我的费用能在提交后的30天内得到报销。不论当前汇率如何，所有资金都以美元进行核算。我接受电汇和信用卡支付的方式。（对于那些想多收点钱来支付信用卡费用的人，你要知道做生意是有成本的，你不应该像律师收取复印费那样向客户收钱！）

提供全球性的服务也将大大提升你在本地的行业地位，因为你成为拥有国际知名度和国际客户的名人。我写这本的书的原因之一就是，它们会被翻译成不同语言的版本并在各国出版（迄今为止，我的书已经被翻译成九种语言了）。

关于全球远程工作，这里附上一些说明：

我建议你根据项目时段来调整你的工作时间，尽可能提供远程演讲、研讨会、协助、辅导和咨询。有价值的服务就能产生经济价值，所以我不会降低我的收费，但我也断然不会增加上述的附加费用。

想要找到一个同声翻译很容易，尽管我发现几乎所有商业人士的英语口语和理解能力都比我的邻里老友好很多。

我发现Livestream在动态和视觉拍摄方面为我提供了最大的灵活性，但Zoom允许多位同事进行在线视频交流，我能够看到对方，也可以开设不同的"房间"进行操作。萝卜青菜各有所爱，大家可以选择自己喜欢的视频工具。

第6章
知名人士
如何成为真正的权威和专家

6

6.1 思想领袖

"思想领袖"这个概念用大白话来说，是指专家和地位显赫的人，他们向大众传递知识资产。这个术语很好，但其概念不是一成不变的。当你看到这篇文章时，这个术语可能又有不同的诠释了（我更倾向于称之为"成果领袖"）。

无论如何，这个概念是很合理的。如果你想获得"超级地位"[1]，那么你提供的建议和服务得是可靠的且经证实是有效的。你首先要亲自尝试，才能创造出不容辩驳的真理。

几年前，我参与了全国演讲家协会的一项研究，我们发现，真正购买演讲课程的人（不是会议策划人或政府人员）是为了挖掘和探寻专业知识。如果你仔细观察如今的思想领袖（例如，领导者教练领域的马歇尔·戈德史密斯、创意领域的赛斯·戈丁、营销领域的乔纳·伯杰、积极心理学领域的马蒂·塞利格曼、独立咨询领域的我），你会发现一些共同点。

思想领袖往往具备以下品质：

- 有创造知识资产的能力，他们将其转化为可供他人购买、获取和使用的知识产权。将概念和无形的想法转化为务实的、有形的方法，这一过程被称为"实例化"。在一个战略项目中，客户公司的CEO事先向我确认："你会将自己的知识资产运用到该项目吗？我们需要的不仅仅是一个项目协调员，我们需要的是一个可以主动引领和推进过程实施的领导者"。[2]
- 不惧怕将他们的方法论公之于众。他们不怕别人窃取、模仿或剽窃他们的想法，也不怕山寨。这是因为他们的领导力和品牌影响力足够大，人们都知道谁是原创，剽窃者并不重要，只能愚弄少数无知的人。这将是我出版的第65本书，希望在未来我能有越来越多的作品。

- 从不相信大家会满足于听取他们的想法。也就是说，书籍、演讲、帖子、引文、信息源以及多次的交际互动，只会使思想领袖更受追捧。如果你能在读了我的一本书或听了一次我的音频之后，就能取得令人满意的进步，那很好。但你可能也会考虑参加我的研讨会或导师课程。**所有的思想领袖在有意和无意间都会创造加速曲线，且所提供的服务大多位于曲线的右侧。**

> 你无法通过看书学会骑车和滑冰，纸上谈兵是没有用的。

- 说过的话经常被别人引用（有时可能会引用不当），并被当作是某一话题的最终定论或权威意见。当克林顿总统需要振奋精神的时候，他会邀请托尼·罗宾斯到白宫。每当有空难发生时，著名飞行员和航空专家约翰·南斯就会立即出现在媒体上。（这种寻求权威意见的做法甚至达到了荒谬的程度，例如，在2010年墨西哥湾的石油灾难中，国会听证会听取了《泰坦尼克号》导演詹姆斯·卡梅隆的证词！马歇尔·麦克卢汉预见了这一点，并称这种现象为"媒介效应"，即某一领域的专家被误认为是全能专家，这也是为什么这么多知名艺人在政治问题上不善雄辩的原因。）[3]
- 不惧怕失败。他们将新的想法和方法运用于各自的垂直领域，即使实验失败了，他们也不会为此感到震惊或崩溃。如果你没有经历过失败，那就说明你还不够努力。当然，如果你失败的次数远超成功的次数，那说明你无法成为思想领袖。这就是为什么在天气预报、电视收视率、消费电子产品、赛马或股票市场中很难找到思想领袖，每个尝试过的人都没有做出过惊人的成就（沃伦·巴菲特除外）。

这对你来说意味着什么？它意味着成名的道路并不是用金砖或美好愿望铺就的，因为这条路是你为自己打造的。这是个好消息，也是个坏消息。这是此书关于营销话题的最后一个章节，你应该已经理解了，在这个行业里，你要打造自己的成名之路。

不要追随你尊敬之人的脚步，也不要试图模仿和复制别人的成功。你应该追求他们所追求的东西。没有所谓的成功捷径，只有一个明确的目的地。

你需要将智力资本转化成为知识产权。这些大多以文字作品的形式呈现，所以我们将在下一节专门讨论一下咨询师"作者身份"的问题。当下，我为大家提供了一些备选方案，供大家思考如何开辟你自己的道路，打造你的领袖地位。

- 在你的咨询工作中，你是否观察到了一些规律，哪些知识或技能未来会得到广泛应用？例如，公司是否在补救工作上花费了过多的时间而忽视了打造内部精英团队？
- 你通过什么渠道定期和持续输出你的知识资产？你会每周发送新闻简报吗？你会创建系列电话会议，为专栏投稿，每天早上发布 Twitter 吗？你会打造产品，提供免费的现场直播，举办 Zoom 研讨会吗？想一想之前说到的市场引力轮。
- 你将如何保护你的作品，与其说是防止被剽窃，不如说是如何确保作品与你的品牌关联。你是否会申请商标、版权、专利？你会创造名言警句、价值主题和标语口号吗？
- 你将如何平衡短期和长期的工作？建立人际网络是短期工作，演讲是中期工作，而出书是长期工作。**但所有的计划都要始于当下**。你要如何进行规划才能持续将你的新想法传达给你的支持者们？
- 记住，对外拓展是为了煽动人群，打造市场引力是为了学术研究。可以在你的博客和简报里发布具有争议和挑衅性的内容，但要确保你发布的相关材料具有高度的可信度。不要混淆这些渠道的作用。建立网站并不是为了推销你的价值，而是让关注者看到这些信息后更加信任你的价值。
- 你所在的专业领域有很多正式和非正式的协会，你是这些协会的活跃会员吗？即使你没有为协会提供任何智力价值，你也必须了解各方的最新进展。只有身处其中，才能更好地做判断。

在这个电子时代，成为思想领袖比以往任何时候都更容易实现。然而，与你的号角相争的噪音也相应增多了。因此，你必须做好准备，要大胆、自信、锲而不舍，并且灵活应变。利用好你能掌握的所有媒体。

而在这些媒体中，最强大的形式可能依旧是书面文字。

> 不要跟随前人的脚步，要追随他们寻求的目标。
>
> ——松尾芭蕉

6.2 作者身份

知名咨询师都有出版的作品，无论是纸质版还是电子版。这意味着你必须要著书立作，而且要经常写。

作者身份体现在商业出版书籍上，也就是说一个主要的出版商（例如，John Wiley & Sons、McGraw-Hill、Simon & Schuster、AMACOM 等）通过各类渠道和形式出版和发行你的书，例如：书店、亚马逊、电子版、Kindle、音频。当你读到我这本书的时候，可能更多的形式已经出现了。

关于自出版，我在这里说几句。我已经写了 60 多本书，其中大部分是通过出版社出版，但有 5 本是我自出版的。两种形式各有不同的目的。前一种形式是为了在买家心中建立更高的可信度。我不在意我的书是否畅销，但幸运的是，我有几本书的销量很好。但是最主要的目标是建立可信度，使我迅速而不受阻碍地走进买家的办公室，我是他们的唯一选择，而不受政府和组织机构的竞争性招标和征求建议书等限制。

后者（个人自行出版）是为了我能提高服务的收费和获得更高的利润，你可以在网站上、演讲活动上或向某些客户批量出售。这些书籍的内容可能太小众了，若通过出版社进行发布，它们可能无法获得很高的利润。

但是千万不要以为，通过出版社出版和自出版能为你带来同等的声誉或地位。出版社通常有专业的代理人、策划编辑和编辑团队，他们相信你的作品能为行业带来价值，并且愿意在你的作品中投入时间和金钱。

现在我经常在 iPad 上看书（尽管我购入纸质书作收藏之用），但在 2019 年，书籍市场还是以纸质书籍为主，只有大约 14% 的书籍有电子版。当然，这个比例会发生很大的变化，但不要满足于只出版电子书。灵活性、对非技术人员的吸引力、能在书店和图书馆上架等，都是纸质书籍才有的优势。

如果买家之间的推荐是我们业务营销的白金标准（位于市场引力轮 12 点钟位置），那么通过出版社出版书籍就是黄金标准（位于市场引力轮 1 点钟位置）。我在前面说过，我和其他大多数成功的咨询师一样，我的成功可以追溯到最初服务的那几个客户和衍生业务。对我来说，这些来源之一是我在 1992 年首次出版的《成为百万美元咨询师》，至 2021 年已经出版到第六版了，这本书在市面上畅销 30 余年了，也是我个人加速曲线上的主要弹跳因素之一。

> 在一次活动中，我询问了 200 个人他们第一次听说我是什么时候，有 190 人说读过我的书，另外 10 人是在我的一次演讲活动上，而且是读过我书籍的人向他们推荐了我的演讲活动。

信条

每个人都可以写作。"写作障碍"只不过是拖延症患者的一个借口。但不是每个人都有话可说、有事可写。这是一个关键的区别。

你应该开始（并持续）在这些渠道上发表下述形式的文字，长此以往，你将有机会通过出版社发布书籍。

- 文章——在行业和专业出版物上发表文章，有偿或免费发表。
- 专栏——向专栏投稿，从而建立和发展自己的粉丝群。
- 电子书——自出版，聚焦于具体的问题。
- 采访——回应记者和其他作者的问题。[4]
- 新闻稿——向媒体公开你的想法。
- 给编辑的信——作为专家，表达你在关键问题上的立场。
- 博客——长期更新，并且内容具有挑衅性和煽动性。
- 聊天室——组织你自己的聊天室，或在别人的聊天室中掌握话语权。

- 网站——创造知识产权，并且供来访者下载。[5]
- 论文——对你的价值定位和方法的论述。
- 社会媒体——适合吸引你理想中的客户群体。

有很多已有的渠道供你发声，你也可以创造新的渠道来表达自己的意见和想法。
　　这也将为你创作第一本书提供很好的练习和动力。如果你的第一本书销量很好，那么之后你出第二本和第三本书就容易得多了。通过刚刚列出的所有这些渠道进行内容发布，也为你提供了写作的热身练习，那么你就不会再有写作障碍了。[6]
　　这就是你如何快速地、有震撼力地、高效地写一本书。

作者的艺术与科学
A：为什么要写书

- 第二可靠的信息来源（如果是通过出版商进行发布的话）。
- 高效地建立起一个品牌。
- 为后期的连续出版做铺垫。
- 迫使你反思和总结自己的方法论。
- 很好的潜在被动收入来源。
- 自我价值感和成就感。
- 持续的学习（掌握你所不知道的知识）。

B：如何写一本书

- 首先你得有话可说，或者只是不想继续读别人的书。
- 为读者和听众着想，而不要只想着你自己。
- 不要只是抱怨，提供解决方案和希望。
- 聚焦实用的信息，而不是深奥的概念。
- 使用深入浅出的语言、短语和比喻。
- 不要模仿别人的想法。
- 有纪律，有结构，有计划。
  ○ 制作日程安排表。

○ 预留应急的时间。

○ 确保你在创作的时候不会被打扰，但最重要的是让自己感觉舒适自在。

○ 使用准则（每 X 页为一节，每 Y 页为一章，等等）。

○ 多样性（小型采访、案例研究、自我测试、插图）。

● 不要写你所知道的一切，要写读者需要知道的内容。

● 慎重引用别人的内容，但不要过多地借用。

● 以对话的形式进行写作。

C：如何让一本书进行商业出版

● 撰写项目建议书。[7]

○ 主题（题目和目的）。

○ 标题和副标题。

○ 目录。

○ 完整的一章内容（任何一章，约 20 页，双倍行距）。

○ 说明所有章节的两段话。

○ 一页关于你的个人简介。

○ 几页竞争性市场营销策略分析。

○ 描述你的一级、二级和三级受众。

○ 全面细致地描述你能带来的独特营销方案。

○ 这本书的独特之处（例如，采访、自我测试等）。

○ 预估篇幅长度和交付时间。

● 仔细选择版权代理人或策划编辑。

● 附上一封信，并提交你的提案论述。

○ 各种提交方式都可以。

● 不要直接就签合同。

○ 如果没有找到代理人，就找一位好的律师。

● 理解你需要亲自推广这本书。

● 谨慎听取别人的建议。

○ 出版了一本书兴许是意外，出版了两本书可能是巧合，出版了三本书你就是一位作家了。

总之，无论你是初出茅庐、处于职业发展和上升阶段，还是已经是一位经验丰富的高级咨询师，你都可以随时开始写书。出版商通常售出 5000 本书后就能实现收支平衡，而在售出 15 000 本书后就会欣喜若狂。我们在这里所谈论的不是詹姆斯·帕特森或丹尼尔·斯蒂尔的图书销量。

对于第一次写书的作者来说，代理人是一个很好的选择。代理人的报酬是按业绩来计算的（只有在作品售出后才有 15% 的报酬），他们提交的作品会经过策划编辑审阅。找一个他人推荐的、专攻于你这一行业领域的代理人。[8]

6.3 基于价值收费

在这关于"业界名人"的章节中讨论基于价值收费似乎有点奇怪，但请听我说：当你的品牌和声誉受到尊重时，你才更有可能依据自己的服务价值进行收费，你的感知价值也会随着你的收费而增加！

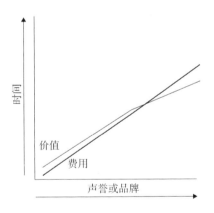

图 6-1　价值与费用曲线

你在图 6-1 中看到的是我在 25 年前偶然发现的一个现象，它所表达的论点是你的感知价值越高，收费就越高。但是，当你实现名人效应时，这两条线最终会相交。思想领导力的实施、专业知识的运用、成为他人有兴趣研究的对象，这些能建立一个强大的品牌。有了强大的品牌才能促使两条线相交，就像宇宙空间中的引力促使光线弯曲一样。

基于价值收费是指根据客户从项目中获得的价值（并且这些价值是由你贡献的）来进行收费的。每当那些已经习惯于按小时计费的买家问及我的"收费标准"时，我总有一套标准的简短说辞。

我的收费基于你从这个项目中获得的由我所贡献的价值，这包括你得到的巨大投资回报和支付给我的合理报酬。

这就是为什么我们前面几章的概念性协议以价值作为结论，并且基于经济买家的商业结果来进行评估。这个"价值"应该是保守估值（"让我们只以预期效果的一半进行估值"），但仍然代表着 10∶1 或更好的回报。包括情感因素，我们前面所说的等式是这样的：

$$\frac{\text{有形效益} \times \text{年度效益} + \text{无形效益} \times \text{情感影响} + \text{外围效益}}{\text{费用}} = \text{价值}$$

然而，当你成为业界名人之后，大家会期望获得与收费相匹配的服务。

信条
逻辑使人思考，情感使人行动。在提供服务时，请注意客户对情感需求和实用需求的关注。

当面对宝格丽、布里奥尼或宾利等知名品牌时，买家并不是为了以最优惠的价格买下它们的产品或试图与销售人员砍价。他们不仅要实用的产品，更是为了获得愉悦感和自我满足感，一个令人惊叹的案例是吉姆·柯林斯所作的一本非常著名的书《从优秀到卓越》（HarperCollins, 2001）。

成千上万的买家和企业家突然想实现"从优秀到卓越"，而他们甚至没有意识到这意味着什么，也尚不明确他们目前所处的位置，只是出于情感诉求的需要。而吉姆的演讲和咨询费也是由他自己随心而定的。

如果你已经有足够的知名度了，不要只顾着欣赏自己而白白浪费了成功的机会。积极提升你的收费标准，因为人们在做购买决策时并不是在追求价格，而是在追求价值。我们都知道，对昂贵的房屋感兴趣的人，如果问供暖要花多少钱，或者对昂贵的汽车感兴趣的人，问保险要花多少钱，很有可能什么都买不起。暖气和保险费用是不太重要的外围考虑因素。

因此我们在这一章探讨了"基于价值收费"的内容，这不仅仅是成为业界名人的"结果"，还可以助力你成为一位名人。

在图 6-2 中，你可以看到买家的资源投入和咨询师的收费之间的关系。买家所投入的资源会因你的信誉和形象提升而大大增强。在你的专业领域里，你越知名，买家就越愿意尽快与你达成合作。

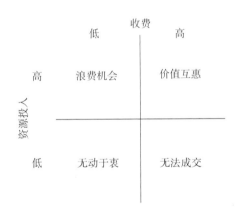

图 6-2　买家的资源投入和咨询师的收费

这就是"我从来没有听说过你，你需要向我证明你如何才能帮助到我？"和"你的方法论给我留下了深刻的印象，我们可以一起共事吗？"之间的区别。在第二种情况下，可信度和收费都不是问题。

在右下角的象限中，你的收费很高，但是买家的资源投入很低。这样一来，你依旧会一无所获。

在左下角的象限中，你的收费不高，但是买家的资源投入也不高，这顶多是一个冷漠的买家："你可以去见见我们的人力资源部门，也许他们会感兴趣。"

在右上角的象限中，从实用性和情感因素来说，双方的价值实现互惠共赢，高收费和高资源投入达成了理想的合作关系。但左上角的象限是浪费机会，在这里，以你的品牌和声誉，买家愿意投入高额资源，但是你的收费不高。姑且不提你放弃了每年收入六位数的机会，**这也会对你的信誉造成无法挽回的伤害**。

记住两个关键点：

（1）当你的信誉很高，但你没有收取足够的费用时，你就是在欺骗自己和家人，并且永远无法再拿回这些损失的钱。如果你让每月 2 万多美元的收入白白溜走，那一年就是 25 万，4 年 100 万，失去的永远无法挽回。

（2）你也会引起买家的疑虑。一旦你被告知宾利的价格远远低于你预期的价格，你就会开始怀疑这辆车是否发生过事故、是否有缺陷，还是价格虚高了。

6.4 分包、特许经营、授权经营

当你通过口碑、书籍、知名的项目、思想领袖和推荐人等获得了自己的名声和关注度时，你将面临一个令人愉悦的挑战：大量业务扑面而来。也就是说，你会有大量的现有业务、潜在业务和已签署的提案向你扑面而来。

虽然大多数咨询师说："我很喜欢这样的烦恼！"但令人惊讶的是，当买家如此大量出现时，很多人会变得郁闷和纠结。

首先，通过以下标准判断你是否要接受此项业务委托。不要忘了，我们在前面提到过，在拓展业务的同时你必须要学会放手，因此，你每年都需要将客户列表中最底层的 15% 抛弃（纽约策略）或将客户重新分配给其他人（加利福尼亚策略）。

- 业务具有挑战性，能运用或提高你的才能。
- 有较高的利润率。
- 所涉及的差旅是可以接受的或有吸引力的，而不是繁重的。
- 这个项目很适合远程工作，或是客户在积极寻求远程咨询服务。
- 你可以把个人的劳动强度降到最低。
- 该项目与你所精心打造的品牌和形象相一致。

因此，舍弃一个不再有利可图或不再令人感兴趣的老客户，而找了另一个同样无利可图或令人感到无趣的新客户，这样做毫无意义。

对个人而言，当我们的业务向加速曲线的右侧发展时，你现在有四个非常重要的选择：分包、特许经营、授权经营或自己做。

分包

这些人不是你的联盟伙伴，你只需要按小时给对方支付费用，让他们协助你完成项目执行。他们既不是雇员，也不是兼职人员；他们是严格意义上的次级承包商，你们之间的合作关系应该符合税务局对于"非雇员"的规定（例如，按照美国的政策规定，你每年为对方贡献的营收不能超过其年收入的 80%）。

我建议你和固定的小团体进行合作，这样你就不需要重新与你的新合作伙伴磨合。他们了解你的方法、工作流程和规矩。你们相互信任。雇用分包商类似于与你的潜在买家打交道，你必须首先获得对方的信任。你不能总是时时刻刻地担心分包商是否会偷走你的客户、你的知识产权或你关注的对象。

有很多咨询师可以提供优秀的服务，但无法很好地营销自己。全国研讨会公司每天只需要支付 500 美元（你没看错，就是这个数），就能找到合适的执行人员。如果你每天支付给他们 1000 美元，就可以复用这些人，他们会给你很好地回馈。你可以在专业行业协会（管理咨询协会、演讲者协会、人力资源管理协会、人才发展协会）中寻找这些人，也可以通过人脉网络以及你的博客和社交媒体发布信息来招募这些人。

我指导过的很多人现在仍然是独立咨询师，这让他们获益匪浅，他们与稳定的分包商进行合作，这种合作模式也让分包商获益匪浅。让你的律师起草一份简单的工作协议（我在这本书的附录中附上了一份简单的、非法律性的协议供你参考）。

特许经营

在取得了一定程度的成功后，你可以考虑用你的方式去训练别人，让他们自行开展宣传和营销活动，同时不与你产生竞争关系。最好在其他国家展开特许经营，如果你在美国，那么你就可以授权在意大利、韩国或阿根廷的伙伴来经营你的业务。

你会向伙伴收取一次性的费用或者是年费，并授权他们在特定的期限和范围内使用你的品牌、背书、知识产权、咨询实践、研讨会、演讲、商标（我之前说过这些都属于你的品牌资产）等。双方界定的标准（质量、数量）将决定是否续约或保留其特许经营权。

我不赞成你获取加盟商的部分业务，因为如此一来，你就需要审计加盟商的账目，而且我总是想起好莱坞的交易，即使一部电影的收入为 2 亿美元，公司账目上可能显示没有产生利润。如果对方满足了某些特定标准，你可以授予对方永久经营权（缴纳了高额特许经营费），或者如果对方符合续约的标准（低额特许经营费，但是要持续缴纳），你可以每年或每两年和加盟商续约。

变量因素包括翻译费用、你的个人形象和提供的支持、从事特许经营应具备的条件和能力等。

授权经营

我在前面讨论了两种商业模式：个体从业者和有基础设施且最终会被出售的公司。

对于个体从业者来说，采用授权经营的模式是将企业的一部分业务进行出售并获益。而你的知识产权在此产生了很大的推动作用，这就是为什么你需要一定程度的"名气"。

在这种模式下，你可以将自己的咨询、辅导或培训方法授权给客户组织，将技巧、版权、商标和相关的支持材料正式转让给对方。你可以向其授权一年、几年或永久性经营权。变量通常包括培训对方的培训师、顾问和教练；提供或更新你的知识产权相关的信息和资料；进行质量检查和审计；根据需要更换组织内部的顾问等。

如果你要在一年内亲自向客户交付所需的技能和材料，费用是20万美元，那么采用授权经营的方式对你和客户来说应该是一笔好买卖，你可以收取15万美元。这样不仅为客户节省了25%的费用，可能也节约了你自己85%的时间，财富也随之而来（可自由支配的时间）。你必须提前与客户约定好，他们是否可以在直系组织之外（例如与供应商）使用这些方法，或者如果是一个同业协会，是否能将它传授给协会的成员。

自己做

第四个选择是你自己负责这个项目，但收费极高。

你必须认识到，作为名人，你是人才。大多数咨询师在引入分包商后会收取更高的费用，以服务者的数量作为收费的衡量标准。但这是完全错误的。如果你自己做，你应该收取更高的费用，以质量作为衡量标准。

几年前，道富银行希望我能帮助他们实施更有效的全球沟通策略。我为他们提供了三个选项：

（1）我可以（通过授权经营）培训他们的内部人员，并让他们在全球分行推行这些措施。他们说我的这种方法缺乏可信度。

（2）我可以利用我的人脉关系帮助他们在各大主要城市设立分行（分包）。他们拒绝了这项建议，认为这是所谓的"穷亲戚"现象，因为总部将直接与我对接。

（3）我可以自己做，但这是三种选项中最昂贵的一种。

他们确定这个项目值得采用最万无一失的做法，我和妻子为了这个价值35万美元的项目开启了全球之旅。客户很高兴，我也很高兴。[9]

6.5 再创造

在我看来，在咨询师的成名之旅中，最大的陷阱是"成功的陷阱"，如图6-3所示。

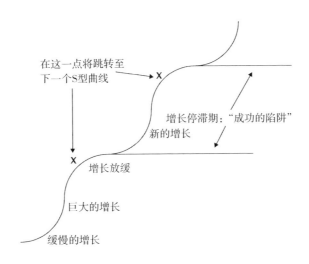

在这一点将跳转至
下一个S型曲线

增长停滞期："成功的陷阱"
新的增长

增长放缓

巨大的增长

缓慢的增长

图6-3　成功的陷阱

在这一系列的S曲线中，一个新产品或服务可能难以获得吸引力，但如果跨越了这个问题，它将会迎来一个陡峭的增长曲线。（在这个例子中，你可以用你的职业生涯代替产品或服务！）在某一点上，增长趋于平稳，进入"高原区"（停滞期）。根据熵的规律，所有的高原最终都会被侵蚀并衰退。

艾伦主义

你只能在下坡时滑行。

因此，我们需要跳到下一个S曲线，即下一个增长周期，这个环节就是再创造。但你需要把握跳转的时机，不要等到了"高原区"才想起需要改变，因为你将失去能量和加速度。你应该在当前增长周期的最高点时跃进，甚至是在即将到达最高点之前跃进。

正如你在图中所看到的，当你在动力满满、涡轮增压器爆炸时，比你在高原区滑行时（落入了"成功的陷阱"）更容易跃进到下一个S曲线。当你已经落入了"成功的陷阱"的时候，你成功转型的机会就很渺茫了。

信条
你依靠实力发展壮大。当你足够强大和不断成长的时候，应该谨慎决策，积极创新，并开启新的旅程。

即使在这么多年后，到我目前所取得的成就，我有大约75%的收入都来源于近三年开发的产品和服务。（制造业巨头3M公司有一个战略目标，即25%的企业收入必须来自近三年内创造的产品。而这是一家价值330亿美元的公司！）

我发现很多演讲者还做着与20年前相同的演讲，甚至在演讲过程中大笑和大哭的时间点都没有发生任何变化。很多咨询师也一样，他们所提出的五步领导力计划或30天审计服务，十年如一日，尽管这些年技术发明、社会和经济情况、人口调查数据和大众认知都已经发生了巨大的变化。但据我观察，很多咨询师似乎没有意识到，自从他们入行以来，员工的公司忠诚度、退休计划、职场压力和技术特长要求等因素都发生了根本性的变化。[10]

再创造也是建立可持续的思想领袖地位的关键。思想领袖的标准之一是要起到引领作用，而不仅仅是延续过去的做法。彼得·德鲁克在他90多岁时还在领导市场。沃伦·巴菲特则是另一个优秀的例子，他在整个职业生涯中都在悦纳变化、创造变化。

我发现很多功成名就的咨询师都有以下几个共同点，他们在不断创造辉煌，以最大的扭矩和马力跃升到下一个S曲线。

- 审视你目前所提供的服务，看看是否能转变服务维度。你能否在现有产品的基础上进行优化和多样化发展？例如，我的导师课程，普通会员和尊享会员都可以享受这个课程，也可以参与沉浸式培训。课程教学有两个维度：直接参加我的课程或参加我培训的大师级导师的课程。

● 预测需求。我反复强调，社会和职场都会持续不断的变化。有些出乎意料的事件，比如新冠疫情会突然发生并且席卷全球。你所观察到的社会趋势是怎样的，在这个过程中你能提供什么价值？例如，你能否帮助企业管理远程工作的员工，或为专业的服务公司创建应用程序，或帮助公司建立全球品牌？

● 有哪些领域是你的客户和潜在客户不确定的，需要一盏明灯来帮助他们穿越黑暗？你能在动荡的经济中做到稳赚不赔吗？你能为企业制定技术战略，并且通过战略实施为企业大大减少成本吗？如果大多数组织不再以传统团队的形式运作，你能提升委员会的领导力吗？

实现服务的多样化发展，调查客户可能需要什么，并分析市场中正在涌现的不确定问题。如何进行再创造并飞越到下一个 S 曲线，具体如下：

● 意外的成功。如果这次成功是超出你预期范围内的，那么你如何在这次成功的基础上再接再厉？

● 意外的失败。是否有些人有着伟大、可行的想法，只是苦于没有一个好方案。

● 新技术。如何将技术进行组合和重组，从而在创造新的应用的同时节约成本？

● 高增长。哪些是增长潜力最大（且最能抵御经济衰退）的目标领域？

● 人口结构的变化。在未来几年，谁将拥有最多的可支配收入？（往往不是你想象的那样）

● 新知识。哪些思维和应用是你最有希望取得突破的？

● 观念的改变。你也可以创造影响力。在商业和社会中，哪些信念和价值观正在发生变化？

在你职业生涯的早期阶段，培养能力和拓展业务是关键。随着你变得越来越成功，你的"引力"会吸引人们主动来找你，业务的再创造就成为你的首要任务。

"动荡"和"不稳定"是我们如今经常讨论的话题，仿佛它们是压迫我们的劲敌，需要采取防御措施进行自我保护。千万不要相信这一点。这些都是进攻性武器，聪明的企业家和企业高管利用它们的优势来主导市场并确立思想领袖地位。

当我引入基于价值收费的概念，并且创建了咨询学院，建立一个全天候的社区时，我就颠覆了这个行业（见下一节）。你需要利用市场的动荡和不稳定性来获得客户，然后帮助客户获得他们的顾客。

6.6 建立社群

我的商标之一是 Architect of Professional Communities®（专业社群建筑师），如今我也意识到这是我多年来一直无意识地在做的事情（有时运气比实力更重要）。

如今的很多社群都是虚拟的，最好的社群将线上和线下的形式相融合。你可以为你的同行、客户、供应商和其他人创建社群。创建社群的主要好处是，通过你的影响力所建立的论坛，即使你不在的时候，成员也能获得你所创造的价值[11]。

几年前，网络已经成为日常生活中不可缺少的工具，被冷落和被忽视的客户建立了网站。这些被激怒的客户惺惺相惜，诉诸法律或采取其他报复性行动，或者只是发泄一下情绪，这样可能会有碍于公司的前景和新客户的拓展。想一想，当成千上万个受委屈的客户都给一件产品写负面评论时会发生什么？

然而，这些公司中的佼佼者，会真正为它们的客户和企业的未来着想，它们迅速建立起自己的网站，并鼓励客户尽情发泄。公司也能及时对客户的需求做出有效的反应，粉碎谣言，并使大家清楚地意识到有人在倾听他们的诉求。这样的公司能够吸收顾客不满的情绪，并将其转化为积极的力量。

如果你不相信这招有用，可以试一试。如果给一个公司 CEO 写信上诉仍旧不能使你的问题得到解决，你可以把问题发布在 Twitter 或 Facebook 上。你会发现，这些公司有专职人员通过 Google Alerts 等工具进行舆情监测，监测到网络上提及企业的名字后再进行预警。这就是社交媒体社群的力量，直击要害。

如果你要打造一个有影响力的社群，你的社群应该包括以下可访问和互动的板块：

- 定期免费开展电话会议（或上传播客）。你可以提前录制好内容，并在设定的时间进行传播。你也应该把它们发布在 iTunes 和类似网站上。
- 创建公共论坛，社群成员可以免费使用论坛，大众访问则需要收费。这是一个很典型的例子，可以说明哪怕你不在场，成员们也可以从你分享的经验中受益。

- 创作视频并定期对外发布（你可以查看我在网站和博客上发布的"The Writing on the Wall"），或用便携式摄像机进行非正式地拍摄。这些视频也可以在YouTube上发布。

- 举办线下研讨会，促进社群成员的互动。如果会议的课程内容极具价值，可以适当收取费用（社群成员可以享受折扣）；如果精心策划了很多课程内容或者以社交为主要目的，那么活动可以是免费的。

- 设置RSS订阅以便于会员访问最新的博客帖子，并且每周通过多媒体渠道发布文章，保持活跃度。邀请大家在你的博客上留言并积极回复，鼓励大家参与互动。从我的个人网站上可以直接点击进我的公共博客。

- 建立一个交互网站，访客可以进行自我测试、下载知识，并学习多媒体课程。

- 列出你所出版的作品，从而进一步传播你的知识资本。你需要在我所说的"公共场所"中露面。

- 定期向社交媒体平台投稿，但不是为了分享你的日常生活或引用一个老生常谈的话题。相反，每天在你的社群里发布一些有价值的东西。（在写这本书时，我的Twitter账号上有8000多名关注者，但是我没有关注任何人。这对我的品牌非常有效，尽管很多人认为应该礼貌性地相互关注。）

社群的运营规则就如同手机上的应用程序一样。你需要吸引用户加入社群，以提升社群价值，从而带动更多用户加入，产生更大的价值。如此一来，社群运营就会进入良性循环。如果将这些社群看作是三维空间里的行星，那么在它们旋转和移动的过程中，会自然而然地衍生出其他小行星，形成自身的行星系统。

我很喜欢我创造的一个新词——"吸引力的连锁反应"，这意味着你所吸引的人群，反过来也会吸引其他不认识你的人。如此一来，你的社群人员数量会呈指数式增长。

社群最外围的成员可能读过你的作品或听过你的演讲。当逐渐向内圈移动时，这些成员可能曾经参加你的研讨会、成为你的企业客户、接受你的个人辅导等。如果我们参考加速曲线，随着曲线从左到右移动，你与社群成员之间的联系也会变得更加紧密。

若你的同行也建立了社群，你可以做这些社群的成员，但如果你想要影响到现有客户、潜在客户、推荐人、出版商、媒体人等，你就应该成为社群的领导者。如今，人们可以随时随地接入互联网，这对社群建设和可持续性发展有巨大的推动作用。还有哪里能让你的社群成员接触到德国的同行，或是澳大利亚的潜在客户，或是南非的潜在联盟伙伴呢？

在我们结束这一章节进入"咨询项目的实施"之前，让我们一起回顾一下迄今为止艰苦跋涉的旅程吧（如图6-4）。

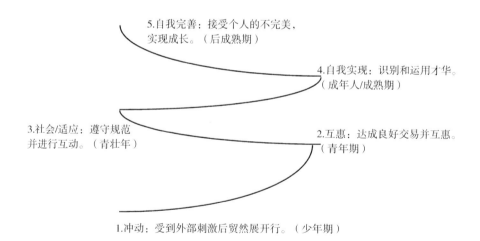

图6-4 成功阶段示意图

从我们产生想要尝试咨询行业的冲动，到正式入行，了解和遵守这个行业的规范制度，再到实施有效的策略，最后意识到打造思想领袖和名人效应能够帮助我们立于不败之地。因为如果你从未失败过，那就说明你还不够努力。

第三部分

申 | 命 | 记

咨 询 方 法 论

咨询师以合作伙伴的身份与客户成交订单，高效、高质量地完成项目，让客户满意，并获得高额报酬的原则是——你不是为客户做事的，而是要帮助客户改善他们的状况。

第 7 章

完美提案

如何让每个提案都能被客户接受

7.1 确保成功

我曾经被纽约的一家医药咨询公司雇用。他们告诉我，他们很重视给客户的提案，但公司的利润很低。我发现他们每年大约产出 300 份提案（几乎每天要写一份），并且有一整队人员专门负责提案的撰写，而他们获得的报酬居然是以向潜在客户提交提案的数量而决定的。

他们关注的是投入（生产）而不是产出（业务成果）。

而这些人居然也能被称为咨询师！

项目实施的第一步，即作为承接市场拓展（本书第二部分）的桥梁，是保证自己撰写的提案每一次都能被客户接受。多年来，我的成功率一直维持在 80% 以上。我发出的提案比许多其他的咨询师要少得多，这些提案都是针对大型项目的，且相对容易被接受。(许多接受过我辅导的咨询师告诉我，他们运用我的理论体系所撰写的提案命中率超过 90%。)

准备提案之前，你需要做一切确保自己能成功的事情。这是在你开始正式撰写提案之前，在你确定你的咨询方法之前，甚至在你产生如何行动的想法之前。有一次，我在全国性会议上面向众多咨询师进行演讲，我问他们与潜在客户第一次见面的目标是什么。

"拿着签好的合同离开！"一个人喊道。这让我想起了二手车商，他去找经理争取更好的销售价格，然后在顾客签字时按铃。

"那你比我厉害。"我告诉他。

这里有一些环境和心理方面的条件能帮助你判断你的提案能否成功。

找到决策型买家

咨询师们在寻找真正的买家方面不够勤奋，这是咨询师们经常会犯的战术上的严重失误。如果他们从低层级切入，就会满足于停留在这一层级，这里相对不具威胁性且很舒适；然而你不可能成单，因为没有人给你批预算。当人们不能点头说"是"但可以说"不"的时候，他们最终通常会说"不"。向人力资源、培训或其他低层级支持部门的人提供方案，就像坐在湖边等待尼斯湖水怪出现后拍张照片卖给媒体一样。你的耐心令人动容，但你的家人会挨饿（这种做法就像为阿梅利亚·埃尔哈特保留跑道灯光一样，简直是毫无用处）。

你必须学会通过提问来确定对方是否是决策型买家（如前文所述）。只有当低层级的人能够把你引荐给真正的买家时（或者至少能帮你识别买家），你才与他们打交道。你做这一行不是为了交朋友。

信条

你必须接受拒绝，拒绝接受。咨询业务与人际关系相关，你不会一直立于不败之地，但至少不要与那些不能说"是"但能说"不"的人结盟。

与决策型买家建立信任

信任意味着你真诚地相信对方为你的最佳利益着想。如果你信任对方，你会接受具有挑战性的甚至是负面的反馈，因为你明白这都是为了你好。如果你不信任对方，你会倾向于拒绝甚至妥协，因为你怀疑对方的赞美可能别有用心。

以下是你如何与真正的买家建立信任：

- 提供价值。不要害怕把你的想法和最佳实践告诉对方。请注意，我所说的不是解决方案，我并不会向对方建议如何做，而是建议做什么。这样就把业务拓展和免费咨询区分开了！"以下是我最好的客户用来管理远程工作人员的四个方法。""如何有效地应用这些方法？""这取决于你的企业文化，在你雇用我之后，我会弄清楚的！"

- 永远不要以为你的客户受到了重创。很多咨询师都会得出一个奇怪的结论，他们认为这些主动与咨询师交谈的聪明人，也会蠢到放任问题不管。另外，不要认为你能在 12 分钟内解决潜在客户纠结了 12 个月的问题。
- 在不透露机密信息的情况下，在你的谈话中抛出你的客户案例，说明你是如何帮助大公司（或与潜在客户类似的组织）解决问题的。为买家描绘一幅画面，让他们感受到你所创造的重大成果。
- 慢慢来。讽刺的是，你花费越多的时间来发展与决策型买家之间的信任关系，你就能越快地提交一份方案并赢得业务。

表明你与买家属于同一段位，而不是低职级的人员

即使你是由下级介绍或推荐的，你也要向真正的买家表明你与他在同一段位，技巧是：

- 注意穿着打扮。这不是"为成功而打扮"，而是你个人品位和准则的展现。
- 用精致的配饰。不要拿出一支 50 美分的笔来做笔记。你可以用卡地亚或万宝龙的笔。
- 不要表现得像一头驮货的骡子。把你的行李放在接待人员的橱柜里或是你的车里。不要拖着一个电脑包到处跑，它相当于现代的口袋式保护套和手机皮套挂件。
- 使用含蓄、朴素的名片。你最后一次看到银行或制造业高管把自己的照片放在名片上是什么时候？
- 注意你的言辞。不要点到即止，用语不要太过浅显，要熟悉潜在客户所在行业的专业知识。例如，如果你为银行客户工作，你应该知道什么是拖欠贷款，而如果在医院，你应该知道什么是按人头发放保健费。另外，在谈论业务的时候不要说脏话。对方可能会保持微笑，但他心里在想着，"我才不要和这么粗俗的人合作"。

始终明确下一次见面的时间

永远不要让你与客户的关系或对话停留在"等我查阅过后再谈"或"大约一个月后我们再约"。你的下一步计划必须是基于双方的规划之上的。买家的时间并不比你自己的时间更重要，你应该在当前的会议结束之前确定下一次会面的时间。

如果你注意到这些因素，你将尽力打造一个合适的环境、关系和思维模式，尽可能使对方接受一项提案。花些时间来准备，这就像你在刷墙之前给墙打底，以免油漆脱落，无法着色。永远不要害怕面对一个强势的买家。

"我们下周四 10 点通过 Zoom 视频会议如何？我会把邀请链接发给你，到时我们可以探讨哪个提案对你来说最有吸引力？"

但一定要有耐心。

7.2 达成思想的共识

让我们回顾一下咨询模型，看看我们现在所处的位置（如图 7-1）。

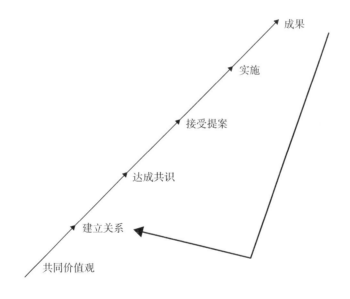

图 7-1　咨询模型

只有在建立了信任关系，并确保双方具备成功的最佳条件后，我们才能达成思想上的共识。如果我不信任你，我就不会与你分享我的目标，并且会对你提出的任何专业或个人问题持怀疑态度。这就是为什么我坚持认为，你花费越长的时间来建立一个坚实的、信任的关系，你就会越快地获得高质量的业务。

我用"达成思想的共识"来概括你的提案获得买家认可的三个重要因素。我想再次总结和强调一下，因为它们是获取业务的关键，即目标、成功的衡量标准和价值。

目标

目标，即你的业务成果。它们不是任务、交付项目或开展的活动。如果你被对方问及关于"可交付物"，以及"项目周期"和"交付形式"时，那么你几乎可以确认对方不是决策型买家。

以下是投入（可交付物）转化为产出（结果）的例子：

投入	产出
组织焦点小组讨论	员工对变革做出承诺
观察工作场所的行为	验证管理干预措施
规范销售流程	减少业务获取的成本
改进广告	增加营业额
调试技术	提高竞争力

设定"改善沟通""增长士气"和"降低压力"这样的目标是没有价值的，除非这些举措能缩短上市的时间、减少非自愿离职和降低缺勤率。

成功的衡量标准（指标）

这些指标能够衡量项目是否与目标方向以及项目进度一致。即使项目有长期目标，并且买家期待在你离开之后项目成果仍然奏效，你依然需要指标来证明，当你在推进项目时，你的贡献很重要，并且帮助他们实现了短期的目标。

当制定指标时，这个指标得是显性的，以确保客户能看到明显的改善。糟糕的指标举例如下：

（1）团队成员将获得更多的信息。

（2）提高顾客的忠诚度。

（3）管理层将更有信心。

（4）工作场所将得到极大改善。

你如何判断（并证明）这些指标能被监测到产生变化？在通常情况下，指标分为以下两类。

（1）事实发生的和客观存在的，参考使用以下四点：

- 服务代表将少于 10% 的电话转接给技术专家（这很容易被记录下来）。
- 在未来六个月内，客户重复下单的次数将出现增长。
- 通过将权力下放给下属，经理们的平均周工作时间从 60 小时减少到 45 小时。
- 关于侵犯隐私的申诉会减少，每月上报的事故数量也会减少。

（2）来自公认权威人员的主观判断。例如：

- 据买家所说，以前每周有一半以上的时间是花在协调团队矛盾上的。
- 据销售副总裁所说，客户不再抱怨行政办公室的环境不舒服和不美观了。
- 据研发总监和营销副总裁所说，他们每周至少开一次会，实现部门协作配合和责任共担。

建立衡量标准不仅是为了展示项目进展或完成情况，更是为了证明你在项目推进过程中所起到的关键作用。只要你与买家就谁来做项目观察和记录达成一致，轶事性证据也可以作为衡量标准。

信条

价值是投资回报的基础。如果你不能向买家证实结果的价值，就不要呈递你的提案。

价值

这是三个要素中被误解最深的一个。价值包括实现目标所产生的影响。

你可能会说，像"增加利润"这样的目标本身就能彰显巨大的价值。但请进一步思考：增加利润能带来的总体影响是什么？它可能包括：

- 股东获得更高的红利。
- 出售企业或实施退出战略时获得更高的股权比例。
- 更多的财产收入。
- 业务扩张时获得更高的投资。
- 从投资者和贷款人那里获得更多的利好条件。
- 有更大的能力为慈善事业和社区做贡献。

你明白我所说的重点了吧。一个项目的价值远远大于满足一个小目标，当你把行动乘以五个或六个关键目标，你就创造了巨大的价值和高投资回报率，相应也会获得更高的报酬。不要忘了，你的客户也会将很多的价值按年来计算。[1]

目标、衡量标准和价值是达成思想共识的三要素，同时也是你实际提案中的三个核心要素。

> 每个目标至少需要一个相对应的衡量标准或工具；尽量为每个目标写出三条价值陈述；其中至少一半的价值陈述需要能够以金钱衡量。这是你打造高价值或高收费提案的关键。

7.3 九大要素打造一份优秀的提案

通常，我的提案只有两页半并且包含九大要素。这就足够了，你没有必要附上你的简历、公司历史介绍或者向买家示好的文字。如果你已经与买家建立了相互信任的关系的话，你就不需要这些多余的内容了。

信条
提案是一个（思想共识的）总结，而不是（关系的）探索或（费用和条款的）谈判。

我们将在下一节介绍外在因素和其他补充内容，但现在，让我们把重点放在提案的核心和灵魂上，只有在把握了这些重点之后，你的提案才会被买家接受。[2]你可以在本书的附录和我个人网站的附录中找到关于提案的例子。

◆ 情况评估

写一个简短的描述（1~2段），说明是什么问题促使你们探讨这个项目，以及你们达成的结论。其目的是让买家一开始就点头同意，"是的，这就是我们所讨论的"。

一个反面例子是："埃可米是一家向捕猎者出售爆炸装置的公司，以便于捕获野生猎物。"这一点毫无用处。埃可米早就知道了！

一个正面例子是："埃可米公司在提供捕猎爆炸装置这一方面的行业地位已经受到威胁，因为其 90% 的业务都依赖于一个单一的客户，就像是一头居无定所的土狼。"

或者："埃可米公司希望提升其市场渗透率，并将业务从美国西部扩展到非洲的大草原，从土狼拓展到狮子。"

请注意，情况评估既可以反映出需要解决的问题，也可以反映出需要获得的机会。

◆ 目标

在与客户已经达成思想共识的基础上，这里我们将重申已经达成的几点共识。

之前我们已经讨论过了，项目目标包含以下内容：

- 公司业务将在 18 个月内扩张。
- 明年的收入至少增加 10%。
- 只使用内部资源，没有海外分包商参与。
- 诸如此类⋯⋯

◆ 成功的衡量标准

格式相同。

我们之前商定的标准包括：

- 月度销售报告显示国外的销售比例不断增加。
- 月度工资单上的就业人数没有净增加。
- 月度报告中净收入相较前几个月有所增加。
- 诸如此类⋯⋯

◆ 价值

格式相同。

我们之前讨论过，达成项目目标后产生的价值包括：

- 多样化的客户群，帮助抵挡公司国内业务的震荡，税后净值增长 5%。
- 通过全球性业务吸引更多投资者，提高股票价格，估值至少提高 10%。
- 诸如此类……

◆ 服务方案和选项

在此我们为买家列出了能让对方点头称是的一些选择（你之前可能和对方大致讨论过了），但是他没有仔细看过这些选项。在这里不要为对方报价。

方案 1：我们将对潜力最大、利润最高、最容易进入的市场进行研究，并为前五个选择制定战略和战术。

方案 2：除方案 1 外，我们将为客户介绍关键的政府、贸易、银行和政界人物，以加快他们进入市场的速度等。

方案 3：除方案 2 外，我们还将为您提供长达一年的雇佣服务，作为您的智囊团，对策略的长期实施进行监督和调整。请注意，方案是不断升级的，每一个新的方案都包含前一个（或几个）选项。

这几种不同的方案并不是叠加关系，也不代表项目的不同阶段。在这里，我们并没有提及费用，关键是要对这些方案进行区分，明确方案的价值是逐渐递增的。

> 即使对方选择了第一个方案，你也需要满足所提出的目标，要遵守你的职业道德。其他选项是为了向客户提供额外的价值。

◆ 日程安排

客户有权知道项目中断、变化和干预的程度，以及你何时会结束项目并离开。（你是在为对方提供咨询服务，而不是让对方从此离不开你。）

因此："方案 1，服务时长是 30 至 45 天；方案 2，服务时长是 45 至 90 天；方案 3，服务时长是 90 天至一年，取决于客户需求的服务时长。"

注意：不要使用日历日期（例如，3 月 1 日至 4 月 15 日），因为最终的项目结束时间可能被推迟或有所变更。

◆ 共同责任

由于这是一种合作关系，而不是你单方面为客户所做的事情，你有需要独自承担的责任，也有需要和客户共同承担的责任。以下为通用案例。

我们的责任包括：

- 签署保密协议。
- 每月开会或按照要求的频次沟通项目进展。
- 在 24 小时内对相关问题做出答复。

你的责任包括：

- 保持个人电子邮件和手机畅通，并在 24 小时内响应。
- 根据需要为员工和客户提供文件。
- 安全审查，提供公司证件，在总部办公。

我们双方同意：

- 如果出现任何可能严重影响本项目结果和成功的情况，应立即通知对方。

之所以包括最后一条，是因为我曾陷入一个项目的泥潭之中。因为买方宣布要进行资产剥离或收购，当时交易尚未完成，所以他们无法提前告知我。这是无法令人接受的，而且很有可能他们会要求你向公司员工隐瞒这件事。我也曾遇到过一个客户，对方有三位职员都处于"骑驴找马"的状态，你也需要向客户报告这件事。[3]

◆ 服务条款

这是我在整个提案中最喜欢的部分，也将是买家第一次看到服务费用，非常简单直接。

方案 1 的费用是 65 000 美元。

方案 2 的费用是 98 000 美元。

方案 3 的费用是每季度 35 000 美元。

如果选择方案 1 或方案 2，在协议达成之日需支付费用全款的 50%，剩余的费用需要在 45 天内完成支付。如果在协议达成之日支付全部费用，我们会提供 10% 的折扣。如果选择方案 3，应在每个季度的第一天支付费用。

日常费用在实际业务发生时按月结算，并在我们开具发票后进行支付。有关旅行、住宿、小费和膳食等合理的开销，我们会收取额外的费用。但是我们不收取复印、快递、行政工作、电话或其他通信费用。（千万不要开具净额账单，比如月净额账单，应该根据收据上的金额进行收费。若对方未向你支付，那么你应该在之后的 30 天内跟进付款进度。）

重要的是，要让买家知道你不是像律师那样锱铢必较（对于一个 4517.44 美元的律师账单，复印费是 17 美元，邮票费是 0.44 美元）。合理收费也很重要，也就是说，你可以住在四季酒店，但你应该只向客户收取万豪酒店的费用。我经常坐头等舱，我总是向境内客户收取经济舱的费用，向国际客户收取商务舱的费用，我支付差价。

你要让客户尽快结清项目费用，不要把战线拉得太长，也决不要在项目结束时才想起结算问题。如果对方未按时支付费用，你可以这么说：

我们保证项目的完成质量。若由于我们的失误导致在规定时间内没有达到所设定的目标，那我们将退还你全部项目费用。如若不然，你可以推迟或重新规划项目时间，但不能以任何理由取消合作，且必须按照原定的付款日期支付费用。

以项目质量作为交换条件（绝不是项目结果，因为这受制于太多你无法控制的变量），但对方不能以任何理由取消合作。

◆ 接受

我的提案其实也是另外一种形式的合同，因为我不想草拟一份需要提交到客户法务部门的正式合同，因为法务的存在就是为了混淆视听和拖延时间的。你可以这么说：

以下为您提供几个服务方案，以及每个方案所对应的费用和相关的服务条款。无须您的签名，在您支付项目费用后，我们将正式启动项目。

这么做的理由是许多买家都可以授权六位数的支票，但在没有法律部门审查的情况下他们无法签署合同。[4] 因此，有了一句口头的"是"和一张支票，我们就可以开工了。

在曼哈顿联邦储备银行的一个项目中，买家告诉我这份文件必须要经过公司法务的审核，我没有其他选择。于是，我那份两页半的文件在法务部滞留了三个星期，经过审核并发还给我的时候，变成了 32 页带有注释的文件，但没有一个重要的细节被修改。我想，公司的法务部就是这样来彰显他们的重要性吧。

案例研究：保险公司

∎∎∎

一家大型保险公司聘请我做一个 25 万美元的并购项目。买家是公司的执行副总裁，他同意支付 12.5 万美元的定金，余款在 45 天内付清，但他没有在项目提案上签字。

我在收到第一张支票后，就开始了工作。紧接着，我收到了第二张支票，并用四个月完成了项目，比预计时间提前了两个月。客户很高兴，我趁机问他为什么不在提案上签字，却及时给我付款了？

他解释说："我有一次性支付 12.5 万美元的权限，但如果要让我签署一份具有法律效力的文件，我需要把文件发给我们的法律顾问，项目至少会拖延两个月。"

7.4 如何提交

如果你现在有一个精彩的节目表演，并且这个表演在镇上备受好评。那么你如何确保在大城市演出时也能大获成功呢？那里的评论家和观众肯定更专业。

你要确保你的杰作被很好地展示出来，你需要排练和预演接下来会发生的事情，你要有防御计划和应急措施。坦率地说，无论你撰写的提案有多好，无论你与买家之间达成了怎样的共识，如果你只是简单地按下键盘上的"发送"键或把它丢进买家的邮箱里，你将会遇到问题，而且接受率会很低。

以下是需要考虑的关键因素，你要好好把握并加以利用。

不要分阶段推进项目

正如我们所讨论的，一个不同的方案就是另一个能让客户点头称"是"的选项，因为它包含了前一个价值较低、费用较低的选项。就像你要买一辆新车，你可以选择不同的运动模式和内饰，但无论如何你都要买那辆车。

但是，如果你将一个完整的项目分成几个阶段，你就是在暗示客户项目可以分步骤进行。这通常是因为很多咨询师坚持要做"需求分析""信息收集"或"初步诊断"，却没有意识到这种固执的坚持是错误的。这跟你坚持降低自己的报酬没什么两样。

你永远无法在项目初期获得足够的信息。在我所参与的项目中，我基本都会在项目进展的过程中发现令人意想不到的新元素，而不得不做出相应调整。分阶段推进项目的方式要求客户做出多个购买决策，完成信息检索之后其问题在于：

- 客户会说情况似乎没有他们想象得那么糟糕。
- 客户可以决定由内部人员来推进项目。
- 客户可能会把项目拿出来竞标。
- 你可能在项目执行的过程中犯错，这使你的形象大打折扣。
- 客户可能会在反复思考之后才让你继续开展下一阶段的工作。

这么做之后的结果有 20% 是好的，80% 是不好的。（"不要过多地传球，"俄亥俄州的传奇橄榄球教练伍迪·海斯说，"因为当你传球时可能会有三种情况发生，其中两种情况会导致不好的结果。那我们为什么还要涉险呢？"）

以改善客户现状为目标，向客户提议你所能想到的规模最大的项目，并提供一系列让对方点头称是的选项，而不是一系列的购买决定。（你所面临的最大的竞争来自客户内部，而不是同行的其他咨询师。）

信条

在你与客户建立联系时，首先要考虑你与对方后续的合作。你要和买家建立长期且紧密的关系，让对方经历一系列的购买决策和内部讨论，对双方建立关系没有任何帮助。

将提案用联邦快递寄给对方

如果客户坚持要电子版，那就提供电子版，但也要把提案快递过去。（请注意，我可以说用"快递公司"，不过联邦快递是最可靠的选择。不要因小失大。）纸质版提案会使你脱颖而出，因为你用了正式的格式和昂贵的纸张，而且加大了对方签署和寄回文件的筹码。你最好直接寄出两份已经签署的文件，不要让对方先签署两份文件之后，再把文件寄回给你，你收到并签署后再寄还给对方，这很浪费时间。而且还记得吗？我们与买家应该是相互信任的。

与客户确定一个确切的时间，开展下一步计划

告诉客户："本周二上午 10:30 之前你会收到电子版和纸质版提案。我们能不能在第二天早上 9 点谈谈，看看你更偏向于哪个方案以及项目何时开始？"这就是所谓的假设性成交，在这个过程中，没有太多其他的假设。

如果客户回复说"我出差回来后再给你答复"或"给我一周的时间"，千万不要接受。你这是在"传球"，这期间事情很有可能会发生变数。在这个全球即时通信的时代，哪怕飞机上都有 Wi-Fi，一个"不在办公室"或"出差旅行"的买家仍然可以批准和签署提案。

不需要任何包装和美化

提案是一个总结，而不是探索或协商合作模式。**这不是一份销售文件或谈判文件**，你不需要加入个人或团队的传记、宣传资料、推荐信等其他令人眼花缭乱的信息。如果必要的话，这些应该在市场拓展的过程中传达给买家，促进客户的购买意愿。

除了封面页，其他页面都不需要放上公司抬头，也不需要放照片、图片、图表或超级链接。提案就是对于双方所达成的思想共识的直接性总结，唯一新增的内容是项目费用，因为这是你经过整体性的思考和规划之后，第一次正式向客户提出不同的服务方案和选项。

在提交提案之前，问一个关键性问题

当你和买家在一起的时候，在你整合提案之前，问对方："有没有什么我们没有讨论到的事项，有可能会阻碍项目按计划推进？"

买家可能会提及费用相关的问题，那么你可以回复："我理解，但同时我也相信，

巨大的投资回报率能够消除您对费用的担忧，不是吗？"（如果无论你怎么说，对方依然很关注费用的问题，那你可能不是在与决策型买家交谈，我劝你尽早抽身。）

但买家可能会说"我们接下来的一段时间会很忙"或"我们正在更换销售副总裁"等。你需要在提案之前识别这些风险点，并与买家一起研究如何克服障碍："在你们的业务旺季实施这个项目不是更好吗？你们会在短时间内得到丰厚的回馈，并且证明在你们很忙的情况下，项目成果也能发挥很好的作用。"

即使双方的关系再稳固，买家也可能不会将他知道的信息全盘托出，有些信息对买家来说是显而易见的，而你却不一定知道。

注意：当你向紧密型企业进行销售时，无论企业老板与你交谈了什么，其合伙人或配偶都会对他的最终决策产生影响。买家更倾向于做情感性决策而不是商业决策。因为在决定是否进行投资的时候，他们考虑的问题是大学基金、健康需求、个人休假等。因此，与合伙人或其配偶合作很重要，主动要求他们一起加入谈话。

为成功做好准备

如果买家说："好的，我们选择方案2。"那你就准备开展项目工作吧。我们后面会讲到项目启动的问题，但在那之前，你可以尝试在纸质版提案的快递包裹里和电子提案中附上每个方案的发票。这样，客户可以选择相对应的发票再直接走流程。（别忘了，至少有50%的费用是在达成协议时支付的，而不是在项目启动时支付。）

不要认为这是过分激进的行为。把它看作是为买家提供便利并能加速项目的开展。我的一贯做法是先获得买家的口头批准，要求买家提前付款，然后开始为地基浇筑水泥。

7.5 如何成交并启动项目

好了，我们差不多要完成交易了。买家手握你的提案，即将做出最后的决定。你已经充分了解对方的文化，设定了项目目标期望，并在双方思想达成共识之后为买家提供了一系列选项。

然而……

当我在田径场上短跑冲刺时，教练告诫我们要"跑过终点线"。这意味着选手们在即将到达终点的时候，看到自己将获得胜利，他们会不自觉地放慢速度。而在这个时候，他们身后的人就会冲到前面，以几英尺的微弱优势获胜。

因此，我们要想象在赛道终点往前 30 英尺有一条终点线。这样我们就会全速奔跑，并且冲过真正的终点。我用这种方法赢得了我在咨询行业中的很多"比赛"。其实我在最后并没有加快速度，而其他人似乎有所松懈。

所以，我们现在必须带着提案跑过终点线，因为很多事情都取决于买家所做出的反应，我们至少应该会赢得 80% 的项目。这临门一脚决定了比赛的胜负。

买家想要面谈

我不主张在买家第一次看到提案时与他见面。买家很可能会说："这很有启发性，让我花些时间仔细查阅下，然后下周再谈。"你希望再次跟进买家的时候，对方已经仔细读了你的提案。既然你们已经达成了思想的共识，那就没有必要再与对方见面聊了。

如果买家坚持与你见面沟通，并且这不会为你带来很大的不便（你不需要奔波九个小时去见客户），那么你可以坚持让买家先看提案，并反馈给你他们的疑问和顾虑。这样你可以提前做好准备，也可以更好地安排你自己的时间。

买家称还有些人想要看看提案

这里有两个考虑：

（1）这是一个真正的买家，他苦恼于和内部人员协商一致，或者害怕让别人觉得心里不舒服。你可以提醒买家，像这样的项目通常会让关键下属感到不舒服，他们通常会提出反对意见，特别是当他们没有参与到和你沟通并达成思想共识这一环节的时候。同样的，你也要提醒买家，这个项目关乎企业的战略决策，而不是战术决策，是否要进行这个项目理应由买家来做决定。

（2）这不是一个真正的买家，而且你已经把它揭示出来了。如果你所以为的这位"买家"说"我需要得到我的董事会、合伙人、成员、上级的批准"，你要么被骗了，要么错失良机。在这种情况下，你可以这么说："其他人并没有参与到我们前期的沟通中，他们可能有很多疑问。而只有我可以更好地回应其中的一些问题，这会让你处于一个进退两难的位置。如果你要向上级汇报，能安排我也一同出席会议吗？因为如果让你来推销我的服务，这对你来说很不公平。"在这之后，你就祈祷能有一个好结果吧（虽然你的胜算并不大）。

买家喜欢方案 3，但只有方案 2 的预算

你不能就此放弃，否则买方会想，你们的关系再牢固又如何呢？他无法从你这里获取更多的东西了。你可以向对方解释，之所以提供三个选项是为了从投资回报率方面将三种方案加以区分；然后把讨论的焦点转向方案 3 的高投资回报率，而不是服务费用本身。

如果你讨论的是费用而不是服务价值，你就失去了这轮对话的掌控权。

告诉买家，你们可以先从方案 2 着手，随着项目的开展可以将方案升级。

买家想要协商价格

请注意这两个交易技巧：

（1）许多公司有不成文的规定，合作方提供的任何折扣公司都必须接受。因此，当你在前期已经提出了"若全额支付项目费用，将享受 10% 的折扣"时，客户必定会接受这个提议。这既为你的客户提供了更优惠的条件，也免除了对方与你协商费用的冲动。

（2）与对方协商服务条款，但不要降低费用。你可以将预付款从项目总额的 50% 降低到 25%，或者将余款支付期限从 45 天延长至 90 天。这样，你不需要降低项目费用，此举也能体现出你的灵活性。

当买家告诉他们有关于采购或应付款项的规定时，千万不要相信他们。你也有你的规则。与真正的买家打交道的要点是，如果下级支持部门不配合，买家可以对支持部门发出警告。例外时时都有。如果你遇到逾期付款的情况，永远不要与财务人员争论，一定要去寻求买家的帮助，告诉他："我们遇到问题了。"注意，要强调"我们"。所有企业都有负责开支票的人，电脑也只需要几个小时就能开出一张支票。如果有人告诉你开一张支票"需要 30 天"，这意味着你的发票会在某个低层级员工的桌上被搁置 29 天。

我所指导和训练过的咨询师们都会被同一个问题困扰，客户总是要求他们"打个折"或者"再便宜些"。我告诉他们，这是因为他们总是散发着"想让人讨价还价的气息"，并且没有对此做出任何改变。他们才是问题所在，而不是买家。如果你总是允许对方更改会议时间、缩短会议时间、更改会议条件（人力资源部门的人被邀请参加会议），对方会觉得你很好欺负。所以请你制止类似的事情再次发生。

案例研究：默克公司

■ ■ ■

不仅仅要找到自己失败的原因，你更要明白自己成功的原因。

当默克公司内部的一个买家乔治接受了我提出的优惠条件，每年一月支付 25 万美元项目费并获得 10% 的折扣，我问他是否需要调整优惠的比例。

"我完全不在意能优惠多少。"他说。

我感到很震惊，结结巴巴地问他："那你为什么提前支付款项了呢？"

他微笑着解释道："因为这样一来，项目就不会被取消了。"

在任何大型组织中，如果项目的钱还没有花出去，总会因为一些人（CEO）或一些事情（经济衰退、流行病暴发等）导致项目被取消。你可以依据合同规定的"不可取消"条款提起诉讼，但如果和一个大公司打官司，你会被拖得精疲力竭。

经验教训：如果你想要对方也认真投入到你的项目中，一定要考虑买家的利益，而不仅仅是你自己的利益。

最后，当买家同意并选择了其中一个方案时（大多数情况都是如此），你要做好着手开展项目的准备。无论是现场还是远程工作，你越早开始行动，项目就会越快开展，你也会越快得到报酬。

如果有人反对，尤其是下属，买家只需要简单地说一句："我们已经开始在做了。"

第8章
项目实施
大道至简

8.1 奥卡姆剃刀定律

14世纪初，方济会的修士奥卡姆的威廉提出，一个问题若存在好几种解决方案，最简单的往往是最有效的。（用更"科学"的语言来解释：当一项实验中提出了不同的假设时，选择假定条件最少的那一个。）

几个世纪后，漫画家鲁布·戈德堡精心设计出了一套复杂的机械流程来完成一些简单的任务。比如，他描绘了滚动的球、摆动的起重机、捕鼠器、瀑布等各类物体的连续性动作，以迂回曲折的方法去完成打苍蝇或喂猫等简单的工作。

奥卡姆在一个非科学领域里为我们指明了方向，戈德堡则展示了过度依赖科学所导致的结果。建筑师马克斯·弗里施曾经说过，"科技只是一种组织宇宙的方式，这样人类就不必亲身体验它了"。

正如我们是否亲自到场指导并不会影响服务收费或价值一样，方法的复杂程度也不会影响服务收费或价值。同样，它也不会影响解决方案或干预措施的有效性。

例如，永远不要向客户承诺你会做多少组焦点小组的调研（或采访），因为这个数量的偶然性太大。你需要尽可能多地进行焦点小组或采访调研，才能发现其中的规律并得出结论以指导进一步的改进。

在与客户的访谈中，大约20分钟后你就会发现规律。有一次，一位研发部的副总裁向我的买家（CEO）抱怨说，我"只"花了45分钟采访他，这么短的时间显然是不够的。事实上，访谈大概进行了10分钟后，他就没有再贡献任何有价值的东西了。

"是的，他就是这样的。"CEO对我说。

案例研究：教授

...

当我攻读第一个硕士学位时，我在蒙特克莱尔学院遇到一位非常严谨的教授，他没有按照教学提纲进行授课，而是向学生传达他自己的奇思妙想。

期末考试时，我在学校发给我们的蓝色本子上写了很多内容，并且是第一个离开考场的人（我在上学期间经常这么做）。我那个学期的最终成绩是"C"。

我给教授打电话询问情况，告诉他，除非我的期末考试没有及格，否则我的学期成绩不可能这么低。

"我给你的期末考试打了F，"他说，"因为在我的考场上，没有人会在开考45分钟的时候离场！"他简直是个傻瓜，只注重时间长度而不注重内容质量。多年后我得知，他被任命为该部门的负责人。

这就是当人们只关注不相干的因素而不是结果质量时，情况会变得有多糟糕。

你提供的方案必须趋于简单

你所提供的方案不应过于复杂。收费更高不意味着方案更复杂，而是需要提供更有价值的服务。有一句老话："如果这么做会给你带来伤害，那就不要再这样做了。"这句话很有分量。

案例研究

...

当我问一家银行的执行副总裁，他是如何领导团队将新技术融入每笔交易的，他骄傲地向我展示了他办公桌上的一台新电脑。

"但是你具体是如何使用这个设备的呢？"我问道。

他按下了一个奇怪的按钮。电脑没有发生任何变化，但他的秘书立即走了进来，问他："有什么事情吗，先生？"

他说，"玛格丽特，请告诉韦斯先生我们如何使用这台电脑！"

你不能胡编乱造！我见过太多人力资源部门的人去参加研讨会，回到公司鼓吹自己所学到的"特色"：开卷管理、一分钟管理、自上而下的管理。我曾看到秘书们因为要被迫执行"高标准暴君"的要求，不得已地重新排列办公桌的抽屉。这些"暴君"实际上像武术专家一样有绿带、黑带等不同的段位。真是让人笑掉了大牙。

只不过，他们不是在借力打力，而是在自作主张、自作聪明。

买家必须实行下级责任制

买家是你的伙伴、你的同行者。你需要通过买家的帮助来打造"影响力"，并通过这个代表性人物来更有效地推进工作。

艾伦主义
你有需要完成的责任和使命，但是只有买家有实行的权力。

在组织中，没有人相信他们读到或听到的东西，他们只相信自己所看到的。因此，你需要一个代表人物，一个能够身先士卒并敦促大家维护变革成效的楷模。

在美国内战中，军官中死亡比例最高的是准将。这些军官带领了大约 4000 名士兵。他们用 18 世纪的作战策略对抗 20 世纪的武器装备，直面炮火，冲锋陷阵。

这位准将骑上他的战马，举起他的剑，大喊："跟我来！"士兵们紧随其后，这位将军成了敌方集火的目标，但同时他也在为整个军队开路。

为了使项目取得理想的成果，你应该采用同样的方式。没有人会向你和主管领导们开枪。

因此，买家必须在以身作则的同时，给下属们施加压力，以确保他们按要求使项目落地，大家齐力协作才能达到预期的效果。

信条

项目实施需要多方合作。如果客户，特别是买家没有在项目中发挥自己的重要作用，那么你就会和他们一起沉沦。

案例研究：人力资源部副总裁

...

一家银行的人力资源副总裁曾雇用我，他要求我找到员工虚报费用的原因。据他所说，员工以招待客户的名义支付了彼此的午餐费用，甚至还将差旅费多报了。

我在一天之内就知道了原因。那位副总裁有权坐头等舱，但他把头等舱的票换成了经济舱的票，把差价收进了口袋，还四下吹嘘。

我告诉他有一个好消息和一个坏消息。好消息就是我找到了问题的原因，坏消息是这个问题的根源就是他本人。他大发雷霆，让我离开。我照做了，我已经拿到了应有的报酬，同时也加强了我对模范作用的看法。

买家是你的伙伴，必须像对待伙伴一样与之共事

你与合作伙伴之间不应该存在任何沟通问题。当有的咨询师告诉我，他们无法联系到买家或者买家没有时间与他们沟通的时候，我知道他们之间的合作关系已经破裂了。

你不会妄想可以不及时回复买家的电话或电子邮件，你也应该期望对方及时回复你的消息。你应该有买家的手机号码和个人电子邮件地址，你与买家的沟通也不应该通过他的秘书。如果买家在外出差，我再说一遍：他在全球各地都可以使用电话和电脑。

千万不要滥用这种特权，但你必须定期向买家汇报项目进展及取得的成果，并在遇到挫折时寻求对方的支持。如果没有事情，你不能用特权。

有的时候，你的买家可能不是公司里权力最高的人。《财富》500强公司的CEO在卸任后会把管理工作交给知名度高、权力大的副手，但这种情况非常罕见。让你的买家为这个"冠军角色"做好准备。

然后，你可以辅助买家上位。

8.2 关键利益相关者和影响点

我知道"范围蔓延"听起来像一个带着望远镜的怪人，但这是一个被滥用的术语，指的是一个项目的实施范围不断扩张，就像伟大而古老的科幻电影《变形怪体》一样，不断地吞噬眼前的一切并持续膨胀着。

所有专业服务类型的公司都会遇到这个问题，不仅仅是独立咨询师。几年前我在惠普公司的咨询部门工作时，他们提到了一种被称为"非书面承诺"的情况。因为我的工作是帮助他们完成从按小时计费向基于价值收费的转变，我需要了解这个术语的含义，我原本以为这是一个软件技术术语。

非书面承诺或未达成正式协议的承诺指的是惠普执行人员与客户公司的低层级人员之间达成的非正式协议，客户人员会说："既然你都在这了，能不能帮我们看看这个问题。"以及"在你们的项目开展之前，你要先帮我们处理一下这个问题，因为这个问题妨碍到了你们的项目。"项目执行人员最不愿意做的事情就是不得不拒绝对方的要求。一旦这么做之后，客户人员就会向他们的上级报告说惠普的人拒绝了他们的请求，而客户的上级就会找惠普的上级谈话——你懂的，事情就变得复杂起来了。

问题是，一旦你把这些未达成正式协议的承诺和它们所消耗的劳动力与工作量加在一起，**项目的利润就会被挤压得无影无踪**。这家公司花了很长时间才明白过来，与失去利润相比，礼貌（或害怕激怒客户的上级）是如此的微不足道。这些看似微小的要求如果需求量过大，你的利润就会蒸发掉。白蚁可以使房屋倒塌，而通常一只白蚁的长度只有 0.25 英寸（6.35 毫米）。

你有没有想过是什么在蚕食着你？

对于个体从业者来说，项目实施过程中出现范围蔓延是致命的。许多令人讨厌的要求可能来自买家，你需要保持与买家的良好互动，但是不要以为你要无条件接受对方的任何要求。

这也是你要在提案中与客户确立项目目标、衡量标准和价值，并且提供几个不同的方案供客户选择的原因。在整个项目中，你的提案起到了推动项目实施和规范项目执行的作用。因此，永远不要害怕指出对方的诉求与双方协议不一致。

　　如何对你的买家说"不"？（如果你面对的是非买家，你只需向对方解释说他提出的要求与你和买家所商定的内容不一致，因此需要与买家进行进一步沟通，看是否需要调整服务项目。）面对买家，你只需要提供一系列让对方称是的选项。

　　简单的对话如下：

　　买家：艾伦，刚好你今天在这儿，你能抽出一个小时来参加我的员工会议吗？我知道这可能要占用你投入在项目上的时间，但我希望有人能客观公正地告诉我，为什么我的员工不积极参会呢？

　　我：我很乐意效劳，我们来讨论一下选项吧。如果这是一次性的工作，那么我只向你收取现场观察和分析报告的费用，并在月底将发票和支出报表一起寄给你。另外一种情况是，如果我发现自己需要做一些额外的工作，比如员工辅导或重新规划会议，并且我的建议也获得了你的认可，那么我可以制定一份新的提案。在后期执行的过程中，我也会经常去会议现场做观察记录。或者，我们可以等现有项目完成后，再攻克这个新的问题。这个新问题有多紧急呢？

　　买家：我没有为此规划预算，所以我在想能否把这一个小时的会议塞进你的日程表里。这对我来说很重要，我不想在这些无效的会议上浪费时间了。

　　我：但是显然这件事情对你来说很重要，我需要集中精力、仔细琢磨，至少需要与你和参会的员工都深入交谈一下。你肯定也不希望我妄加揣测吧，我知道你无论做什么，都希望能得到高质量的结果。

　　买家：好的，我明白你的意思。请参加我们的会议，后续给我寄一张发票。如果这次会议之后，你和我都认为这个问题需要你更多的干预，就将这笔费用作为下一个项目的定金吧。

　　很显然，这是一个真实的故事，这也是你防止项目范围蔓延的招数，哪怕这个诉求来自你的买家。让我在这里回顾一些基本规则，因为咨询师有一个可怕的习惯，就是少收钱多办事。这样的做法无异于带着喷火器在薄薄的冰面上行走，而且你是在对着自己脚下喷火。

以下方法可避免项目范围蔓延：

- 让非买家把他们的要求传达给你的买家，因为你无法单方面决定是否扩大服务范围。
- 将帮忙（"你能否看一下这个新的 Logo 设计，然后告诉我你最直观的感受是什么？"）和做项目（"我想让你看一下我的销售总监在公司会议上的发言，告诉我她可以如何改进"）区分开来。
- 不要感到卑微。你们是买家的合作伙伴。你不会对买家说："如果我们无法达成第四个目标，你会介意吗？另外，我希望能增收 15 000 美元的项目费用。"合伙人不会这样跟对方说话。不要觉得你说"不"或向对方建议替代方案就会失去这个生意。你有一个提案，其中的各项指标和参数非常清晰，这就是你这么安排的原因。
- 仅仅因为其他人完成的效果不理想，或者你可以将其他人负责的事情完成得更快、更好，并不意味着你要去做这件事。如果你想给客户留下深刻印象，那就把自己的项目做好，通过卓越的项目成果来展示你的能力，而不是去处理客户内部的杂务。
- 证明所提出的要求由客户内部人员来完成比较好，并且就如何解决这个问题提出自己的建议，以及为什么由内部人员来做更合理（内部能力建设、熟悉组织文化和架构等）。
- 最后，如果有什么东西阻碍了你的项目实施，而且没有人去清除它，那你就告诉客户："你之前没有料到会出现这个问题，我也没有提前为此做准备，但我们必须得解决这个问题，否则项目就无法取得成功。如果你愿意额外支付一笔合理的费用，我愿意接受这项任务。"（见本章 8.4"中途修正"）。

项目范围蔓延是侵蚀独立咨询师的利润和导致他们财富损失的主要原因，因为它极大地、成倍地增加了咨询师的劳动强度。好消息是，咨询师肯定有办法避免这个问题的发生。坏消息是，大多数咨询师没有勇气这样做，他们以为对客户布置的任务来者不拒会增加他们身上的光芒。

所有这些问题加起来会导致他们需要不眠不休地工作。

不幸的是，还有一个更隐蔽的"时间浪费者"和"财富蒸发者"。

8.3 避免项目范围渗漏

接下来，让我们谈谈在咨询服务过程中最令人反感和具有潜在破坏性的问题：项目范围渗漏。

我创造了这个词语，因为我意识到只防止项目范围蔓延仍旧无法完全解决咨询师过劳和利润被挤占的问题。当我开始更深入地指导和观察整个项目时，我发现有一些被我误认为是项目"范围蔓延"的实际上却是"范围渗漏"，也就是说，我们没有做到对症下药。

当咨询师在没有客户的推动或要求下，在不改变提案、协议或费用的情况下，单方面扩大项目的范围时，就会发生项目范围渗漏。

请再读上面这句话，仔细思考一下，然后我们再继续。

信条

每一位理智的客户都会接受免费的工作。如果我的水管工说，只要他在屋子里，他就会把房子里所有浴室的瓷砖缝都填好，并且按照原价收费，我会欣然接受。然而，在我的记忆中，我的水管工从未提供过这种服务，因为他是个好商人！

以下情况会促使一个聪明理性的咨询师出现"范围渗漏"的问题。小心，它可能就像可卡因（或至少是巧克力上瘾），所以你的意志一定要足够坚定。

注意这些信号：

追求完美胜于成功的陷阱

- 你很熟悉某些人正在做的事情，并且知道如何才能做得更好或更快，你就想去干预。记住，你追求的是成功，而不是完美。

因为喜欢打理而绕了很多弯路

- 你忍不住要修改会议的议程，或者调和公司同事之间的冲突，因为你不想忽略任何不合条理的事物。那么请你把自己追求完美细节的冲动收起来。

落入"我比你重要"的陷阱

- 你有一个自己很喜欢的方法论，但在目前的项目中暂时用不到，所以你花费了很多时间拼命寻找能使用这个方法论的地方，不管你能否得到报酬（也不管是否有人关心）。你不需要把万能工具包都带在身上。

"糟糕"，事情被搞砸了

- 你发现你和客户对项目的设想都有误差，而且差之千里，但你没有把你的买家当作伙伴，而是决定自行处理。你需要把你的伙伴当作同行人，而不是你的父母或孩子，并想出办法如何能更有效地解决新的挑战。

自尊心作祟

- 你忍不住要与他人分享和炫耀你的财富，一旦有人表达对你的赞赏，你就想把知道的一切都教给对方，但他并不热衷于你所知道的事。请记住，崇拜者无法支付你的抵押贷款。

艾伦主义
告诉别人他们需要知道的东西，而不是你所知道的一切。

项目范围渗漏的问题完全归咎于咨询师。一旦你做出让步，你就可能会逐步沦落至破产的境地，因为客户很乐于接受和习惯你的做法，并且很快会在不增加服务费用的情况下扩大项目服务范围从而加重你的负担。毕竟，如果你建议该项目需要设立额外的目标，客户不会拒绝你的要求。

在橄榄球运动中，这种行为曾经被称为"叠罗汉"或"非必要冲撞"，如今则被称为"侵人犯规"。这种行为会被判 15 码的罚球。

这里有一个很实用的模板，可以依此查看自己的能力，让你能够掌控全局、免除过度交付的发生。当你的客户举步维艰时，他们也能用同样的方式让自己摆脱困境。

无授权的	获得授权的
官僚主义	做正确的事
缺乏安全感	有自信心
看待与客户的关系："他们和我们"	看待与客户的关系："我们"
专注于任务	专注于结果
遵守规则	认真思考
过度保守	敢于冒险
看待问题的角度：有赢必有输	看待问题的角度：双赢

你要专注于做正确的事，而不是一味地遵循你自己僵化的规则（例如，你的方法论是"战略管理六步法"，并不意味着客户必须经历这六个步骤，无论是否付费）。当专注于任务而不是产出时，即使只有一个人的公司也会出现官僚主义。我曾合作过许多具有创业精神和灵活性的《财富》500强巨头，也曾辅导过很多不知变通的独立咨询师。

如果你很自信（我们在本书中数次讨论自尊），那么你会有足够的底气拒绝项目范围渗漏。当你把与客户的关系看作是真正的合作伙伴关系（"我们"）时，你会欣然接受客户的角色，而不是坚持独立完成（干预）项目。

案例研究：内部"蔓延"

• • •

范围蔓延和范围渗漏也发生在组织内部。我曾与一位首席执行官合作，他认为他的人力资源副总裁近来有些办事不力。我被要求对他进行指导。

我问人力资源副总裁吉姆，他如何度过他的一天。他告诉我，早晨的时间几乎完全用于回应首席执行官的各种要求。只有在处理完这些事情后，他才能投入到人力资源的本职工作中。

我接着问首席执行官，他是否确实向人力资源部门的人发出了太多的请求。

"当然，"他承认，"吉姆每天中午前都会及时回复我所有的要求，所以他一定有足够的时间来处理这些问题。"

最有力的解毒剂是把注意力集中在结果上，以及如何最好、最快、最有效地实现这些结果。因此，请不要在半路上停下来去铺停车场或安装饮水机。你是一个企业家的咨询顾问，你是被雇来"思考"的。记住，你不是一双手，而是一个大脑，而且你很有可能是从大型组织里逃离出来的，所以不要试图再次创立和遵守规则。相反，创造行动和结果。

谨慎冒险，不要太过小心翼翼（过度保护你自己的"资产"），让你的买家参与到双赢的合作中。

在本书中，我始终如一的观点是，买家和客户最好能快速见到成效，并且越快越好，这也是我认为基于服务时间计费是不道德的，同时也是愚蠢的原因。但是，为了达到这种速度，你不能允许客户（范围蔓延）或你自己（范围渗漏）在项目进展中设置障碍或走弯路。在项目实施过程中，哪怕是按照原计划推进你都会遇到问题和困难，不需要再给自己增加障碍了。

不要成为你自己最大的敌人。正如奥卡姆剃刀定律所阐述的，最简单的通常是最有效的。提供咨询服务时，最简单、最有效的途径是：除了对客户承诺的服务内容，不接受且不主动包揽提案以外的其他任务。

追求成功，而不是完美。

8.4 中途修正

我强烈反对按阶段推进项目和进行需求分析的原因之一是，即使前期花费了大量时间，我们也可能无法收集到所有的信息（更不要说有用的知识了）。幸运的是，我们可以采取有效的应对措施。

每个计划、项目和任务都会有进度缓慢和走弯路的时候，你要学会识别这些问题并进行相应的调整。以下是在项目进行的过程中需要做调整和修正的原因：

- 买家做了一些错误的假设，而你现在已经证实了这些假设是不正确的。
- 买家在无意间投入过多的精力到项目中，导致没有足够的时间来思考自己的晋升之路。
- 关键人物休假、生病、有紧急情况要处理，或因为客户要求而出差执行公务。

- 竞争对手做出了戏剧性的、令人出乎意料的举动。
- 一个新技术突然出现，或者一个现有技术无法运用。
- 你的企业客户流失了他们的关键客户。
- 你的客户有一个意料之外的新业务。
- 客户组织的低层级人员因为谣言或对自身利益的威胁而抵制这个项目。
- 你做了一些错误的假设（例如，你在其他情况下运用的模式在这里不适用）。
- 突然间，你最大的两个客户都要求你立刻关注他们遇到的问题。
- 你生病了或面临家庭紧急情况。
- 社会经济迅速衰退。
- 出现一个很大的技术或社会干扰因素。

以上列出的问题都是我在职业生涯中曾经经历过的，庆幸的是，这些事情没有同时发生。下面我们将进一步探讨你将采取哪些行动以应对这些问题。

第一，要注意我所说的热力层（如图 8-1）。

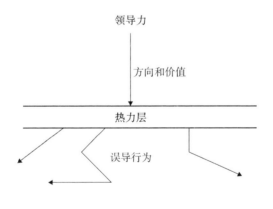

图 8-1　热力层

尽管客户和你自己都做出了最大的努力，但客户组织里仍有一部分中层管理人员在执行日常工作并监督公司运营的价值体系。（这些价值可能与其公司年报里所写的和食堂墙壁上贴的那些口号一致，也可能不同。）

我的一个客户会在下雪天为到访公司的人员提供面包车接送服务，这样人们就不必亲自开车，也不会堵在街道上。但是，面包车司机在下午 5:30 就下班了，在司机快要下班的时候，如果有几个人要来公司拜访，主管会说："显然，把这些工作都留给我们其他人了。"为解决这一问题，我们建议客户从下午4:30到晚上7点这段时间让司机轮流分批下班。

除非你与客户目标一致并形成利益共同体，否则"热力层"将会歪解和扭曲客户高管的意图。

信条

哪怕是车上的 GPS 也可以绕道或选择替代路线。你需要咨询师式的 GPS。

第二，帮助你的买家为接下来可能会遇到的问题做好准备。让买家知道，你的定期汇报会议的内容可能包含新的信息、经验证有效或无效的假设、需要买家介入的情况等。

第三，根据我们在第二点里提到的，你也要向客户汇报好消息。正如我所强调的，未来你也可能会告诉客户一些不好的消息。因此，为了让客户能更正确地看待这些坏消息，不要只在意外发生时才与你的买家汇报或沟通。如果买家习惯于你经常带来的好消息，那么也更能接受你偶尔带来的坏消息。

第四，不要把别人的冒犯放在心上。若你在推进项目时遇到阻力或障碍，或是对方不愿妥协时，把它当作项目中可预期的困难点来面对，而不是对方对你性格或才能的评价。实际上大家并不是对你本人有什么意见，除非你招惹到别人了（见下面的内容）。因此，你只需要客观地处理这些问题即可（通过行为观察并寻找环境中的证据），不要诽谤他人（比如指责对方"不擅于团队协作"），也不要马上跑去找买家告状。

弄明白问题出在哪里，解决它！

第五，永远不要陷入企业内部的权力斗争中，也不要站队。你的项目背景与客户公司的组织斗争无关，你也无法调和公司内部长期存在的纷争和团队间的恩怨。你所追求的是成功，而不是完美。一旦你偏袒一方，你就会失去另一方，这将为你的信用和效力带来永久性的伤害。

第六，也是最后一点，仔细思考一下哪些项目中的哪些因素给你带来了信心，这些对你的客户来说同样奏效。

帮助客户公司的人员培养技能，并让他们通过应用这些技能获得成功。你要鼓励他们拥抱变化、与时俱进，这样一来，客户公司的人员对他们自己和对你都会充满信心（如图 8-2）。把客户公司的人员也纳入你的规划图中，不要忽视他们。

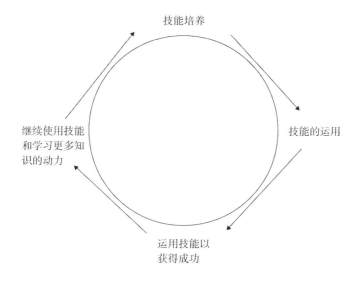

图 8-2　培养技能

如果你遵循了以上关于项目实施的建议，你肯定已经收到了报酬。现在让我们看看你该如何退场。

第 9 章
结束项目
我们的合作很成功，但我需要离开了

9

9.1 展示成功

客户接受你的咨询服务（或辅导）和对你产生依赖，这两者之间是有很大差别的。

当你的项目进行到一定阶段的时候，你必须得离开了。

离开可能意味着你需要扑到另一个客户的项目上，或者和同一个客户开启新的项目合作，但是之前项目中所有个人之间的约定必须终止。（这就是为什么我不断强调要将聘用制和榨干你的智慧区分开来。即使是雇佣关系也有结束的一天，聘用时间很少会超过一两年。[1]）有时，离开意味着再次出发，收拾好行装、带上你的纪念品，然后离开。这对于小客户、专业性要求很高的项目来说尤其如此。

正式结案还可以减小项目范围蔓延和渗漏的风险，降低你的劳动强度，并明确地告知对方你有其他的优先事项需要处理，如业务拓展、研究工作、个人发展等。

在任何情况下，结束项目的第一步是要向对方证明项目的成功。

信条

我们职业的全部意义在于改善客户的状况。要确保客户认可并赞同他们的情况确实得到了改善。

你与买家所达成的共识也应该包括项目衡量指标（即衡量项目进展和成功的

标准）以及核心要素。当你准备脱离项目时，可能会有以下两种情况出现：

◆ 项目已经完成，目标已经实现

可能你已经帮助对方建立了新的招聘系统，或减少了员工间的冲突，或将公司呼叫中心进行了重组。这个标准将衡量项目是否完成及目标是否达成。

◆ 项目已经完成，但结果还需要一些时间才能显现

如果项目的目标是增加每个电话销售员的销售额，或更高的长期留存率，或更强的口碑效应等，就会出现这种情况。为达成目标，你已经为客户及其公司人员创造了相应的环境和要素，但可能需要一年或更长时间才能看到最终结果。（例如，目标可能是提高两年后的顾客留存率，而你在三个月内已经识别了影响目标达成的关键因素，并完成了正向的转变。）

在这些情况下，你要确保买家（也就是你定期汇报的对象）知道你已经到达项目的"终点站"了，并且依据指标，你已经达成了项目的目标（思想共识的第三个方面，即项目价值，也逐渐显现出来），大家都可以下车了。

另一种情况是，买家会认可你已经如期完成了项目，这一"站点"也是你合适的下车点。在你下车之后，火车会带着乘务员和乘客们继续开往终点站。

为确保你的项目能完美结束，以及你的离开能产生积极的影响，你应该做出如下举措。另外，我们将在本章后面部分中详细讨论如何利用内部和外部的杠杆作用，最大限度地为自己争取更多的机会。

- 安排一次个人会面。绝不要通过电子邮件、电话或非人际互动类产品（如 MindMield 视频和语音 app）来安排会面。
- 与买家单独会面，而不要参与正式的、大型的会议。（如果买家希望之后能有一个正式的工作汇报，那也没有问题，但要在你们两个人私下见面之后。）
- 不要提前发送任何材料，否则你的文件副本很有可能被传阅，并且在你不在场的情况下被人质疑，这不会是你想要的。
- 带一份纸质版的执行摘要并把它留给买家，后续再用邮件发送一份电子版的。在每份文件上都标明"保密"和"私有"，并在适当的地方标注上你的版权信息。

- 你需要明确商标、版权和所有权条款。如有必要，你也可以和你的律师商谈，但一般来说，属于你个人的知识资产，在项目结束后仍然属于你自己；在你进入项目之前属于客户的资产，在你离开之后仍然只属于你的客户；而你和客户共同创造的资产属于你们两个人。
- 建议客户充分发挥内部力量，在当前进展的基础上稳步推进项目。这样即便你离开了，项目结果依然能够维持下去，并且能由内部人员持续推进成果转化。
- 告诉客户你的议程是什么，除了最后的汇报外，还要为本章节提到的其他内容做准备。

投资回报率（ROI）的公式与我们原来用于计算项目价值的公式相似，为了你的利益和客户的认可，我在这里加以说明。客户认为的"好交易"看起来是这样的：

$$\frac{\text{有形的成果} \times \text{预计项目成果能持续的时间} + \text{无形的成果} \times \text{无形成果所产生的影响力} + \text{附带的收益} + \text{其他积极影响的变量}}{\text{所需的固定投资}} = \text{客户的好交易}$$

你需要清楚而仔细地阐述本次项目为客户带来的有形的、无形的和附带收益，以及在实施过程中收获的其他益处。在许多情况下，除了既定的项目价值以外，项目的实施还会给客户带来额外的好处。例如，客户可能发现了公司内部新兴的全能员工，这些人员乐于接受新的项目并有能力将项目落实下去；或者客户可能发现了一些乐于拥抱变化的新客户群体。

告知客户这个项目为他带来的经济效益并让客户进行核实是很合理的。不要忘记，当你们最初达成合作共识的时候，你对经济效益方面的预估相对保守（还记得之前说的："让我们只以预期效果的一半进行估值"），但现在你有实际的产出和项目成果。

请记住，大多数项目成果是按年计算的，并随时间的推移而增长，这就好比银行复利。你也要把未来的增长计算在内。

最后，与客户人员和其他给予你重要支持的人共同分享你的成绩。然而，你要明确自己在项目中的角色是什么。讽刺的是，作为咨询师，你越优秀，客户就越会认为你所做的工作很容易（就像看一个好的棒球游击手打球一样），也许你和其他顾问，甚至是公司内部员工能做的并没什么不同。你必须打消买家的这种想法。

我们都知道，游击手看起来很容易，但却是这项运动中最难的位置之一。

关于知识资产的所有权，我有话要说

在你与客户接触之前，你拥有的任何版权、商标、专利和其他原创材料在项目结束后仍然属于你，也交由你保管。比如：决策模型或判断成交速度的模型。

如果项目在开启之前这些资产属于你的客户，那么在你离开之后，这些知识资产仍然属于你的客户。这可能包括薪酬评估系统或客户项目需求分析的指导书。你不能将这些材料用于其他地方。

你在为客户工作时所创造的任何东西都属于"工作成果"，其所有权归客户所有。因此，前文我提到了你所搭建的决策系统，如果你根据埃可米公司的具体信息创建了"埃可米决策矩阵"，那么这个决策矩阵就归埃可米所有。

你不能在其他地方使用新的埃可米决策矩阵，而除了运用你为埃可米发明的矩阵之外，埃可米也不能将你搭建决策模型的方法套用到其他地方。

这也再次说明了商标的重要性。你需要明白，你最初写的或创造的任何东西，其版权都自动归属于你。如果你对此有任何疑问，请咨询你的律师。另外，千万不要轻易和客户指派的律师签署任何法律协议，因为它可能会导致你丧失作品的所有权。

9.2 获得推荐

业务推荐是咨询行业领域里的通行货币。然而，很多顾问似乎对这一意外收获不屑一顾。

艾伦主义

每一笔交易都有三个部分：原始业务、推荐业务和扩展业务。为何不把三张支票都兑现呢？

在脱离项目之前，你就应该把推荐人储备起来。在项目运营的初期，你可以通过以下话术提前给客户做好心理建设：

"随着本次项目的开展，如果正如我们双方所预见的那样，项目带来了很大的价值，我想请您为我推荐其他的潜在客户，助力于我后期的业务拓展。我会向我的每个客户都询问这个问题。请问您愿意帮忙吗？"[2]

如果你的买家很早就告诉你，他不可能为你做推荐，或者帮你做推荐的可能性很小，那么你可以提出其他的要求（例如，作为参考案例、提供证言等）。但是很有可能对方会说："好的，这个我们之后再谈。"

因此，在你即将与对方结束合作时，趁你还在为对方做项目（因为面谈更有可能成功），再次提出这个问题：

"在两个月前我问过您，当项目开始产生我们双方所预期的价值时，您是否能为我推荐一些潜在客户，现在正是时候！如果您认识其他像您这样的企业客户，他们或许也能从我提供的咨询服务中收获价值。如果有的话，能否告诉我这些企业的名字呢？我可以为您举例说明几个我想认识的客户。"

就这么简单。你可以用你自己的说话方式来进行询问，但一定要遵循询问的时间，并且在提出要求时保持自信。

信条

为你推荐业务是一个"三赢"的举措，让你的客户和你能够帮助到更多的人。你必须关注这一点，这也是加快你财富累积的关键。

你应该为对方提供推荐客户的标准，因为你需要的是质量，而不是数量，这就是为什么我在询问的时候提到"像您一样"的客户。例如，你可以建议：

"最成功的推荐对象是对企业的盈亏负责的人，他们至少管理着100人的团队，能够独立做决策并有能力落地和推行领导力发展项目。"

或者：

"我大多数的成功案例集中在帮助那些业务规模在 2500 万到 1 亿美元的企业客户，他们的企业有多个分部，且至少有 200 名员工。"

你可以给你的买家一系列能让对方点头称"是"的选择。

"我很希望您能把我引荐给企业的关键人物，但如果您不想出面，能让我告知对方是您推荐的我，那也很好。如果您觉得提及您的名字不妥，那我也会尊重您的意见。"

以下是你会听到的最典型的回应，以及面对这些回应你该如何处理：

买家：我需要些时间思考一下哪些企业主可能会需要你的服务，你能给我一些时间吗？

你：当然可以。您明天什么时间方便，我给您打个电话（或我过来看看）？

买家：我知道有些人可能需要你的帮助，但我本人并不认识他们。

你：没关系，因为他们可能听说过你。我可以向他们粗略地介绍我为您做了哪些工作吗？

买家：这是我团队的人提供的名单。

你：谢谢，但我需要接触到您这一层级的人。如您所知，您的直接下属没有决定这类咨询项目的权力。而且如果我从组织的低层级切入，那么我将很难接触到真正的决策人。

许多人会认为这么做有些盲目自信，甚至有点咄咄逼人，你们可能是对的。但那又怎样？你的买家对你的服务很满意，你也与他建立了信任关系。你正在争取获得买家的协助，以帮助更多的人。在这一过程中，坚定地追求你自己想要的，这并没有任何错误。

此外，如果你要尝试通过自己的努力来拓展新业务，这种方式需要你有更加强大的自信心，而且成功率很低。因此，仔细考虑一下其他的选择，你会发现这个决定并不难做。

买家：我不确定我是否认识合适的人。

你：我建议您可以通过以下这些渠道来找到合适的推荐客户。

- 内部的同僚
- 其他同行业的公司
- 子公司
- 母公司
- 供应商 / 供给商
- 贸易协会的成员
- 客户 / 顾客
- 生意上的熟人
- 生活里的熟人
- 离职的前同事
- 以前的雇主
- 社会和职业俱乐部中的同伴

当你拿到推荐客户的信息时，及时跟进。在理想情况下，你的买家会通过电话或电子邮件的形式亲自为你引荐客户。或者，你只需要向对方致电，并说明："琼·戴维斯建议我给你打电话"。

你会想尽快与对方会面，但在此之前，你要确保你是在与一个真正的买家进行交谈。这样你才可以建立下一个信任关系。

将你与新客户的进展也同步给之前的买家。"我给蒂姆打了电话，但还没有回音"或"我已经和罗琳谈过了，我下周四 10 点要去见她。"如果你的推荐人是某公司的正式职员，不要以送礼的方式致谢（你可以查看我之前所说的：关于向第三方支付推荐费用的准则），无论他推荐的人最终是否成为你的客户，你都可以给他写一封感谢信。（请注意，大多数的大型机构都有不得接受行贿和礼品等方面的政策，所以不要让你的买家感到为难。）

最后，互惠互利。给你的客户介绍潜在顾客，并让他们知道是你帮的忙。如果你的客户正在招聘人才，那就向他们推荐合适的人选。向你的客户推荐其他与你不产生竞争关系、但能满足客户需求的供应商。如果你在请对方为你推荐客户之前就一直在为他着想，那么其实你已经在与对方建立互惠互利的关系了。

当然，你可以从其他渠道获得客户推荐——朋友、家人、专业的同行等。但我们在这里特别说明：推荐是撤离项目的重要组成部分，这是你必须确保完成的内容。如果一位客户对你的服务感到满意和欣喜，你离开的时候却没有获得其他的业务推荐，那就相当于你就把钱留在了桌子上，并且造成了永久的损失。

白金话术

使用以下话术，列举对方的名字或职位，你的推荐成功率就会高很多。

（1）"你能把我介绍给你们欧洲分公司的杰里·门罗吗？"

（2）"我很想见见你们最大的设备供应商的 CEO，你曾多次提到过他乐于创新并信任你的判断。"

9.3 获得回头业务

撤离项目并不意味着就此消失。普遍的经验法则告诉我们，成熟的咨询实践应该有大约 80% 的业务是回头业务，另外 20% 是新业务。后者对于创造新的方法和挑战、替代失去的业务（自愿或非自愿）和自我成长来说是很重要的。

但是，由于新业务的获取是生意经营中最困难的部分，也是最昂贵的部分，所以推荐业务和回头业务是保证生意持续增长的关键。之前我们已经讨论了推荐业务，现在让我们看看回头业务的情况。

我对回头业务的定义包括：

- 为同一买家提供同一类型的服务。
- 为同一买家提供不同类型的服务。
- 为同一客户的其他买家提供同一类型的服务。
- 为同一客户的其他买家提供不同类型的服务。

你需要区分和判断各类项目的可能性，以便最大限度地抓住商机，这很重要。我想重申的是，回头业务指的是与同一个客户之间产生的重复业务，但不一定是跟同一个买家。因此，当你结束一个项目时，你可能与买家结束了合作关系，但与客户企业仍然保持联系；或者你只是从之前的项目中撤离了出来，准备和同一位买家投入新的项目中。但是，如果你要接手新的项目，必须先结束旧的项目——学会放手才能得到更多。

图 9-1 可以让你更直观地看到可选项。

	同样的服务	不同的服务
同一个买家	扩展	新增
不同的买家	转移	探索

图 9-1　结案时的选择

白金话术

"我作为企业的外部咨询顾问，除了当前正在运行的咨询项目之外，如果有其他重大问题发生，我不可能注意不到。如果我不向你指出这些问题，这是我的失职。我相信你可以自己处理这些问题，但如果你需要我的协助，我很乐意提供帮助。"

当然，他们会需要你的帮助，否则这些问题早就在内部解决了。

服务扩展

当你继续与同一个买家推进其他类似的服务时，我称之为扩展模式。比如你把在某一个部门实施过的新技术带到同一买家的另一个部门，或者你在原本培训200人的基础之上再多培训200人，又或者你另外培训了5位（直接）下属。

服务扩展的前提条件是你把现有买家服务得很好，项目取得了相当大的进展，项目管理和运营情况很好，且获得了有效的反馈和切实的成果（根据项目指标）。通常，如果买方一开始没有采取你提案中的第二或第三方案，而是从一个基础的合作方案开始，后续可以通过服务扩展的方式加深合作。

根据我的经验，所有回头业务中大约有 40% 是由服务扩展而来的。

白金话术

"根据规模效应，有足够多的人已经加入并支持我们，而且只需要你投入很少的时间和精力来利用和延续项目所取得的成功。"

信条

你必须在尽可能多的类别中计划回头业务。等待客户主动开启项目就像坐在家里等着电话响一样，有时候你甚至会怀疑是不是客户删掉了你的联系方式。

服务转移

当你把你现有的项目带到一个新买家的公司里，这就是所谓的服务转移。这意味着你的辅导方式或焦点小组调研方法被买家的同行（或其他非同行的买家）所接纳。

有一次，我在向波士顿一家大型金融机构的高管人员介绍项目情况时，他们将我介绍给来访的欧洲分部的执行副总裁，他常驻巴黎。我邀请这位执行副总裁和他本地的同事一起参加我的会议。他欣然前往，并发现他的同事们对我的服务结果很满意，而且这些服务同样适用于他们欧洲分部，于是他请我将同样的方法复制到他们分部。

结合我们前面所说的一些业务推荐的技巧，向你的买家请教你需要与组织内的哪些关键人物或决策者沟通，向其他领域的高层介绍自己，了解公司内部的等级制度和组织结构。你所提供的架构重组服务或电话营销技巧培训将能够在公司内部通用。

服务转移可能占所有回头业务量的 20%。

9.4 获取客户评价和推荐信

有一次，我请露华浓公司的一位高级副总裁为我写一封推荐信，他欣然答应了，但是我一直没有收到这封推荐信。于是我一遍又一遍地向他跟进，陷入了不断重复的循环中：承诺、未兑现、跟进、承诺……令人厌烦。

在某一次跟进之后，我向他的助手要了一张他的信纸，跟他玩了一个恶作剧。我打印了一份很肉麻的推荐信（可能我母亲看了都会脸红），伪造了他的名字，寄给了他并告诉他："如果你仍然无法为我提供之前答应我的那封推荐信，那我就用这个了。"

几天后，我得到了一封姗姗来迟却又合情合理的推荐信。

你们中的一些人（好吧，你们中的大多数人）不会这么强势，但你要明白空口无凭，一个空洞的承诺无法说服你的潜在客户或支付你的抵押贷款。撤离项目的其中一点是确保你将一个成功项目的剩余利益最大化——你可以把这些当作是除了项目费用和经验积累以外，你所能获得的附加收益。

这里有一些技巧可以保证你能成功获得客户的推荐。

为买家做准备

如之前所述，你要提前让买家知道你的要求。如果你提前很久就询问了买家，他们通常会心不在焉地答应下来，以为他们有足够的时间来考虑这个问题。因此，你需要将这一过程以书面形式记录下来：

对了，非常感谢您同意给我写一封推荐信。大约在 45 天后，我会再提醒您一次。

始终提供多个选项

提供一系列"是"的选项非常重要。询问买家是否愿意：

- 作为推荐人。
- 提供一份书面证明。
- 为书籍或其他出版物写评语和推荐意见。
- 提供视频证明。
- 共同撰写一篇文章。
- 为你介绍其他业务。
- 允许公司的标志出现在你的网站上。[3]

这种菜单式列表能够使你有所收获的概率提高至少 50%，而且往往买家能帮到你的地方不止一个。由于个人偏好或公司政策的原因，买家可能无法提供你所列举的某些材料，所以请保持选项的开放性。

寻找买家以外的"证人"

如果非买家对你的服务内容和成果非常熟悉，那么他们对你的评价和推荐会起到非常好的效果。一位与大客户打交道的销售人员如果解释说，你的服务提高了订单的成交量；或者一位呼叫中心工作人员如果描述了你如何从顾客的投诉中挖掘机会并提高了销售额，这些都是非常有价值的评价。

灵活运用多媒体

没有比简短的（30~60秒）视频更有效的证明材料了，视频的内容最好是客户即兴发挥的，而不是你有意编排好的。通过视频证言，客户可以更加具体地描述你的服务所带来的影响力，以及你咨询方法的专业性。你不需要完美的灯光和剪辑制作，一部智能手机就能搞定这个视频。你甚至可以请客户自行拍摄，然后直接把拍摄好的视频文件传给你。

对于害羞的客户，镜头外如果有一位采访者做引导，效果会更好。

如果你正在举办的某个活动有摄影录制，你可以让摄制团队在走廊里以非正式的方式采访你的买家和参与者。这在行内被称为"外景拍摄"。

提供具体的例子以阐释你的需求

给你的客户看之前你收到的客户推荐信，这样他们会更了解你想要的是什么。你要向客户解释清楚为什么你举例的这些推荐信是有用的（例如，推荐信里有具体的例子、客户用带有公司抬头的信纸来写的这封推荐信），以及如何将内容写得更笼统一些，避免泄露公司的机密信息（例如，"这对我们的工作有巨大的帮助"）。

保证不滥用

告诉你的客户，你将他的名字告诉其他买家（同行），只是让他们作为参考，并且只会在提案阶段才会向对方提及。绝不会有低层级的员工或筛查信息的人员与客户联系。你需要有足够多的推荐人，这样你就有了备选项，并告知客户他们被联系的频率每季度不会超过一次。

对于书面推荐信，你要说明推荐信将被用于何处以及你会如何来使用它。如果推荐信将被上传到网站上，除非你做了说明，否则客户可能不会希望它出现在你的促销宣传单上。为你的客户着想，并且做出合理的保证和适度的安慰，这样你才有可能不被对方的法律部门所追究。

信条

如果你已经为买家提供了很好的服务，并与对方保持了良好的信任关系，只要你为对方提供了多种支持你的方式和选项，买家很可能会继续支持你的工作。

如果客户请你帮忙撰写，你可以出具一份参考模板

有些客户可能会说："你先撰写一份，然后拿给我看一下"。当这种情况发生时，千万不要抱着"要么接受，要么放弃"的态度只给对方提供一份内容。你可以提供三或四个不同版本的推荐信，让客户选择其中一份或合并几份的内容。除非买家明确提出了这样的要求，否则我不会这么做（如之前所述，我宁愿提供其他买家的推荐信），但如果是客户主动要求的，我希望能最大限度地提高成功的概率。[4]

明确客户评价的范围和内容

告诉你的客户，他只需要做如下说明：

- 你与客户合作了一个或多个项目。
- 你的工作很受好评。
- 客户对你和你的工作的看法。
- 客户的条件、承诺和相关条款是否被满足，以及完成情况如何。

客户并不需要透露他们的机密事项或私有信息。如果运营的项目不同，客户只需要证明你的性格和职业道德即可。

在体育运动中，最好的运动员会完成并贯彻他们的动作。他们保持正确的动作，调整体态，使每一跳最大化，并期待下一个动作。咨询师同样需要具备这样的全明星潜力。

不要仅仅完成一个项目就拍拍屁股走人。把撤离项目看作是突破另一个新机遇的关口，不管是内部的还是外部的。确保你有足够的自制力和信心来贯彻适当的行为举措，还要确保你有足够的知识预见将会发生的事情并树立正确的期望值。

你不是在求人帮忙。你是在寻求一种方法，可以让你快速将自己的价值赋能给其他人，并让他人借助你的力量获得成功。

坚定信念不动摇。那些在苹果公司的创始人史蒂夫·乔布斯去世后卖出苹果公司股票的人现在都后悔了。

9.5 长期杠杆作用

从项目撤离的最后一方面是要有更长远的考虑和规划（在项目进行的过程中，我们更多关注的是短期目标）。从长远来看，与客户形成良好的互动可以创造多大的杠杆效应（除了我们之前讨论的项目成果的持久性之外）？

首要的，也是最直接的优势就是你客户列表上的组织又增加了。在通常情况下，只要客户没有明令禁止，你就可以将他们列为你的合作客户。有些组织不允许咨询顾问用他们来做宣传，但如果客户有这样的顾虑，他们通常会在保密声明或在提案时就给你反馈。（我的习惯是不主动询问，除非客户有明确的指示，否则我会假设我可以用客户的名称做宣传。）

在此简单说一下我对客户的定义，因为我发现有时候对于我来说很显而易见的事情并不总是如此。客户会为你的服务支付报酬。我不认为受益于公益性服务的人会是所谓的客户，除非他会为其他的服务支付费用。[5] 你与客户之间的交易应该有所回报，即你为客户提供价值，而他也会以相应的报酬回报你。

但即使如此，我仍不会说得太过笃定。我不认为以物易物的交易对象是你的客户。如果你为美国航空公司提供服务是以"换取免费机票"作为交换条件，我不认为该航空公司是你的"客户"。你可能认为你已经获得了合理公平的补偿，但我认为，一个客户应该认为你所提供的价值足以让他们用金钱来换取。否则按照你这个想法，政府也是你的客户，因为你每年都为政府的工作提供支持，并对政府的回馈（如：保护国家的海岸线）表示认可。

不要回避事实。如果对方真的是你的客户，他们会用真金白银来购买你的服务。（如果你选择以物易物。请注意！这也是应税收入。）

信条

无论你的客户目前是否是活跃客户，他们仍然是你的客户（你的人脉）。在咨询行业里，一个所谓"老客户"与你不再有任何的业务往来了，只能说明他对你之前提供的服务不是很满意。

打造长期杠杆的第二点是保持对关键联系人及其动向的跟进。你会发现一些重要的动态在不断变化：

- 以前的非买家已经变成了买家。
- 以前的买家已经变成了更强大的买家。
- 以前的买家已经转移到了新的组织。
- 其他客户的买家转移到这个组织里了。
- 新发展的需求与你曾经解决过的问题相似。

你可以通过以下方式追踪这些变化和发展：

- 定期向所有联系人投递便条和节日贺卡。
- 使用 Google Alerts。
- 阅读贸易新闻。
- 参加业内会议。

- 订阅内刊。
- 使用 LinkedIn。
- 给你名单里的联系人发送邮件，当其邮箱地址已经更改或不再有效时，可以更新和删除。

这些举动为你创造了大量重新接触老买家的机会，并为你与新买家见面提供了一个合理的理由。这些技巧远比电话营销要好，并且更有可能促成业务。请记住，尽管你尽全力完成了工作，关键买家还是会流失，在大多数情况下，对你为他们提供的价值的记忆也会一并流失。因此，第一类目中列举的最后一点：提醒你的新买家，他们不需要"重新发明轮子"，因为你两年前就做到了这一点。

第三，你可以从过往的客户经验中打造个体案例。将这些案例用于你的宣传材料、演讲、采访、正式的意见书和文章中。共有三种类型：

（1）匿名的客户案例，有时出于保密的需要，你没有权限使用客户的名字或具体信息。这也没关系，你甚至可以把几个客户的情况融合在一起，比如："在一家大型国际金融机构里，我做了……"

（2）当你想要对外宣传客户案例，同时这也是对客户有益的事，你需要提前获得客户的许可。你很有可能需要得到客户公司法律部门的同意，过程艰辛，但却值得等待。相信你也在很多专业杂志上看到过一些客户案例。

（3）与你的买家或其他客户主管共同撰写一份长篇案例研究的文献。这可以让买家的自尊心得到满足，为你在受人尊敬的出版物（如《哈佛商业评论》）上赢得发声的机会，并为你创造一个强有力的声明。

你应该每年创造一些匿名的案例研究，以及几个知名的案例。记住，如果你不主动询问，就将永远无法得到你想要的。

打造案例研究的公式

（1）事件情况。你所面临的挑战或问题是什么？

（2）干预措施。你是如何解决这个问题的？

（3）解决方案。你为客户带来了具体哪方面的改进？

（4）发展你的模式和方法论。

艾伦主义

我会不断进行自我反省，并且总会惊讶地发现两周前的我有多愚蠢。

每个客户都是一个私人实验室。在实验室里，你可以练习自己的操作手法，也可以根据实际需要进行修改和调整，并尝试新的方法。你并不是在处理危险材料或培育新型物种，你的实验是相对温和的，但这对你的成长而言至关重要。

- 你能缩短实施方案的时间吗？
- 你需要更多的战略或战术工具吗？
- 你能进入更多的市场或行业吗？
- 你能把更多的劳动转移到客户身上吗？
- 你能更好地远程工作吗？

对于每一个客户，你都要尽己所能，但你"最好"的标准必须不断提升！（否则你很有可能陷入成功的陷阱。）在你撤离项目后，对每个项目进行评估，回顾和总结你从中学到了什么，以及如何将知识转化为制度，并进一步优化你的方法论和模型。同时你需要反思有哪些事情没有按计划进行，以及如何在未来更好地预测它。

随着你事业的发展，当你对你的潜在买家说："我曾与梅赛德斯 – 奔驰、摩根大通、美联储、通用电气、惠普合作过。"话说到这，你换了一口气，你的潜在买家很可能回复你说："挺好的。那我们来聊一下我俩之间的业务吧。"换句话说，你不需要再展示你的证明、证言或推荐信，仅仅是列举的这些名单就能让人眼前一亮。

在你达到这一境界之前，学会运用本章所讲到的技巧。一旦你达到了这一高度，坚持以更少的成本来达到更好的效果，正如我在上一段中所举的例子那样。

你与客户的项目都会有结束的一天。否则，你与客户之间的关系就不是咨询关系，而是依赖关系了，最终你可能需要付钱给别人来帮你摆脱这种依赖关系！

第四部分

使徒行传

实施咨询方法论

如何改善客户的状况?
首先,你可能要做一些会伤害到客户的事情。

第10章
人际交往方法论
以人为本

10

10.1 辅导训练

在这一部分，我面临着一项艰巨的任务，那就是带你来到岸边，不让你对船做检查，就指使你上了船。

我会用三个章节的内容来讨论咨询的实施方法，因为这本书是为了带大家了解咨询行业的方方面面，包括入行、营销、提案、实施、道德准则、生活平衡等。因此，接下来我将"详细的概述"，这看起来是一个悖论。请做好准备。[1]

辅导训练（Coaching）是所有咨询师一直在做的事情。当你在实施一个项目时，你需要采取措施和行动来帮助你的买家和其他人取得成功。所有被聘用的咨询师都是教练员，这是必然的。在过去的十年中，辅导训练作为一项专业能力被单独列举出来，这是很奇怪的。因为在我看来，最好的教练员了解和洞悉组织动态、变革管理、团队建设。有很多咨询教练拥有所谓的"培训大学"颁发的学位和证书，但实际上，他们对组织的看法非常片面。这有点像一个人试图通过酒店房门上的猫眼来观察世界。

此外，谁对认证者进行认证？

辅导训练与指导不同，后者是一种被动的、倾听式的关系。辅导训练是自信的、主动的，它的持续周期也相对较短。（不要把它与成为一位令人信赖的咨询师混为一谈，后者提供的服务可能会持续相当久。）

你可以为个人或团队提供训练，他们之间的区别不大，因为团队是由个人组成的。

关键是要立即弄清楚，你的买家是否也是你的客户。你的买家是那个有权限为你开具发票的人。你的客户是需要你的服务来帮助改善其状况的人或公司。因此，买家可能是出于个人需求而雇用你，或者可能是为了帮助他的一个下属。

如果是后者，立即确认你的情况是否为以下两个选项之一：

（1）训练服务的信息和内容是保密的，且仅限于客户和教练员之间。买家的角色只是支付费用的一方，并且买家将从客户的成功受益。

（2）买家也要参与到训练项目中，并且要给予反馈，项目信息不仅仅是客户和教练员之间的秘密。

一经确认之后，你要确保所有三方（包括你）都清楚地了解项目实施的规则。在第一种情况下，如果买家向你询问关于项目的具体细节和讨论的内容，你必须拒绝向买家透露任何消息。而在第二种情况下，你必须提醒你的客户，你会将讨论的内容与买家分享。

题外话

以每小时为单位（或其他时间单位）来设置培训内容是很荒谬的。有些问题需要你花费更多的时间去解决，你需要给予这些问题足够多的关注。而有些问题不需要你浪费太多时间去关注。最关键的是，你需要设立指标来衡量项目所取得的进步，而非一个时间性指标来表明项目的运行时间。

一旦你确定了买家和客户，你可以通过以下方式来设置训练内容：

- 建立行为目标。例如，按照事先制定的议程准时召开会议，允许参会者自由发言，并在休会前总结下一步工作。

- 建立成功的衡量标准。例如，会议议程将注重结果，而不是任务本身，并且要至少提前 48 小时将会议议程同步给参会者。
- 确立达成目标后所能获取的价值。例如，会议时间和频率将至少减少 20%，参会者将不再有所抱怨。

看到了吗？我们达成了思想上的共识！

随后，你可以建立自己的咨询方法论，包括：

- 观察和跟踪，你可以参与到客户日常行程中。
- 启动 360 度的全面评估，你可以采访客户的同级、下属、上级、顾客和其他人，寻找事实依据，并发掘其中的规律。
- 对评估、展示等进行预演和角色扮演。
- 就某一具体事件做观察和反馈，如销售电话、董事会会议，或者是其他你无法出席但会被录制存档的会议。

信条

你的目标是在合理的时间范围内改善客户的状况，并使客户能够维持在这一状态。在培训式的咨询服务中，从项目中平稳地撤离出来是更为重要的一件事，这样客户才不会对你产生依赖心理。

注意：我不太相信随机性测试和随机性反馈。即使是经过多次验证的测试，其目的也是为了识别反常行为，而不是区分符合常理的行为。有很多测试是用来给人贴标签的。（比如，她所测得的结果高达"5"分，属于强迫性的机会主义者，个人性格色是绿色。由此判定她是一个典型的 HCOG 人格。）不幸的是，市场上有太多廉价且不准确的测试，它们除了能够提高教练的收入以外，没有任何的价值。购买者要慎重。

以下是成功的咨询教练需要的八个条件：

（1）得到了买家的明确支持。

（2）与客户产生积极的化学反应。

（3）在合理的时间范围内对于情况的改善有着合理的期望。

（4）能够接触到关键的信息和条件，以帮助客户去改善状况。

（5）与客户之间进行坦诚且频繁的汇报和交流。

（6）提供具体的建设性意见（而不只是一句空洞的"需要加强团队精神"）。

（7）双方都快速响应对方的需求。

（8）客户确认并尊重你从项目中撤离的意愿。

作为一位咨询教练，你绝不是一位治疗师（即使你受过训练并获有相关的证书）。不要沉浸于你的个人问题中（所谓的人生教练除了大学文凭以外，很少有其他认证）。[2] 你的关注点应该放在下面这些关键因素上：

- 观察行为，而不是猜测动机。
- 在所处的环境中寻找实例，而不是道听途说。
- 你通过呼吁大家从理性的利己角度出发来改变自身行为，而不是胁迫大家做改变。

10.2 建导

建导工作的基础和关键在于，你需要与客户就"你是否为其提供了智力资本"达成共识。

为了推进我们的工作，在此定义一下什么是"建导工作"：

建导工作是指通过组织和主持会议，积极引导他人参与，从而达到会议的预期目标，包括下一步计划、日期、时间和相关的责任分配。

这个会议可以是正式的或非正式的，关于战术问题（需要在业务代表和市场人员之间建立更好的沟通机制）或战略问题（哪个市场有最大的扩张潜力）。作为一位咨询师，你是履行这一职能的最佳人选，因为你是（或应该是）公正的，有大量的实践经验，而且是组织协调方面的专家，并且备受信任。

在智力资本方面，可能存在两种情况：

（1）你只需主持会议，确保每个人都发声了，将大家的意见和建议都收集起来，并总结大家所达成的共识和未解决的分歧。你只要了解如何引导一场会议，就可以很好地完成这项工作，而不需要了解具体的问题或客户的情况。这是建导工作最基本的价值形式。

（2）在履行以上职责的同时，你也提供你自己的想法和有效的见解，你可以分享你所知道的成功与失败的案例，以及项目运行过程中可能会遇到的风险等。在会议中，你也在积极地贡献着自己的想法。你要洞悉客户的情况，但不必是专家。这是建导工作的最大价值形式。

你可能辅助于一个大项目，或者仅仅是为了一个简单目的而参与到某个项目中。无论哪种情况，都要确保你的客户（以及最终的参与者）对于你的角色达成了共识。如果是第一种情况，而你试图在这种情况下发表自己的见解，那很有可能会引起摩擦。如果是第二种情况，而你的作用只是促进会议的讨论进度，人们会觉得你没有什么价值。面对第二种情况，你应该收取更多的服务费用，所以你要确保与买家达成一致，然后根据会议的规则，向买家说明你所扮演的角色。

信条

在进行建导工作时，你会经历辩论、分歧，甚至争论。我的一个客户把这称为"把死老鼠放在桌子上"。此话虽粗鄙，但却很贴切。

通过以下九个步骤，你会成为一名优秀的建导师：

（1）正如前面所讨论的，与你的买家就会议目标（期望的结果）和你所承担的角色达成一致。

（2）在会议前分发一份议程，议程中要包含会议的目标成果（可能是一项或几项）。

（3）你要找到一个合适的场地，有足够的空间、茶点供应，以及所需的音频或视频辅助工具。

（4）就会议时长达成协议，不允许任何人或任何事情干扰或中断会议，参会者不能使用手机，也不能查看电子邮件，强制执行休息时间（你不能跑回你的办公室）。

（5）约定规则。

- 你自己的角色。
- 每个人的意见都能被听取，发言不被打断，但不发表长篇大论。

- 专注于事实，而不是个性。需要观察到的证据和事实。
- 最终得到的结果是什么：下一步计划、任务责任分配。
- 如果要录音，这个录音文件将会被用在什么地方。（我建议不要进行录音，因为它会降低大家的参与感。另外，把大家要讨论的事项都写在黑板上，让每个人都能看到。）
- 你打算用多长时间来处理不同问题或阶段（以防止循环或无休止的谈话）。
- 如何形成最终的决定：
  ○ 领导会听取各方意见并做出最后的决定。
  ○ 小组将依据大家所达成的共识而做出决定。（共识指的是你可以接受的决定，而不是你拼命追求的。）

（6）从某一问题入手，然后开始你的工作。

（7）坚定地按照规定的时长去执行会议。

（8）为笔记编号或以其他方式对其进行整理，以便日后核对。

（9）总结大家达成的共识和接下来的计划。

许多客户会让行政人员来整理会议纪要和文档，或做音频转录的工作。你也应该请客户安排行政人员帮你完成这些工作，这会大大降低你的劳动强度。

这里有一些关于建导工作的建议：

- 领导要掌握全局。你必须事先与各部门的领导提前商议并达成共识，就会议上的互动而言，每位参会者都有平等的发言权。在必要的时候，作为领导，他们可能需要打断对方："汤姆，依我之见，这不过是你的个人观点。让我们来听听其他人对这件事情的看法吧。"
- 如果大家一直纠结于某个问题，迟迟没有下定论，你就问大家："好像只有丽莎和劳拉认为我们应该'选择左边'，其他 10 个人都想'选择右边'，我说的对吗？"你是在寻求共识，而不是要求大家达成一致。
- 如果有些任务没有人愿意主动承担，那就向小组提出这个问题："谁能最出色地完成这项任务？"或者，你可以接着问相关部门的领导："你可以指定一个人来做这件事，你认为谁是最好的人选呢？"
- 如果时间一直不够用，就把这些问题分成几个阶段或子项目以进行决策，并告诉大家你为每个阶段的内容分配了 15 分钟的讨论时间。冗长的讨论很少能提高决策质量，通常只是在拖延时间罢了。与参会者强调会议讨论的时间，"再过 15 分钟也不会有任何改变。"

建导工作要求你绝对客观，以客户利益为中心，而非以某个部门或整个集团的利益为中心。在项目运行的过程中，你可能会遇到自己不喜欢的人，或者人际交往能力很差的人，这是一定会发生的！但是你要记住，你是法官，不是陪审团。

你需要维持法庭的秩序，在有人不守规矩时对他们进行裁决，但同时你也要帮助他们在经过深思熟虑之后做出公平的判断和决定。

10.3 解决冲突

根据我的经验，组织里发生的 98% 的冲突都源于以下两种原因：目标或方法。在少数情况下，也会爆发出诸如人际关系、行为障碍和组织协调等问题。这些问题也常常被提及，但通常与我们接下来要讨论的内容有关。

需要你上场解决的大多数职场上的冲突（你既不是心理学家，也不是治疗师）都出自如下原因。

目标

大家在目标、产出或成果方面存在分歧，这也是很合情合理的。销售人员、人力资源部门的人员以及领导高层在以下问题上会存在分歧：在公司不景气的时候，无论其他人员的薪资如何，给销售人员的激励和提成是否仍然应该按照业绩完成情况进行发放。公司高管们对于对业务进行再投资还是给内部人员支付更多的奖金方面存在分歧。

方法

人们在到达目的地的路线上会存在合理的分歧。他们可能有着同样的目标和预期成果，但对于实现的方式没有达成一致。比如，在市场扩张方面的投入和布局，公司高管在应该将资源投入欧洲还是亚洲市场的问题上存在分歧；呼叫中心管理层对于将客户信息呈现在客服代表的屏幕上所需的技术手段方面的问题存在分歧。

请注意，我所说的"合理"不包括你所发现的职场政治与内部斗争问题（这些问题对于公司来说是不可避免的）。这是因为当你遵循我接下来所说的这些技巧时，你同时也在敦促客户的人员处理在其环境中可以观察到的行为和证据。

信条

　　为组织的最优利益着想而产生的冲突是常见的、合理的，也是可取的。你不要试图去消除所有的冲突。只要冲突解决了，就会产生积极的结果。

关于目标的冲突

　　这类冲突发生的原因通常是由于双方对于某个决策所产生的结果及结果的重要性有所分歧——关于"接下来要做什么"的问题。

　　小型企业通常在以下这些领域会产生分歧：

- 公司的规模
- 所有权和继任
- 增加产品和服务
- 扩大规模

　　非营利组织中典型的目标冲突领域包括：

- 志愿者的规模和人员管理
- 所有收益中劳动收入与非劳动收入的百分比
- 与其他团体的合并
- 在社区中扮演的角色

　　在大型组织中，典型的目标冲突领域是：

- 获得适当的技术
- 客户服务水平
- 激励和绩效工资计划
- 品牌建设和定位

以下是处理目标冲突的六个步骤：

（1）确定谁拥有决策权，谁将是最终的决策者。在大多数情况下，决策者是一个人，而不是一个委员会。最终决策不会是一个团体决定，也不需要经过大家的一致同意。

（2）将关键的利益相关者和决策贡献者聚集在一起，成立一个工作小组。

（3）尝试就"必须要做的事情"达成一致。为了证明组织取得成功，有哪些事情是必须做到的?

（4）在某些情况下可以寻求妥协。

（5）在会议上，当着大家的面产生争执难免会伤害到对方的自尊心。如果有必要的话，在会议结束后与关键人物单独谈话和协商，双方各退一步。

（6）让决策人来做最终的决定。

关于方法的冲突

这种类型的冲突是由于大家就"怎么做"的问题产生分歧。

小型企业通常在以下这些领域会产生分歧：

- 广告策略选择
- 薪酬的相关选择
- 哪些产品和服务需要续期、终止或增加
- 资金来源的选择

在非营利组织中，典型的方法冲突的领域：

- 董事会和咨询委员会的候选人
- 争取捐款、注册和会员的方式
- 要支持、组织和创建的实践活动的数量
- 如何运用志愿者的力量

在大型组织中，典型的方法冲突的领域：

- 提拔和任务分配
- 直接和间接的销售技巧

- 产品开发和研发的最佳商业化方法
- 市场扩张和增长所面临的选择

以下是处理方法冲突的六个步骤：

（1）确定谁拥有决策权，谁将是最终的决策者。在大多数情况下，决策者是一个人，而不是一个委员会。最终决策不会是一个团体的决定，也不需要经过大家的一致同意。

（2）召集关键的利益相关者，重申和确认大家的共同目标。（在这种情况下，不要再去强调分歧点。）

（3）列出备选方案的优势和风险（所有的方案都会有相应的风险），并且客观分析该备选方案是否有明显的优势。

（4）相互融合和妥协，抓住每个备选方案的最佳优势，同时避免每个方案的劣势。

（5）在必要时，提出一个大家都能接受的新方案。

（6）让决策人来做最终的决定。

当大家对方法产生分歧时，决策者有时可以将众议引导为共识，并推进后续的行动。因为大家有同样的目标和预期的结果，就可以达成共识并据此协同行动。但是，如果团队间的目标存在冲突——个人的目标可能与组织的目标不一致，那很有可能永远也无法做出一个决定。

这个简单的理论体系能迫使人们客观、理性地研究和分析利益、风险、事实和证据。任何试图强加于人或强迫做出决定的行为都将变得透明可见。

很明显，当整个决策过程涉及一个团体的时候，你的角色是一位建导师，你也可以决定是否要在建导过程中贡献你的才智和经验。在这一领域，咨询师经常会犯的错误是将每一个冲突都归结为性格问题。千万不要这样做。

10.4 谈判和协商

理想情况下，谈判和协商后应该得出令两个人（或双方，或两个派别，或两个集团）都满意的结果。但实际上，很多时候谈判无法实现双赢，因为人们并不了解这个过程。

谈判的关键是确认哪些是"必要的"，并将其与"想要的"区分开来，永远不要将两者混淆。前者是必须要保留的，而后者是可以妥协的。

必要的

所谓"必要的"事物，须具有以下三个特点：

（1）它对你的任务或决定的成功至关重要。若没有这一条件，任务（决定）将会以失败告终。很明显，如果你严格遵循了这个定义，没有很多项目是"必选项"。举个例子，为了能享受演出，你选择了某条路线赶赴剧院，这很好。但就享受演出而言，选择这个路线并不是"必须的"，除非其他的路线都不能及时到达目的地。

（2）有各方都可以衡量的指标。这对于大家明确其重要性和判断该条件能否得到满足至关重要。"我会更开心"或"大家的精神面貌看起来更好了"并不是一个可衡量的目标，除非你明确了衡量标准（例如，减少需要高层管理人员批复的项目）。

（3）现实的、合理的。如果你在音乐剧电影《南太平洋》或《吉屋出租》中扮演过主角，那么在活动中安排你的个人演唱环节是很有必要的。当然，我们也肯定可以衡量一首歌的音调和对歌词的记忆。但如果你没有很好的声音条件，那么这个期望就是不现实的。

想要的

"想要的"东西可能不是至关重要的，但却是你期望能拥有的。根据重要程度的不同，你对它的渴望程度也会有所不同。

- 迫切想要得到的东西通常都不属于必要的。例如，如果"花费不超过1万美元"是必要的，那么你想要的可能是"尽可能地减少开支"。如果"两周内将材料准备齐全"是必要的，那么你想要的可能是"尽快准备好"，除非过早准备好是一种负担，而不是优势。
- 适度的需求指的是期望的和相关的事物。比如，你希望能提高品牌声誉，或改善品牌设计，或为公司吸引更多的人才。请注意，"想要"得到的东西不一定是可衡量的。
- 其他一些重要程度很低的需求基本都是边缘性需求，比如你可能会遇到一些有趣的人，或者学习一项新技能。[3]

从我分享的咨询技巧中，你应该已经摸出一些门道了。你在帮助双方保留其必要条件的同时，也需要他们牺牲或放弃一些想要得到的东西。对于重要性较低的需求，放弃是最好的选择；对于重要性一般的需求，妥协或调整是最好的选择；对于重要性较高的需求，维护利益是最好的选择。

但是，即使是你迫切想要的东西，也有被牺牲掉的可能，因为你需要先满足必要选项。

信条

作为一名咨询师，你的角色往往是帮助别人谈判成功，有时你也需要为了自己成功而进行谈判。

在某些情况下，你可能会与别人谈判才能进一步推进项目的实施，因为有时即使你的买家出手帮助也无济于事，因为抵制项目运行的人的利益与他相悖。在其他情况下，你可能需要帮助客户去处理那些很棘手的反对意见。

（请注意，调解引导、解决冲突和谈判协商三者之间在许多时候都有着很大的重叠。这就是为什么你需要关注结果而不是某一种咨询方法。永远不要做只有一技之长的人。）

取得谈判的成功需要结合以下这八个步骤：

（1）确定谁是决策者，并让他们积极参与到协商过程中。如果你只与中间人交流，而他们又不能敲定行动方案，这是很令人沮丧的一件事，也很浪费时间。

（2）单独与双方进行沟通，清楚地了解他们"必要的"和"想要的"东西。他们可能不习惯以这种方式思考或表达，所以要帮助他们进行定义和归类。一般来说，"必要的"东西相对较少。

（3）协助整理出高、中、低重要性的需求。

（4）将双方聚集在一起从而促进交流和讨论。制定好基本规则并协助维持秩序。在交流之中，你可以贡献自己的聪明才智，但绝不要偏袒任何一方。（如果你是试图推进项目实施的一方，请关注另一方必要的和重要的需求。）

（5）如有必要，计划开展多场会议。每个会议都要尽量简短，因为大概60到90分钟后，疲劳就会使判断力和耐心下降。

（6）尽可能同时满足对方"必要的"和"重要的"需求。

（7）如果双方无法各退一步，那么你可以在不偏袒任何一方的情况下向他们建议如何能做出让步和妥协。如果这种方式未能奏效，那你可以指出如果双方不能达成协议，最终被迫采取某一应对措施，那会给双方带来哪些不利的后果。（例如，企业高层不想要一拖再拖，就把一个令人讨厌的、不符合双方必要条件的方案简单粗暴地强加给大家。）

（8）当双方做出让步和妥协并达成一致后，你需要将其变成书面文件，并且明确所有关键利益相关者的责任，这样才能确保双方履行自己的承诺。

谈判磋商是每个组织在日常运营中都会经历的（比如，你跟同事说："如果你去拿咖啡，那我就去复印"）。当某个问题陷入僵局时，通过正式的谈判来进行决策，这种方式是合理且有效的。它往往比单纯的胁迫（通过上级的权威性和影响力）更能促进大家落实和履行新的行动方案。通过胁迫的方式至多能让对方服从，而且通常只是暂时性的服从。之后在对方违背承诺的时候，你才会恍然大悟。

参与谈判的各方应该是同级，或者至少为了达到谈判目的，将他人视为自己的同级。千万不要因为一方对某一问题的立场存在分歧，所以就假定他的利益会受到损害。大家都会遵循他们各自的利益，他们的个人利益可能并非是与他人或组织利益相对立的，但随着事态的发展，可能会逐渐变得对立起来。

在这种情况下，不要让大家陷入争吵。通过协商来解决这件事情。

10.5 技能发展

在许多情况下，客户会要求你为他们集体进行赋能（而不是前文讨论的那种训练）。[4] 作家玛雅·安吉罗曾经说过，"只有动物才需要被'训练'，而人是受'教育'的。"如今有个趋势，很多学校教师都对教学嗤之以鼻，却称自己为"教育家"。在培训行业中，有一个常见的、可笑的评价规则，这套规则可以追溯到几十年前，并且将培训分为四个等级[5]，而事实上，唯一重要的是培训结果。

无论你如何称呼这类培训，其目的都在于提高成效。无论如何，投身于培训行业的人都有着很崇高的追求。因为培训师有着和咨询师同样的目标：改善客户的状况。

在这种情况下，促进客户状况改善的方法在于帮助他们获得新的技能。请注意，你可以通过训练帮大家获得新的技能，但是无法训练他们的行为。

通过培训来改变人们的行为，其效果是很有限的。（例如，一个害羞、沉默寡言、不善言辞的人不会成为一个每周积极工作 40 小时的销售人员——这种改变会给人带来很大的压力。）但你可以开展技能培训，以此来提升工作人员的能力。

第二次世界大战是促进培训行业发展的关键转折点，因为在那个时期，培训师必须帮助数百万工人大规模地生产设备和弹药；他们要培训和发展大量首次工作的女性劳动力；另外还需要培训数百万农村出身且从事农业的新人。（在 1941 年，他们大多数人从未离家超过 25 英里。）

战后，很多企业调整了经营理念和行为准则，这也大大改善了组织中员工的表现和绩效。培训行业不断发展，独立培训公司的数量也不断增多。作为咨询师，我们可以选择自己提供培训，或者在明确客户需求之后，通过分包的方式或他人推荐的人选来提供培训。

为了使培训内容更符合客户的实际情况，图 10-1 所示的内容可能会对你有所帮助。大多数工作有三个组成部分：

（1）所需的体能。通常可以通过自动化或机械化辅助的形式来弥补。银行出纳员需要办理现金收付，记者需要使用键盘，而飞机驾驶员则需要控制油门和操纵杆。

（2）相关的技能。比如，银行出纳员需要会计算和找零，记者需要有良好的口才、会提问，飞行员需要优秀的方向感。

（3）必不可少的行为。出纳员必须对重复性工作有很高的耐心；记者必须有高度的自信才能从政治家那里套出他们想要的回复；而飞行员在遇到恶劣天气或机械故障等问题时需要保持冷静。（如果当屏幕上闪着红灯时，飞行员只会大喊"我们完蛋了！"，那显然他并不适合这份工作。）

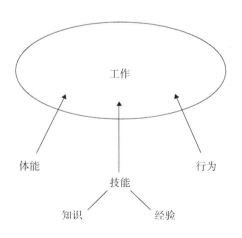

图 10-1　工作的组成要素

这三个组成部分对于成功都是至关重要的，并且也会根据工作的不同而有所变化。

这就是为什么草率地将一位顶级销售人员提拔成为销售经理，或者让一位优秀的摄影师去做照片编辑的工作是荒谬的，尽管当你读到这本书时，类似的情况仍在发生。你要明白，员工所需要的技能和行为也会随着其岗位级别的提升而发生改变。

信条

员工以前所取得的业绩并不是估算未来业绩的可靠指标。你必须根据未来所需的技能和行为对人员进行评估。

艾伦主义

当你将一位顶级销售人员提拔为销售经理时，你可能会一次性毁掉两个岗位的工作。

请注意，如果这个人很冷静、很有耐心或很自信，那么他就不需要培训。技能培训与辅导训练有所不同。最权威的职业发展和技能培训师鲍勃·马格曾分享过一个经典的例子："如果一位员工依靠工作来维持生计，他能胜任这份工作吗？"如果答案是否定的，那这个人就无法胜任，那你可能会有如何培训或培训什么技能的苦恼。如果答案是肯定的，这个人可以胜任，你可能会面临员工行为或态度的问题。

这四个步骤可以帮助你在必要时采用适当和有效的培训方式：

（1）确保你的问题可以通过获得新技能、提升现有技能或引入新经验来补救或改善。

（2）明确培训的结果是什么，以及你和客户通过什么来衡量培训的效果。

（3）培训时间要尽可能地短（或通过其他渠道获取这些资源），并且充分结合以下要素：

- 通过讨论、演示和体验，学员可以学到什么（内容）。
- 获得这些技能的重要性（自我利益和奉献），以及能为组织做出的贡献。
- 如何开展培训，具体需要哪些技巧、应用、支持等（包括适当的技术辅助）。
- 取得成果的案例。

- 将技能运用在案例研究、角色扮演、测试、低风险机会等方面的实践。
- 对所取得的成果进行反馈，并提出进一步的改进建议。
- 将技能应用在工作中，并持续寻求上级、同僚、培训师等人员的反馈，直到学员完全掌握这项技能为止。

（4）向公司上级、企业顾客和其他相关利益者询问培训后所取得的进步及相关证据，以此来评估培训的效果。

你可以选择不将培训作为个人提供的业务选项之一（你有相应的技能和活动方式来提供这项服务吗？），因为这可能是一个劳动密集型的工作。但是作为咨询从业者，你要牢记图 10-2 中描述的战略关系，无论你是否亲自参与执行。

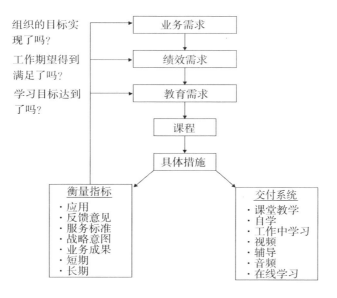

图 10-2　将组织培训与企业战略目标对接

打造有效培训体系的秘诀在于：从组织的业务需求出发，倒推企业所需要的培训服务。千万不要为了培训而培训，也不要因为培训本身是有益的，就默认所有企业都需要这项服务。工商界每年在培训上的花费通常超过 900 亿美元，而其中大部分的成效是无法衡量的，也无法计算出投资回报率。

不要浪费客户的金钱，也不要浪费你自己的时间。

第11章
团队和小组
没有人是一座孤岛

11

11.1 领导力

如前一章所述，我们能帮助大家发展和提升个人技能，而这么做是为了让大家能够更好地合作，这也是本章的主旨。在企业组织中，1+1 必须等于 164。也就是说，整体的力量要远远大于部分之和。

如果不是这样的话，企业根本就不需要设置管理岗位，因为这不会带来任何附加价值。 不幸的是，很多组织都面临着团队凝聚力和效能不高的问题，而我们的工作就是要解决这个问题或防止该问题发生。

当人们问我（这么多年来，我已经被询问了无数次）："对组织绩效影响最大的一个因素是什么？"我的回答总是："领导力"。

信条

领导者在行动时总会同时传递两个信息。第一个是他们的决定或计划的内容。第二个是他们做出这个决定以及沟通这个决定的过程。后者相较于前者会产生更持久的影响力。

如果你在公司内部开展员工调研，你觉得大家最希望领导拥有的特质是什么？是自信、勇气、诚实、接受能力强、果断，还是包容？

我最终得到的答案是一致的：行为一致性。

在这里，我要打破大家的两个幻想：

（1）领导者是后天培养的，而不是天生的。虽然有些人可能有带团队的经验，因此相较他人，具有更明显的优势（见前一章关于工作三要素的图 10-1），但大多数人可以获得成为一个好领导甚至是一个伟大的领导者所必需的技能和能力。真正的榜样依靠合适的时间、地点和个人气质。例如，克莱斯勒时期的李·艾柯卡，IBM 复兴时期的卢·格斯特纳，罗伊·瓦格洛斯带领默克公司连续五年成为《财富》杂志评选的"美国最受赞赏的公司"，杰克·韦尔奇曾管理着通用电气公司旗下 12 个独立的事业部，蒂姆·库克继乔布斯之后接管了苹果公司。全球数以百万计的领导人每天在持续提升领导力的同时，也出色地完成了本职工作。[1]

（2）没有完美的领导风格。优秀的领导者会根据实际情况、执行团队、任务紧急程度等因素来调整自己的领导风格。他们不会拘泥于教条或墨守成规，但是他们在待人接物、事件回应和工作计划方面保持他们的一贯作风（具有一致性），这种一致性是因为领导者有自己特定的作风和习惯，而并非出于思想僵化和视野狭窄。[2]

作为一名咨询师（可能你更多时候扮演的是教练的角色），无论你接触的是哪一级的领导，从一线到行政部门，不要一开始就做出领导利益受损或错在领导的假设。如果有人向你抱怨或指责他人，不要听风就是雨，他们可能想要将自己遇到的挫折和失败归咎于某个人。大家很容易把矛头指向上层领导。

以下是解决领导力问题的三个关键：

◆ 领导者在让团队共同参与制定工作决策时必须考虑到以下因素。

- 该决策是否重要？不同的决策是否会带来明显不同的结果，还是所有结果都是可以接受的？如果这个决定很重要，领导者必须继续参与。如果不重要，那么可以委托他人来做决策。
- 是否有足够的信息可以支持单方面行动？如果是的话，相关人员可以单独行动。如果没有，单独行动就是在犯傻，其他的信息和人员投入是必要的。
- 你是否需要他人的参与和贡献，还是只要遵守规则就可以了？在行动之前，是否大家需要先接受这个决定？如果是的话，那就需要大家共同参与决策。还是大家会按照你的想法行事，你只需要将命令传达下来就行？

● 人们能否就方法达成一致，以及他们能否就目标达成一致？（见第10章"解决冲突"部分的内容。）他们是否需要经过正式调解才能协商成功，还是只需要非正式的支持？

因此，领导者有时会在不参考他人意见的情况下独立进行裁决，有时会与他人协作和合议。他们有时会把控决策，有时会把决定权委托给某个人或团体。其决定因素在于最终决定的重要性、信息的充分性、团队参与度，以及大家对目标和方法的看法的一致性。

艾伦主义

最好的领导是仁慈式的独裁。除了人力资源部门以外，没有人想要一个"仆人式领导"。[3]

◆ 很显然，时间是一个非常关键的问题，但并不总是受到重视。

让更多的人参与到项目决策中或许会有些益处，但是其花费的时间也更多。开展个人会议和访谈比独立决策需要更多时间。如果想以访谈的形式全面剖析问题则需要更长的时间。同样的，组织小组会议并与小组成员达成共识也需要投入大量时间。

在信息匮乏、项目需要各方共同参与、团队目标有分歧的情况下，投入时间是有意义的。但是在没有这些问题的情况下，开展会议、团队协商、委员会决策除了拖延时间以外就没有什么别的意义了。通过会议来进行沟通交流是最低效的。

◆ 根据领导行事风格的不同，有的领导会忽略下属的发展，这是不明智的。

我们后续会再讨论继任计划。现在你需要明白，领导者越是倾向于独立做出决定，他的下属就越无法了解问题所在，对于解决问题的过程也不得而知。相反，如果团队参与度高，就可以培养和发展更多的领导人。

有时候，即使领导者可以独立决策，但是在项目时间尚且充足的情况下，可以让更多的人参与到决策过程中，以提升团队的能力和经验。请记住，领导者是后天培养的，而不是天生的。这就是你帮助一个人成为领导者的方式。

企业领导人是组织中的优秀典范，也是员工争相模仿的对象，因为在大家的眼里，企业领导人是成功的象征。当你为企业领导人进行辅导或咨询时，你其实是在借助组织中的变革推动者来影响更多人的行为方式。争强好胜的领导者会打造一个战火连天的孤岛。精通此道的领导者会打造出有凝聚力的组织。

如果你希望项目获得快速的进展，那就一定要指派相应的领导人（正式或非正式的均可），并且向领导人阐明他们应该通过自身的行为来树立公众典范。这是你在任何咨询项目中能运用到的最大筹码。

案例研究：兴盛的一年

∙∙∙

我和一位客户公司的员工站在一起，听着客户公司的一位执行副总裁描述公司这一年所取得的卓越成就和即将给员工发放的奖金。这位执行副总裁用一种单调的、呆板的声音喃喃自语，和我们没有任何的眼神交流，他的注意力完全集中在他面前的讲台上。这块"牛排"看着不错，但没人听到烤肉那诱人的"嗞嗞声"。

最终，站在我旁边的那位女士知道我是帮助企业做战略咨询的，她开口问道："我们都要被解雇了吗？"

11.2 继任计划

几年前，大通曼哈顿银行是我所服务的客户，银行总部有一个上锁的房间，据说只有少数高层管理人员有房间的钥匙。在房间的某个角落里，有序排列着银行高级人才的照片，清楚表示着谁将接替谁的位置，以及各个人才需要培养和提升哪方面的能力。

这个地方名为"洛克菲勒的房间"，以当时在任 CEO 的名字命名。

继任计划是保证所有组织发展与繁荣的重要因素之一，也是最常被误解且经常执行不到位的一项内容。我们在前面已经提到过，未来能否取得成功不能再继续依赖于过去的成就，所以"攀登等级阶梯"这种古老的说法是毫无意义的。当你把一个优秀的销售人员提升到销售经理的位置上时，你的这一举动很有可能同时毁掉了两个职位。

看看在杰克·韦尔奇带领下通用电气公司的经营情况，以及他的继任者杰夫·伊梅尔特，你就明白我说的意思了。

对于为什么继任计划是一个敏感却又非常关键的问题，大家还有其他的疑问吗？

信条

职位晋升不是对员工过去所做成就的嘉奖，而是对于企业未来的战略性思考和举措，将企业未来所需要具备的能力与拥有这些能力或正在培养的人才相匹配。

一些企业的人才发展和晋升制度相对完善。曾几何时，通用电气公司内部有个不成文的规定，如果你在 40 岁之前没有被派驻海外的工作经历（这被认作是职位晋升的关键前提），那么你很有可能没有在组织中获得更高职位的机会了。杰克·韦尔奇在任职 CEO 期间，坚持每年将公司中表现最差的人淘汰出局，哪怕这些人在其他公司可能会被认为是表现出色的人。他想为更多的人才腾出空间。当拉里·博西迪这样的顶尖人才没能获得晋升机会时，通用电气公司也有足够的实力和底气，不惧怕人员的离职。（后来博西迪相继在联合信号公司和霍尼韦尔公司任职，成为一位出色的领袖，并出版了一本备受赞誉的商业书籍。）[4] 在我写这本书的时候，蒂姆·库克接任苹果公司后表现得很出色，但史蒂夫·鲍尔默在微软公司的表现就没有那么亮眼了。

图 11-1 展示了作为这一领域的咨询师应该考虑的问题。

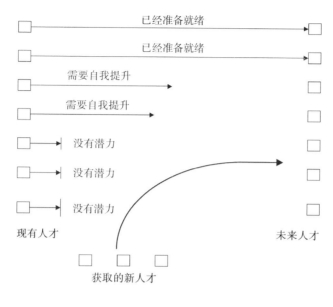

图 11-1　继任规划的情景

在图中，你可以看到，有些人员已经做好出发的准备了。这意味着：

- 他们在公司留任的同时必须不断接受新的挑战。这些人才对于猎头公司和竞争对手的吸引力也会很大。
- 他们应该对自己的职业发展有很大的投入，才能更好地满足个人需求。（见下一节）

有些人员很有发展潜力，但是他们需要提升自己的能力。这意味着：

- 这些员工需要接受企业为他们量身打造的培训和发展计划，以培养和积累必备的技能、经验和行为指导。
- 在某一特定的时间范围内，企业必须对这些员工进行经常性的评估，并将他们划分至上一等级或下一等级。

有些人不具备继续前进的潜力和资质。这意味着：

- 他们需要被尊重和坦诚相待。
- 组织应该能预见到这些员工流失的可能性，并接受这部分人员的流动。
- 职位晋升不应该被当作对员工的一种奖励，上级领导不应该为了证明自己的包容性或其他非绩效因素而提拔某一员工。

另外，企业也需要一些来自组织以外的人员。这意味着：

- 根据企业项目的需要，企业需要提前进行招聘和相应的人才储备工作，招聘方式可以通过内部人力资源部门，也可以通过与猎头公司合作来挖掘人才。

很多组织将继任计划交给人力资源部门来负责，这样的做法大错特错。继任计划是保障企业可持续发展的最重要的战略决策之一，属于行政责任，而不是员工的职责。（当然，这项艰巨的任务也绝不能落到其他在组织中缺乏影响力且不被尊重的部门身上。）

绩效评估

组织习惯性地进行"年度绩效评估"，年审有时会异常详细，有排名和评级，甚至有外部测试，最终得出结论："目前员工的沟通效率指数为 6.7，我们应该尝试将沟通效率提升至 9。"你没办法编造这种东西，它能让一个糟糕的咨询顾问变得非常富有。

每季度应该至少进行一次绩效评估，员工和主管或经理应该共同参与评估。员工对于个人所做的成绩和所犯的错误进行自评，并表述自己的需求和愿望。上级也可以表达自己的意见，并提供证据。最终，双方就业绩评估结果、如何改进及下一步发展的需求达成一致，签字确认后再将评估报告提交给"大老板"，以便于"大老板"审查情况并做出相应的决策（这可能意味着人员的调动和转岗）。

我的个人见解是：由公司上级独立开展的绩效评估是毫无价值的，而任何与之相关联的加薪或其他形式的奖励也是不合理的。

作为企业的咨询顾问，请考虑以下继任计划的方法：

- 说服买家继任计划是管理层需要关注的问题。
- 评估未来工作岗位所需要的技能、经验和行为标准。
- 将企业人员分为：高潜力、有一定潜力、无潜力、外部协助。
- 在执行继任计划的过程中，每位参与人员的成长计划都应该由其直接上级负责，上级领导需要评估其下属成长计划的完成情况和学习进展。
- 至少每季度对于项目的整体进展和所有参与到本次成长计划的个人进行一次审查。（许多组织觉得继任计划就像灭火器。灭火器一直被放在墙上，当你需要它的时候，它就在那里。但是灭火器上面也有标签，证明它们是经过检验的，在你日后需要它们的时候，这些灭火器就可以派上用场！）

最后，继任计划必须与职业发展相结合，这就是我们接下来要讨论的内容。

艾伦主义

很多值得提拔的人没有被提拔的原因是，他们没有培养出可以替代他们的人，而且他们被视作太过举足轻重以至于不好移动位置。

11.3 职业发展

所谓职业发展指的是：

- 每位员工都在接受相关的辅导和培训，帮助他们在目前的岗位上发挥最大的作用。
- 有潜力的员工可以通过能力提升计划，为未来的工作做足准备。
- 员工可以根据个人兴趣和喜好，选择参与不同的活动以促进个人发展，这些活动有可能与工作没有直接联系。
- 潜力最大的员工，其职业发展轨道与他们在继任计划中所处的位置是同步的。
- 员工的职业发展与绩效评估和继任计划的需求是相互支撑和协同的。

如果你在制定继任计划的时候没有考虑到员工的职业发展规划，那就如同在搭建一座桥梁时，在桥的两端分配了不同的承包商，要求他们用不同的材料进行施工，并且在搭建过程中禁止他们相互交谈。

有可能他们根本不会在桥的中间相遇，所以当然无法建成这座桥。

这也是为什么你不能把职业发展规划的任务委托给人力资源部门的根本原因。这个部门在组织中缺乏影响力，缺乏对组织战略方针的思考，也缺乏建立和管理人才培养系统的能力。他们可能会选择相对低级别的供应商（例如，提供企业培训服务的供应商），但当你看到是人力资源部门的人在负责寻找教练或开发领导力项目时，你就知道这个公司的高层已经算失职了。（这就是为什么我反复告诫大家永远不要把培训或人力资源部门当作你的买家，避免自己掉进坑里。当你向组织里的人询问，组织里谁最优秀和最聪明时，没有人会说是人力资源部门的人。）

这里是你在前面所列出的领域中创建和集成职业发展方面可以扮演角色的地方：

● 每位员工都在接受相关的辅导和培训，帮助他们在目前的岗位上发挥最大的作用。

从前台接待人员到总裁，所有岗位的工作都应该有成果和产出，才能依此判断他们有没有完成好自己的工作，以及与组织的需求是否一致。请注意：98% 的职位描述都是对于工作任务和个人投入的描述。（"任职者将为营销经理处理电话订单并完成偏差处理报告。"）如果有合适的辅助工具或教程，很多人能更好地完成工作。有的人则需要更好地了解他们的工作如何才能为组织做出贡献。

有些人需要被训练和打磨："通过这种方式，你能更好地处理那些在电话中对你大喊大叫的客户。""不要打断你的下属在会议中的发言，这样你的下属会更愿意发表自己的见解。"

你的工作是确保组织中的所有岗位的工作产出都有可衡量的评价指标，执行者充分了解自己的业绩指标，有相应的工具、技能、经验和正确的态度来完成各自的工作，并且会定期收到对他们表现的评估和反馈。这适用于所有的企业组织，看起来很容易，真正实施起来却并不简单，一个好的咨询顾问仅仅通过设计员工职业发展通路这一点，就能大大提升组织的生产力。

大多数工作产出都是可衡量的；即使圣保罗也有明确的职责和需要效力的地方，只是"审判日"确实是一个过于漫长的反馈循环。
　　　　　　　　　　　　—— W.J.Reddin，《对目标进行有效管理》（McGraw-Hill，1971）

● 有潜力的员工可以通过能力提升计划，为未来的工作做准备。

　　组织中的大多数人都希望自己能做得更好。他们中的很多人都有这样的潜力。也许他们目前不是继任计划体系的正式一员，但是未来他们可能会符合进入继任计划的条件。当组织面临人员离职、并购、员工伤病和临时任务等问题时，这些人员是组织中重要的后备替补力量。

　　如今职场晋升的竞争空前激烈，金字塔式的晋升空间比以往更狭窄，因为组织都想用更少的钱做更多的事，同时避免养太多闲人。但是，培养那些有潜力并愿意承担更多工作和责任的人，是务实且符合职业道德的做法。（越来越多的公司不是通过夸大的职位头衔和晋升，而是通过横向增强员工的责任感来为他们提供更多成长的机会。）⁵

　　而你可以帮助组织建立人才机制，定期识别有潜力的人才，并且为他们量身定制能力提升计划，以帮助他们更好地适应未来的工作需要，而不是只关注眼前的任务。在一些组织里，从执行层到监督层的所有管理者都有责任识别和培养出在必要时可以替代他们的人。（有很多有才华的员工在组织中失去晋升的机会，这是因为没有人可以取代他们目前所做的工作。）

● 员工可以根据个人兴趣和喜好来选择参与不同的活动以促进个人发展，这些活动有可能与工作没有直接联系。

　　在这里，我所说的不是鼓励员工去学习牙科知识或大提琴，也不是给员工介绍竞争对手企业的工作。作为组织留住人才的关键举措，让每个员工都获得个人进步的机会逐渐成为一种新的趋势。有时会以小组学习的方式来进行：例如，利用午休时间开展艺术课程；但通常会以鼓励个人发展的形式：推出学费返还计划，为攻读学位或考取特种证书的人减免学费。

　　关键是要让大家在公司的庇护和支持下保持快乐和满足之心。

信条

　　职业发展规划意味着你要有具体的行动，而不只是填写表格和给候选人名单盖章。千万不要把为员工规划职业发展的任务委托给那些本身不具备发展潜质的人。

帮助你的客户创造和建立多个选项，这样一来，即使有些员工的天赋和才能没有在工作上得到满足，他们也能在雇主的帮助下获得一种满足感。

● 潜力最大的员工，其职业发展轨道与他们在继任计划中所处的位置是同步的。

最后，你需要重点参与和辅助的部分就是确保双方在桥梁中间相遇（正如我们在本部分开头所讨论的）。将客户组织内部的关键人物组织起来，组成指导委员会，由委员会评估继任计划中的高潜力人才是否获取了承担关键任务所需的技能、辅导和经验。确保每次计划都有相应的人员负责推进，并对成果进行评估。

一旦项目成功落地之后，员工职业发展计划就会逐渐成为促进企业发展的一个重要组成部分，我们将在下一章中对其进行详细讨论。

11.4 团队 VS 委员会

在组织生活中，团队建设活动是被滥用的一种动员方式，也是经常被高估和误解的一种方式。大多数公司的团建活动都做得很差劲，效果持续时间很短（有时甚至没有什么效果），人员的期望也很少能得到满足。

除了这些问题之外，团建确实是一种很好的干预措施。

团队不是通过活动建立起来的！不要妄想在参加了两天荒谬绝伦的静修会，组织几场沙堡建造或山地滑降对抗赛之后，你就能拥有一个训练有素的团队。当引导员告诉我向后倒下去，由你在后面将我接住，但这并不代表你会在工作上支持我。这仅仅意味着你不想在老板面前表现得像个不肯配合的混蛋。而老板站在队伍里也感觉很不自在，因为他和"蓝队"或"罗杰的游骑兵"等拖后腿的人组成了一队。

我曾听说过一个企业的团建活动是带着员工去野餐，但实际情况是，所有员工都站在一边看着老板和他的妻子玩金拉米纸牌游戏。这可真是提高了大家的生产力呢！

大多数所谓的专家会告诉你有下面这样一些团队。

家庭团队：大家习惯于在一起办公，也必须要在一起办公，这已经成为他们日常生活中必不可少的一部分。

陌生团队：这些人只有在特殊情况下才会聚集在一起，比如遇到了特殊的客户事件或社区募捐活动时。

临时团队：在某个项目完成之前大家在一起办公，随后搬到新的办公场地。

工作团队：大家一起工作，直到达成某一个特定的目标，比如将业务拓展到新的国家。

但实际上，关键问题不是团队的类型，而是团队的定义。

大部分企业很少拥有真正的团队，他们拥有的仅仅是"委员会"。

正如你在图 11-2 中看到的，二者之间有以下几点区别：

委员会（上方的图形）：大家在一起共事，但是委员会成员的个人成功或失败与其同事没有直接的关联。成员之间可以共享资源、信息、建议和其他资产，但前提是这样做不会破坏他们自己的努力或使自己处于竞争中的劣势。

团队（下方的图形）：大家在一起共事且是一个整体，荣辱与共。他们自由且主动地分享资源、信息、建议和其他资产，团队里的每个成员都能为实现集体目标而贡献出自己的全力。

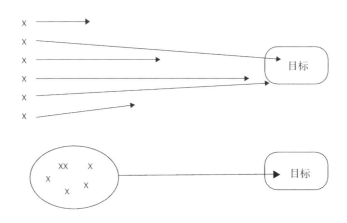

图 11-2　委员会 VS 团队

艾伦主义

你无法把委员会打造成一支团队。从来没有人在提到国会时会说"国会团队"，只会说"国会委员会"。

通常，一个组织里的"委员会"可能是执行委员会（注意这个名字）、执行理事会、运营委员会、客户响应委员会等。

通常，一个组织里的"团队"可能是客户响应团队或新产品研发团队。

仔细回想一下，在你的印象中，大多数组织群体是作为团队还是委员会来运作的？他们的工作绩效和奖励是作为团队还是委员会来进行评估和发放的？根据我的经验，大约90%的组织群体是委员会，这就是为什么他们有的时候会产生不合（比如在需要共享资源和信息的时候），这也是为什么团队建设活动对他们无效的原因。你不会让网球单打选手尝试和别人练习双打，也不会在训练一位高尔夫球员的时候让别人接他的下一杆。

酸性测试：在会议结束后，你可以观察一下大家都在讨论些什么。他们是否在讨论如何能相互支持，通过提供人力、信息等资源来更好地协助对方的工作？如果是这样，这听起来像是一个团队。还是他们在讨论如何保护自己的资源，责备他人的无能，以及抵制团队运作？如果是这样，那这群人肯定是一个委员会。

大多数人的工资与他们所在的团体并没有关联，即使这一团体获得了一定的奖金，奖金的分配通常是由团体成员的上级领导根据个人表现进行分配的。

团队运作并不是十全十美的。有时，"团队"相较于"委员会"更具劣势。（在"团队"中可能没有"我"的概念，这意味着团队所取得的"成功"中也没有"我"。）你需要分析和判断团队运作在哪些情况下是有意义的，以及被召集起来或一起共事的人能否构成一个真正的团队。

根据我之前的定义，真正的团队会有以下特征和需求：

- 团队是自我导向工作的。团队成员会建立自己的参与机制和决策系统。
- 团队成员相互分担责任，共同负责项目的交付。
- 团队成员掌握着团队的命运。很少有团队是永存的，团队也可以自行解散。我前面所说的家庭团队，通常不符合这里列出的标准，也不是真正意义上的团队。
- 成员们以团队的形式向同一个上级汇报工作。如果他们各自向团队以外的不同上级进行工作汇报，那他们可能是一个委员会。
- 团队自行决定内部人员的工作习惯、工作时间、成员互动和奖金分配方式。
- 团队的绩效由负责该团队的上级进行评估，但团队人员的绩效由自己和团队共同进行评估。
- 定期进行360度全面的评估往往对团队来说非常有效，也很有用。

● 团队往往需要专家引导、技能训练、辅导培训等外部人员的帮助。

不要被所谓的小组体验式培训所迷惑，这些肤浅的方式无法促进团队建设。这些小组不一定是真正的团队，而且这些体验也与工作场景无关。

据我观察，没有人会踩着热炭走进公司大厅，或从大楼的一侧沿着绳索滑下来去吃午饭，或在客户会议前给团队做激励演讲。

11.5 沟通和反馈

"我们遇到的问题是沟通上的失败。"在《原野铁汉》中监狱长对保罗·纽曼说的这句台词已经成了经典。大多数组织都会抱怨内部存在沟通问题，这似乎是一个普遍存在的问题。

但情况也确实是这样！

我告诉那些想要在员工中展开调研的客户，他们应该期待收到员工的反馈，尤其是关于如何改善沟通方面的建议。这是件好事，不是坏事。想要了解更多信息和主动发声的人都是态度积极且能提供建设性意见的人。（闭口不言和冷漠的人才是问题所在。请记住，只有当人们对一件事情感兴趣的时候才会表达自己的反对意见或是抱怨，漠不关心才是最要命的。）

在 2016 年的选举中，专家报告说，有多达 4000 万合格的选民没有投票。

案例研究：保险公司

●●●

一家巨大的保险公司的执行副总裁决定面试五位声誉良好的咨询顾问，这家公司计划打着合并公司的幌子去吞并另外一家同等规模的保险公司，因而想请咨询公司为他们制定沟通战略。

我是最后一个被面试的（可能是因为我的姓以 W 开头）。当天我在会议室里见到了这位高管和他的五个下属，他们利用休息的空隙向我介绍了合并的情况后，就正式开始了面试。他们看起来似乎都很疲惫的样子。

他问："你认为我们应该告诉两家公司的员工什么？"

我简短而有力地回复他："什么都不需要说。"

在一阵短暂的沉默和与下属眼神交流后，他说："你是在装傻吗？你在说什么呢？"

"你知道在合并之后，哪些高管将领导哪些部门吗？"

"不知道。这是董事会的决定。"

"你知道在合并之后，公司会沿用哪一种报酬和奖金制度吗？"

"不知道。但我相信公司内部薪酬工作组正在与外部专家一起研究这个问题。"

"你知道哪些区域的办公场所将会关闭，哪些将保留开放吗？"

"不知道。这是贵司将在未来 90 天内做出的营销决策。"

"好吧，你没有什么可说的，是吗？如果我是你，我会倾听公司人员的想法。开展焦点小组，对内部员工展开访问和调查，运用你的内部网络，设立一条热线电话。当你发觉了大家内心的想法之后，就尽你所能地回答他们的疑问；对于你无法回答的问题，你会向他们保证你将尽快找到答案。"

最后，我以 25 万美元的竞标价得到了这个项目。其他参与面试的咨询顾问都提供了详细的沟通主题和精彩的评述。

信条

任何告诉你"对于他人的反馈，你唯一能做的只有倾听"的人都是傻瓜。你也有别的选择。你可以忽略他说的绝大部分。

这里有一些规则，可以让你从沟通的失败或问题中吸取一些教训。

传说在 18 世纪的时候，有一位英国的访客前往奥斯曼帝国哈里发宫廷。在一个周六的早晨，他注意到从宫殿门口排着一条浩浩荡荡的蛇形队伍，大概蜿蜒了四百米长。于是，他向陪同人员询问此事。

"每周六的早晨都是人们前来请愿的日子。"陪同人员解释说。

"哈里发亲自听取每个人的意见？"来访者一脸错愕地问道。

"当然了。"

"哈里发会帮助每一个人吗？"

"啊，这倒没关系。大多数人只是希望有个人能倾听他们的故事罢了。"

艾伦的沟通标准

- 倾听比说话更重要。仔细聆听别人想要表达什么，不要插话。在必要的时候可以向他们确认他们的想法。
- 通过案例来阐述观点。相较于大篇幅的文字或几小时的演讲，大家更容易理解案例。
- 经常与他人保持沟通。现在的信息噪声太多，可能你前五次的发言都无法触及听众。
- 通过不同的媒体渠道与大家沟通。在当下这个时代，人们的学习方式各有不同。
- 千万不要忽视小道消息和琐碎的闲谈（现在的社交媒体）。如今这类信息交流都被称为"信息病毒"：非正式的沟通途径通常比正式的沟通途径更有效。
- 简洁地表达，不要滥用专业术语。告诉听众或读者他们需要知道的东西，而不是你所知的一切。
- 常用的沟通格式：做什么、为什么、如何做、例子。"这是我们接下来要做的事情，为什么它很重要，我们打算如何进行，举例说明你的角色和我们所能给予的支持。"
- 快速响应。你的反应速度很重要，哪怕是说："我不太确定，但是我会尽快给你答复。"这与你的答复内容同样重要。

很明显，这些沟通标准是我为你们咨询师和你们的客户准备的。

第12章
组织发展
国王所有的将士和作战武器

12

12.1 战略

如果你向六个人询问关于战略的定义，你会得到九个不同的回答。大家总是误用专业词汇：培训战略、人才引进战略、客户响应战略。实际上，他们是在寻求战术和计划。

尽管有了高管的头衔，尽管高级管理人员声称制定战略是他们的职责所在（"我们拿这份工资就是要为公司制定战略，为什么要雇用咨询顾问呢？"），但请记住，**高级管理人员或行政主管的目标不是成为战略家**，这是事实。一个人不可能在升职、拥有独立办公室或行政会餐所的特权之后就突然有了制定战略的DNA，说起来，这就像是授予对方职位的晋升，但是提职不提薪。

很多人会跟你讲些大道理，或者跟你说要做那令人讨厌的、无效的、可笑的SWOT（优势、劣势、机会、威胁）分析，这些与真正的战略相比简直是小巫见大巫。

由于准备不足（这种情况在非营利组织和教育领域更为严重）和定义混乱，战略规划往往会受阻或者被扼杀。你经常会听到诸如"战略规划"之类的词（甚至是职位头衔）。我们先在这里讨论一下这个词的定义。

"战略"描绘的是一条路线——从企业的未来图景，即企业的未来应该是什么样的，感觉起来、听起来、闻起来是什么样的，逆向倒推并寻找通往目的地的可行路线。"规划"指的是依据当前情况进行推断，以预测未来的目标。有的人会因为过于保守而降低自己的目标规划（为了保住奖金、减少自己的责任等）。

因此，"战略规划"是一个自相矛盾的说法。

以下是我最喜欢的书[1]中对战略的可行性定义，可以适用于任何企业：

战略是一个框架，基于这个框架做出决定，确立企业的业务性质和前进方向。

作为一名咨询师，你可以任意选择你觉得合适的定义，但是你需要能够解释和捍卫你的观点，就像我刚才所做的那样。大多数组织在制定战略时都存在以下缺陷：

- 他们通常喜欢向后退一步静观其变，而不喜欢需要不断向前推进的工作。你无法在一个长周末内制定好公司战略。
- 他们把战略策划报告放进文件夹里，并提交给公司高层，然后这些文件就会被束之高阁，放在架子上落灰。
- 他们忽略了战略执行，而这是唯一重要的部分。

信条
大多数战略在制定时并没有失败，因为制定总是理想化和理论化的。它们在执行中失败了，因为执行是在一线进行的，需要问责。

- 他们相信自己可以规划公司未来五年的发展情况，并且能够预见未来技术、人口发展、政治环境、监管机构、文化和经济等方面的发展趋势。
- 他们行事不够灵活，无法快速抓住新的机遇。

战略规划过程中能运用很多可视化的视觉图形和诊断方法。图12-1显示的是一个从特里戈和齐默曼的方法论中提炼出来的简单方法。

询问公司里负责制定战略的人，他们认为自己的公司、部门、子公司或产品系列处于哪一象限，将他们各自的想法记录下来。你会发现，大家对于各自公司或部门所处的位置往往有很大的意见分歧（图12-2），这就更加证明了请外部咨询师进行调研并提供中立意见的必要性。

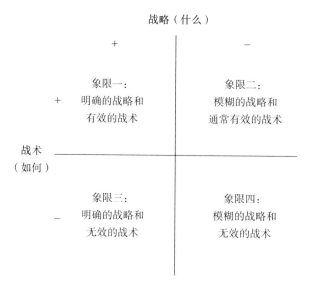

图 12-1　战略象限

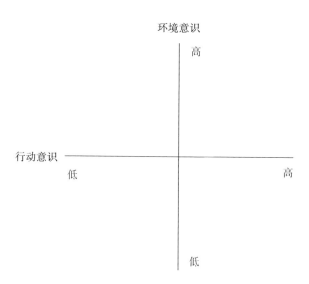

图 12-2　感知战略分析

　　若想要组织位于左上角的象限内并一直处于这个状态，同时对自己所处的环境有高度的认知，对自己的行为有高度的自觉性，就要从最重要的战略因素入手，如图 12-3 所示。这些因素将因组织的不同而有所不同。

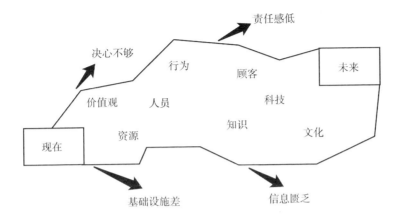

图 12-3　感知战略要素

　　我想说明的是，除了特里戈和齐默曼的成果以外，任何一个优秀的咨询师都可以根据我们所讨论的任何需求和业务重点打造新的、独特的 IP（知识产权）。不要试图复制别人的方法论，成功学的书籍里是找不到解决方案的。20 世纪初，当管理咨询随着弗雷德里克·温斯洛·泰勒和"科学管理"的概念兴起时，咨询业务完全基于时间、物质以及体力劳动。

　　如今，咨询业务讲求的是如何聪明地工作，而不是努力工作。你只在健身房里锻炼身体，但是想要在咨询行业里有所发展，你需要不断锻炼的是自己的头脑！

　　这就是伟大的咨询师们存在的意义。这本书并不是为了深度剖析战略咨询[2]而作，我只是想让你们明白，仅仅因为战略咨询是一个高层次的需求，并不意味着由你来提供这项服务是不合适的。你只需要确保提供的建议是合理的，步骤是可实现的，并且可以通过战略咨询服务推动深刻的变革即可。

　　用 SWOT 分析无法达到这个目的。

12.2 变革管理

　　我曾经很犹豫是否要写这部分内容，因为咨询师所做的一切基本都是为了带来一些变化，变革管理不应该是一个完全独立的领域。但后来想了想，这正是我要写这部分内容的原因。

下一节中我们会谈到文化变革，你会发现大家很善于接受未来的新事物，但是他们对于要走出现在的舒适区感到恐惧。以下是促使大家拥抱变革的必要条件：

- 从宏观而不是微观角度切入。如果目标和蓝图是明确且清晰的，那么具体的细节也可以落到实处。
- 注重长期思维。如果你关心的是下周的销售或本季度的工作指标，那么你就没有心思关注客户响应中心的改革或品牌升级。
- 使用望远镜，而不是显微镜。从未来出发，倒推出现在要做的努力；不要以今天为起点逐步向前推进。
- 创新，而不是修复。你需要提高标准，而不仅仅是恢复到原来的状态。（参见本章结尾处关于创新的部分。）
- 在变革的过程中进行文化变革。下一节我们将详细探讨这个问题。你不能在一个讲希腊语的世界讲拉丁语。
- 维持你的优先事项。关键问题，如日常客户需求问题，必须通过变更流程得到解决。
- 不要"赶潮流"。如果你想在每读完一本新书、听完一次演讲或看过一次在社交媒体上发布的帖子就做出改变的行动，那么你的船会摇摇晃晃，随时翻船。（对于普通企业来说，从"优秀到卓越"到底意味着什么？）
- 指定一个领头人。处于关键领导地位的人必须骑上马，然后高呼"跟我来！"。所需要经历的变革越重大，领导者职级就需要更高，马匹也必须更强壮。
- 专注于输出，而不是输入。这类变化必须对你的客户、会员、顾客等产生正面影响。任何客户没有感知到的变化都是非常值得怀疑的。
- 别犯傻了。没有人知道五年后会发生什么，所以制定五年计划就像为阿米莉亚·埃尔哈特开启着陆灯一样：这招还不错，但毫无用处。

总的来说，你需要重新定义新现实，并对那些勇于创新突破、不断强化使命担当的员工予以嘉奖。你要懂得"赋能"，赋予大家创新的动能，提升大家对变革的接受度。我用了"赋能"这一流行词，并不是在赶时髦，而是指"你要教会人们如何做出正确并且有效的决策"。

在提升员工自主能动性的同时，你需要向公司管理层（你的客户）明确一点，滋生腐败的往往不是"自主权",而是"无作为"。当员工毫无自主权可言的时候,他们会装腔作势,这才导致了我们所说的"官僚主义":注重方法而不是目的。(你排错了队,你用错了表格,你打错了号码,你的头发梳得不对——很遗憾,我们无法帮你解决这个问题。)

通过以下表格,你和客户可以直观地看到人员有无自主权的差异。

无自主权	有自主权
官僚主义	做正确的事
缺乏安全感	有自信心
看待与客户的关系:"他们和我们"	看待与客户的关系:"我们"
专注于任务	专注于结果
遵守规则	认真思考
过度保守	敢于冒险
看待问题的角度:有赢必有输	看待问题的角度:双赢

不要羞于与客户沟通企业的真实情况。你可以询问客户,从"无自主权"到"有自主权",他们认为组织处于哪一阶段。组织运作更像联邦快递公司还是更像美国车辆管理局?组织成员是愿意更进一步,还是尽可能想留在原地不动?

随后,当你准备推进变革时,请密切关注时间投入与效果(如图12-4)。

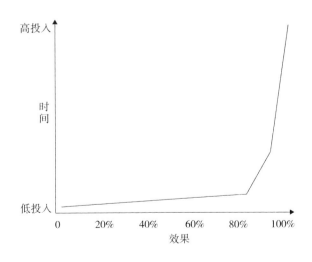

图12-4 时间投入和效果

我把这称为"80%的准备工作完成：行动"原则。不要想着等到一个完美的契机来启动、发起或实施变革。当大约80%的准备条件（人员、系统、文化、资金、支持等）都到位时，你就可以行动了。

根据芝诺的"两分法"悖论，如果你每天都朝着目的地前进50%，那你永远达不到终点！我们追求的是成功，而不是完美。

就算是飞机也会有冗余的系统，也不需要完美地完成每日工作。事实上，你乘坐的每一架飞机身上多多少少都有些问题，但这并不妨碍它完成自己的飞行工作，实现预期的结果。

艾伦主义
专注于成功，而不是完美。对完美的追求注定成就卓越。

人们每天都在经历变化。当日常上班的路上进行施工或有事故发生时，他们会选择新的路线。他们能够准确而迅速地回应客户突如其来的要求。如果有必要的话，他们会改变计划、约定和预期。

人们并不害怕改变，但是如果你一开始就抱着大家会惧怕改变的设想，这种主观臆断对于公司和咨询师是很不利的。人们确实期待着规划的变革能够改善他们的工作和生活，而且这个过程并不致命，也不会让人崩溃。

无论是整个组织还是个别部门，变化（甚至是波动和破坏）都是新常态。我们每天都要面对变化，所以我们最好能善于面对变化。这同时也意味着你需要善于在这个过程中为客户提供帮助。

12.3 文化变革

根据我们所提供咨询服务的目的来定义文化变革，这是明智的第一步。

文化由支配其行为的一组信念构成。

在变革过程中，你很可能会接触到社区、组织、公民、社会、部门和娱乐文化，并且融入其中。如果你不相信的话，你可以试着参与一些别人熟悉而你却不曾有的体验。

我很少乘坐从普罗维登斯到波士顿的通勤列车。整个旅途大概 45 分钟，对于经常乘坐列车的旅客来说，进站的流程、乘坐的规则和整个乘车流程都是"十年如一日"。它们就像高尔夫规则手册一样复杂，所有乘客必须遵守这些规矩（我认为其乘车制度的僵化和令人费解的程度仅次于发电厂的图纸）。例如：

- 不能随便把外套挂在挂钩上；要把它们放置在头顶的架子上。
- 有些座位被常客霸占了。当然，如果你不是常客，究竟哪些位置不能坐你也无从得知，但是如果你不幸坐在了别人的座位上，就会招来鄙夷的目光和谩骂。
- 把你带的物品放在旁边的座位上，途经其他站点的时候不要与新上车的乘客打招呼，以保证大家都有足够的个人空间。在售票员反复催促你之后，你再把物品移走。（这可能和疫情时期保持"社交距离"有异曲同工之妙。）
- 大家用售票员熟悉的方式跟他打招呼，并展示自己的车票，通常只需要出示放在钱包里的月票。
- 从来没有人会要求乘客们降低说话的音量。
- 最好不要偷瞄别人的电脑屏幕，即使别人的电脑离你很近。
- 到达波士顿终点站后，和所有下车的乘客一起排队下车。如果你想要快点从浩浩荡荡的人群中脱离出来，你需要沿着靠近铁轨的那条狭窄区域才能走出来。

之前在波士顿的一辆通勤列车上曾有一位乘客心脏病发作，经过了好几个车站才有人来帮忙。列车员声称，他们在拥有最佳医疗服务的站点停车。但实际上，他们可以通过无线电与站点取得联系，因此我认为他们只是不想扰乱列车的正常运行秩序罢了。

当文化逐渐僵化和制度化之后，很有可能会排斥外来文化。对于那些每天只想打发时间的人来说，他们只要能待在一个舒适的圈子里就好，哪怕会有些无聊也没关系。

你在处理文化变革方面的顺序是：观念，态度，最后是行为。

我们都有自己所坚持的观念，观念塑造了态度，而态度则会影响行为。如果我们坚信只有组织越好，我们个人的处境才会越好，那么组织里的人就会更倾向于帮助他人，以确保客户感到心满意足。这可能体现在：为他人提供建议，帮助他们改善运营的情况；积极跟进客户的需求，并确保客户得到了好的服务。相反，如果我坚信自己没有晋升的原因是我没有拍老板的马屁，那么我很有可能怀着"希望老板失败"的消极态度，到处散布谣言或故意拖延重要任务的交付日期。

现在我们对上面的顺序进行补充。

观念：明智的利己主义。

态度：从众的压力。

行为：强迫性。

据观察，很多文化中都存在通过武力、胁迫、惩罚（或奖励良好行为）的方式来改变人们的行为。比如，实施大规模的禁酒令，以减少大家对于酒类的消费。禁酒令推行之初，纽约市面上有大约 8 万个酒吧店铺。当禁酒令最终被推翻时，估计有 14 万家非法经营的地下酒吧了！这就是强制执行带来的后果。如果没有更加重磅的政策出台，强迫性的手段只会在短时间内起作用。

很多人利用同伴压力对他人的"态度"进行攻击："要融入组织"，"不要成为唯一一个反对 100% 参与献血运动的人！"。来自"从众"的压力是变化莫测的，而且很少是持久性的。当大家决定融入后（如在火车上），他们会顺应要求和规范；如果大家是被迫的，只是在虚假地迎合，这些压力就不会起作用。

为了改变大家对于某一事物的态度，从而进一步改变大家的行为方式，我们首先要从根本上改变大家的观念。我所说的"明智的利己主义"，是指所提倡的不应该是不道德或非法的。在过去 20 年里，烟草市场持续萎缩、销量大幅下降，这是因为我们不断教育消费者，吸烟的危害很大，他们很有可能无法活到子孙出世，二手烟会伤害他们身边的人，他们也可能无法过上想要的生活。

如果大家的观念依旧根深蒂固的话，就算对烟草产品进行公开抵制和大量征税，就和禁酒令一样，大家仍会选择忽略或者想办法绕开这些限制。（记得 20 世纪 40 年代和 50 年代的电影吗？吸烟在那时的电影中是司空见惯的事情，所有的主要演员都吸烟。电视上的"医生"都在向大众宣传"最健康"的香烟产品。美国年代剧《广告狂人》（Mad Men）很好地再现了 50 年前竞争激烈的时代，大多数头脑聪明的人都有吸烟和酗酒的习惯。）

文化会随着时代发展而改变。这种变化要求人们看到他们的自我利益在变化中得到满足。那些不这么想（或看不到）的人，尽管他们也都会竭尽全力，但他们不属于未来。

案例研究：流行病现象与文化

...

由于信息和认知的不足，人们在多次草率行事之后，终于意识到戴口罩和与他人保持社交距离对于遏制传染病非常有效。没有遵循这些行为准则的人（依旧出席聚会、婚礼等人群聚集的场合）充分印证了这一点，与他们亲密接触的人后来都感染了病毒。

强迫（羞辱）的方式非但不奏效，还会引起更强烈的反抗。群体规范所产生的压力往往会引发与期望相反的行为后果，比如：年轻人在海滩上聚集成群，为他们的朋友举办大型聚会。

最有效的措施是让大家秉持一定程度的利己主义信念：直到人们自觉遵守规定，旅行、外出就餐、剧院观影、参与体育活动的机会都将大大减少。但并不是每个人都聪明到懂得考虑自己的切实利益，所以有些呼吁可能不会百分之百奏效。

"我们的文化就是这样"，这种说法可能是对的，也可能压根不对，但是无论如何这都不是一个合理的借口。你面对的不是拥有几百年历史的玛雅文化，也不是拥有至高权力的人创造的一套无法改变的标准。信念可以支配行为，而这些信念是可以改变的。

事实上，作为一名咨询师，你的价值在于确保你的客户不会成为老员工（在公司工作五年，被认定为不称职后开除）、竞争、技术进步或经济动荡等默认文化制度的受害者。

你不能让异域文化占领你的公司，就像一些科幻电影里那样，豆荚在衣柜里肆意生长，或者某些人的脖子上有奇特的咬痕。

然而我必须告诉你，我对那些波士顿的上班族深表怀疑。

12.4 危机管理

有时你会被客户叫去帮助处理危机，有时当你和客户在一起时可能会爆发危机（希望不是因为你在那里而爆发的危机）。这才是客户真正需要外部专家帮助的时候。

我们倾向于将英国石油公司海湾灾难、三里岛事故、埃克森公司瓦尔迪兹油轮泄漏事故、强生公司泰诺危机、大流行病、自然灾害以及其他因为行为不当而被解雇的公司 CEO 视为优秀典范、恶性事件、丑闻事件的标志性案例。但是，即使在混乱中也能找到规律。[3]

很多时候，我们可以未雨绸缪：有些大城市有抵挡飓风的安全屏障，大型船只有备用指挥位置，还有各种各样的保险政策。这些都是为了改善不利条件。有趣的是，我们为应对各种自然灾害做了防御准备，却没有为应对组织内人员的弱点和缺陷做准备，我们总是认为大家已经吸取了教训！这一点很有意思。

有效处理危机的方式包含以下六个要素：

◆ 沟通中的透明度

告诉人们发生了什么事情，通知员工、媒体、社区、董事会及其他利益相关者。在这个电子化、社交媒体、窥探媒体的时代，没有什么秘密，而且人们心中的猜测通常会比实际情况更糟。律师要求客户向他们坦白事实，并如实告知那些不为人所知的事情。当大众汽车公司的高管们试图"掩盖"排放丑闻时，事情变得更糟糕了。当真相浮出水面时，人们会认为是高管在欺骗大家或者是他们无能。如果你坚守诚信，那么大家会倾向于相信你说的话。

◆ 领导者以身作则

我们见证了 #MeToo 运动① 让很多人能勇敢地坦白自己的遭遇，无数的高管、名人、艺术家、顶级主厨和学术领袖被解雇，甚至被起诉。

在大多数情况下（就在我写这篇文章的时候，麦当劳的前任 CEO 被提出指控），领导者这样的行为给了其他人做坏事的"许可"。新上任的管理层必须树立一

① 美国反性骚扰运动。——译者注

个全新的榜样、观念体系和行为标准。

◆ 危机管理是建立在日常观念的基础上的

杰出的高管，例如联邦快递的弗雷德·史密斯、西南航空已故的赫伯·凯莱赫、通用电气的杰克·韦尔奇和 IBM 的路易斯·郭士纳，他们之所以能在危机中抓住新的机遇是因为这些公司和领导层始终坚持诚实、正直的价值观和行为。在公司遭遇危机的时候，你无法创造新的价值观念和行为；你通常需要依赖于那些早已深入人心的价值观念和行为。

艾伦主义

要求大家突然改变自己的行事方式是很难的；在遭遇危机的时候，保持一贯的行事作风要容易得多。

你的客户可能有自己的灾难准备计划，并且会在某些特殊情况下启动这个计划，但如果想要这个计划成功落地，你需要设计一系列持续性的行动，并且保证大家如实、负责地履行这些行为准则。

◆ 寻找原因，而不是相互指责

如果你或你的客户起了矛盾、结下宿怨，大家只会低头不语，一副漠不关心的样子。但是，如果你找出问题所在并予以解决，这会更有效地促进你和客户之间的关系。
伟大的领导人愿意接受批评，同时也乐于分享荣誉。

◆ 首先要快速降低影响

这可能与大家的正常预期相反，但在找到问题的真正根源和有效的措施之前，这样做能够帮助企业减轻受到的伤害和消除不确定因素。即使你还没有想出办法防止问题卷土重来，也要立刻为客户和顾客提供帮助。

"回收有缺陷的产品""拨打新的免费咨询电话""从该网页上申请退款"，这一类措施能缓解他人的情绪，并给你充足的时间来找出问题出现的原因。在你去检查头痛的原因之前，你需要先服用止痛药。

一直以来，邮轮公司的服务态度很差，在乘客反映遭受恶劣待遇、恶劣条件、疾病传播和食品污染等问题时，邮轮公司的服务人员从不及时安抚乘客的情绪。

◆ 向大家宣布危机事件（真正的）终结

无论是对内还是对外，都要完成闭环，让人们知道一切已经恢复正常（或是在问题得到解决之后，运营质量恢复到了更高的水平）。对外呈现公司良好的形象，闭环危机事件。告诉利益相关者你们从危机中学到了什么，向大家解释运营如何因此得到了改善，并为造成的不便甚至损失再次道歉。

波音公司在 737 MAX 的坠毁和后续问题上始终无法很好地做到这一点。

信条

危机事件时有发生。要小心，并提醒你的客户不要反应过度。失去一个客户并不是危机。有失去所有客户的可能才是真正的危机。

图 12-5 描绘了"模糊地带"。大多数人倾向于待在目前的舒适圈内（或者至少能够容忍现在的状态）。

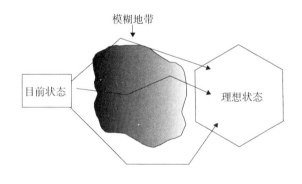

图 12-5　模糊地带

而且，与我们心中的预期相反，一个理想的未来状态往往是非常有吸引力的。大家其实并非不愿意做出改变。

然而，从当前状态过渡到理想状态的过程往往令人恐慌。正如我的儿子在很小的时候，我鼓励他在海滩的木板路上走过一段幽暗的小路，我安慰儿子不要惧怕黑暗，他回答说："我不怕黑。我怕的是黑暗中可能出现的未知事物。"

通常情况下，在推行变革管理时，我们可以为领导层照亮前行的道路并帮助他们完成整个变革旅程。但当遭遇危机时，这种"奢侈的"推行方式不复存在。我们必须更迅速、满怀信心地指导他们穿越模糊地带，期望能够帮助客户度过危机，并提升到比现在更好的状态或以全新的方式进行运作，但这一过程经不起等待。

凭借自己的能力照亮道路，开始行动；不要仅仅等待灯光重新亮起。

12.5 革新

关于革新，你首先要明白的一点是，革新指的不是解决问题，也不是创造和发明能力。

革新指的是应用创造力。

革新指的并不是头脑风暴或是毫无意义的创新，而是对于新想法的实践应用。"解决问题"是指帮助组织恢复以前的业绩水平，而革新则是积极主动地提高标准，协助组织达到新的绩效水平（如图 12-6）。

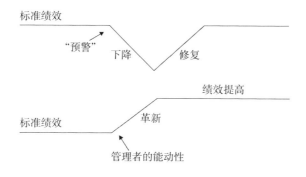

图 12-6　解决问题与革新

优秀的组织应该不断地进行革新，行业竞争对手可能并没有给他们造成太大的压力，所以企业更多的是与自己竞争，不断自我成长。多年来，巨头 3M 公司一直坚守着一个战略，要求公司 25% 的业务增长来源于五年内发明的新产品。（我的业务收入约有 75% 源自三年内的新产品和服务。）

你的工作是帮助客户了解"革新""解决问题"和"创造"之间的区别，否则企业革新就会迷失在解决组织问题、质量管理以及其他精益计划中。

对于崇尚革新的组织，你应该推广以下十条理念：

◆ 关键在于意图，而不是规模

任何组织都可以革新，哪怕是像 3M 这样的巨头，而小型组织反而可能是更官僚且不善于革新。就像街角的清洁工，就算他们认识你，但如果你不出示小票，他们也很可能不会将你丢失的衬衫还给你。

◆ 革新是循序渐进的

冰冻三尺非一日之寒。远程医疗不是一群人一拍脑袋就得出的成果。革新通常需要经历一系列步骤，或者是将现有产品和服务重新组合。

◆ 员工是主要的革新者

每天与客户打交道的人是提供新理念和新想法的关键来源，在革新过程中必须要考虑他们的意见。记住，你所服务的并不是担任秘密研究计划的臭鼬工厂或一群高居山顶之上的梦想家，你需要找出他们的顾客真正需要或缺少的东西。

◆ 革新必须与环境相适应

你必须学会适应文化（详见前面的内容）或改变它。你不能在一个倾向低风险的环境中进行具有高风险的革新。你要为组织设置阻力最小的革新路径。

◆ 固有模式是用来被打破的

"我们从来没有这样做过"恰恰是尝试革新的一个很好的理由。稳定期、安乐窝和舒适区是无法推动组织占据市场领先地位的。相反，它们会引起组织的自满，最终拖垮整个组织。

◆ 革新是一项可学习的技能

革新是有步骤和先后顺序的。[4] 大家可以学习如何进行革新。我博士论文的论题是：革新的关键点是行为倾向，若一个人明确自己想要的是什么，他就可以雇用创新型人才。最终，默克公司、惠普公司和汇丰银行的案例，恰恰证明了情况和我所预计的正好相反。革新思维是由环境和直接上司决定的，也可以通过工作培养相关的技能。

◆ 你所处的环境必须鼓励而非打击革新

要对正确的行为进行嘉奖，而不仅仅庆贺胜利。你要允许和鼓励大家失败。有一年，当我在为加尔贡公司做咨询服务时，我们共同设立了一个总裁奖，将其命名为"未成功的最佳金点子奖"，以鼓励员工继续提出新的想法。这就是我们想要倡导的行为方式。

案例研究：英国标准协会

● ● ●

在我职业生涯的早期，英国标准协会让我帮助他们打造一个更具革新氛围的组织环境，以助力该协会在欧盟中发挥更大的作用。我花了一个星期的时间与五位协会的高级工作人员一起研讨，每个人都提出了一些新颖的点子，以供后续进一步探讨。

研讨的最后一天，协会的总经理从伦敦赶来，坐下来听我们的汇报演讲，计划从我们所提出的方案中选择一个最佳方案来实施。

在听完第一个汇报后，他武断地评论道："如果这就是所谓的革新，为什么其他人都不这么做呢？"然后他就回了伦敦。直到今天，他在我见过的无知的领导者中仍然排名前三。

◆ 相关人员必须得到授权

请回顾一下我们之前讨论的关于授权的问题（在本章前面的"变革管理"部分）。相关人员必须拥有影响其工作结果的决策权。如果他们有决策权，他们就可以在第一线进行试验。但如果他们需要许可和批准才能进行尝试，那么组织的革新就永远不会成功。

◆ 每个人都要参与实践落地

你之所以无法收集到很多的新点子，是因为你为自己设置了各种障碍。"我不在乎你要尝试什么，我有不同的目标。"这种态度是不可取的。其实你可以试着调动整个运营部门，共同参与到组织的变革实践中。

◆ 领导者设定愿景

所有类型的组织变革都需要一个强大的"领头羊"，他是大家的行为典范，能够起到很好的带头作用。

对大多数组织来说，革新的最佳来源是：

- 意外的成功或高增长。善用超出计划和预期的成功势头开辟新的业务。比如：iPhone 带出了支架、充电器、应用程序等一系列衍生品。
- 别人意料之外的失败。是否别人的目标是合理的，只是提出的方案没有成功？英国航空公司制造出了初代的彗星飞机，开创了商业喷气机旅行的新时代，但波音公司意识到其设计存在的缺陷并加以改善。在之后的几十年里，波音公司统治了商用飞机的市场。
- 技术的重新组合。苹果公司的史蒂夫·乔布斯曾经说过："我们把握住了下一个潮流趋势。"我们的想法不是提供一部电话或一个图书阅读器，而是提供一个多功能的个人辅助工具。
- 公众认知的改变。广告从业者所做的就是改变公众对于品牌的认知。美国人在减肥上花了数十亿美元，他们购买锻炼设备、成为健身俱乐部会员、购买饮食类辅助工具和做手术，用各种方式减肥。但从总体趋势来看，人们的体重反而增长了。
- 人口结构的变化。消费者的性格、受教育程度、收入、年龄和居住地都在不断变化。大多数人认为年轻群体拥有最多的可自由支配的消费资金，这其实是错误的。实际上是那些 60 岁以上的人，他们不需要为大学教育和购房等问题进行资金储蓄。

革新是帮助公司和咨询顾问向上飞跃的真正原因。我们会在本书的后面讨论，当你已经达到一定的高度时，你又将如何前行。

关于知识交流：内在的和外在的

组织应该尽量使内在知识（我们熟知并能够灵活应用于工作中的知识）和外在知识（我们需要从组织中挖掘并应用于工作中的知识）互通，并使这些知识随时能得以运用。这是打造内部"最佳实践"的"秘诀"，即我所知道的效果好的工具，同样也分享给你。

你可以参考野中郁次郎和竹内宽所著的《创造知识的公司》（*The Knowledge Creating Company*，牛津大学出版社，1991 年）。

第五部分

箴｜言

咨询服务的成功

你如何播种、成长、收获，并为自己和他人创造价值。
工作只是你生活的燃料。

第13章
商业道德
合法的东西不一定是道德的

13

13.1 当优秀的咨询师遭遇不幸

组织内部大多数违背道德的行为都是因为个人想要为组织出力而不是为了个人利益。当然，也可能有后者，但是很多人认为，只要是合法的事情，都是正当的。实际却并非如此。

这也是为什么法律是依法审判，而不是依据"行为的合理性"进行审判。

关于行为道德规范的案例研究

案例研究：非法的 iPad

...

我有位客户是一家价值 6 亿美元的子公司的总裁，他在一个周日的晚上给我打电话，对深夜打扰我表示歉意，但告诉我他有紧急的问题需要向我咨询。第二天早上，他要和公司的销售副总裁和人力资源副总裁开会。前者要求给一个地区经理严厉处罚，而后者则希望解雇他。

问题出在一位区域门店的销售人员特地购买了 iPad 设备，原因是她管辖区域内的客户经常会发送设备计划清单让她审核，而且需要她及时回复。有了 iPad 之后，她能更快地响应客户，保存过去的计

划档案，而且不必随身携带笔记本电脑。

她随口向她的地区经理提及此事，表示有了这个设备，地区经理找她沟通也更方便了。地区经理告诉她，她很有想法，不应该自己承担这笔费用，她可以每周请一位虚构的客户吃一次午餐，以这样的方式将公款纳入囊中，直至将买 iPad 的钱收还为止。在一次区域会议上，这位销售人员向一位同事提到了这件事，这位同事随后向他的地区经理提出了同样的需求和安排，这位经理随后就揭发了此事。

总裁问我该怎么做。我们俩一起梳理出了以下几点：

违规行为的发生并不是为了谋取个人利益。

公司没有为这一类设备采购需求设立报销政策（但也许这需要改变）。

该地区经理引发了员工的一系列道德违规行为。

销售人员本可以拒绝这种做法，但她却没有拒绝。

因为这一消息不胫而走，公司必须表明自己的态度。

该地区经理和销售人员的个人记录都很好。

因此，销售部副总裁想给他严厉处罚，而人力资源部副总裁想解雇他。你会做何建议？

考虑到这些因素，我提出的建议是公开批评这两个人，扣除该地区经理当年的奖金，并向整个公司颁布关于此类问题的明确政策。总裁对我的建议表示赞同。

可能其他咨询师的处理方式与我不同，我的处理方式也不一定是最好的，但是它确实起作用了。这也是正确的做法。道德准则意味着"通过做正确的事来处理好这件事"。

相比之下，想想我之前提到的那位人力资源副总裁，他对自己的员工虚报费用感到愤怒，但是自己却明知故犯。

艾伦主义

人们不相信他们读到或听到的东西，他们相信亲眼所见的东西。

案例研究：医院的价值观

. . .

罗德岛的一家医院的 CEO 带我参观了他的公司，并向我展示每条走廊的墙上挂着的颂扬医院"基本价值观"的牌子。其中第四条是"我们很重视员工"（在很多公司的文化墙上，这一条总是在第四个；我猜他们一定是用了 Successories 公司的模板直接打印制作出来的。）然而，管理层仍然会在这些标识牌面前责备下属，医生忽视护士，他们的无理和傲慢一览无余。

CEO 跟我说，他很困惑为什么员工的士气如此低落。

我问他："比尔，你认为人们是相信他们在墙上看到的东西，还是相信他们每天在公司大堂里看到的东西？"

咨询顾问很容易被卷入这些反复无常和不道德行为的漩涡中。不管这些行为的出发点是公司、个人、团队还是业务，就算是世界上结构最完善的组织也会因不道德行为遭到破坏。

而你需要关注的是：这个公司的核心价值观与它的运营价值观是否相符？

例如，默克公司的核心价值观非常明确："我们致力于创造最高标准的科学健康解决方案，并将其用于生命科学领域里各类棘手的健康难题。"加入默克公司的员工没有人是为了能像在华尔街工作的人那样发大财，也不是为了像在麦迪逊大道的广告公司那样调动公众舆论。他们加入是因为他们相信这个公司的核心价值观。在运营层面，他们以同样的方式衡量着每一个决策："我的选择是否支持公司的核心价值观？"

你会发现一些企业组织的核心理念（他们挂在墙上的标识牌）看起来都很虚无缥缈，仿佛来自另一个星球。而企业的经营理念（实际指导人们日常行为的准则）则截然不同。从公司层面来看，企业想要为环保做贡献，打造世界级的建筑材料，但基层员工更关注他们每月的工作指标，以及尽量避免因为拜访客户而通宵出差。

通常情况下，需要咨询师来揭示认知失调。

案例研究：情报来源

•••

我曾为一家大型零售金融机构提供咨询服务，有一次我为该组织举办了一场道德研讨会，公司总裁和 20 名高层都出席了会议。我提出了一个问题：

假设你正在面试一位秘钥管理员，候选人来自竞争对手公司，他拿出了一叠文件，上面有他现任雇主抬头的信纸和一个大印章，上面写着："机密"。他把文件留下，然后独自去了洗手间。

在 20 人中，只有一人说他不会碰这份文件，并且会立刻终止面试；但有 12 人说他们会读这份文件，甚至有 7 人说他们会复制这份文件。

听罢，总裁大发雷霆，他大喊道："这样的行为是不可取的！我们公司绝不接受这样的行为！"

一阵短暂又尴尬的沉默之后，一位副总裁说，"约翰，你觉得我们每周一上午交给你的简报是怎么做出来的呢？"

13.2 愚蠢的财务行为

作为一名提供专业服务的独立咨询师，你需要帮助客户最大限度地增加税前支出，以及最大限度地减少税后支出。但是合法避税和逃税是有区别的，主要区别在于后者可能会让你入狱。

你可以与律师和会计师合作，在合规范围内，将能够扣减的金额最大化。另外，公司章程中为员工提供的福利也不需要纳税。通常来说，符合特定标准的家庭办公室、未报销的（保险）医疗费用、特定会员资格等项目都可以进行税前扣除。但是法律条文会有变动，不同的州的法律也存在差异。

认真记录你支出的费用，这样你就可以向客户收取项目相关费用（差旅、住宿等），并让公司支付办公相关费用（设备、办公用品、邮费）和专业发展的相关费用（研讨会、书籍、报刊等）。

在与客户的项目提案中明确规定好付款条约，并保证款项支付方式的灵活性。如果客户公司没有按规定支付你的报酬，停止工作，告诉客户："我们得先解决一些问题。"永远不要与应付账款的人员争论，也不要接受"这就是我们公司的流程"的说法，你的流程是你与客户达成的协议。

然而，就与财务相关的道德行为而言，以下有七条准则：

◆ 永远不要收取双重费用

如果你在一趟旅行里拜访了多位客户，费用应该按比例分摊。不要收取双重费用。（有一次，两位客户公司负责应付账款的人员要求根据我的收据原件来报销我的差旅费用。我告诉他们，我只有一份收据原件，所以收到原件的一方都必须支付全部的费用。他们很快决定接受收据的复印件。）

◆ 收取客户自行支付的费用

我每次出行只坐头等舱，但我会向客户收取经济舱机票（国内差旅）和商务舱机票（国外差旅）的费用，因为这是客户公司内部员工的差旅报销标准。我自己会住在豪华酒店里，但我只会收取类似于万豪酒店标准间的费用。我出行乘坐豪华轿车，但只会向客户收取出租车标准的打车费用。

在报销的时候，我会明确地告知客户，并且会在发票上做好备注。客户没有义务为你所选择的生活方式买单，他们只需支付合理的费用即可。如果你是一位成功的咨询师，那么你完全有能力支付差价，或者你也可以选择遵循正常的程序和差旅标准。

◆ 不要锱铢必较

当我的律师给我寄了3042.44美元的账单时，我觉得这太滑稽了。我知道42美元是复印文件的费用，44美分是邮票费！不要向客户收取邮费、电话费、传真费、快递费等行政费用。这些都是你做生意的成本。

◆ 即使服务内容相似，你可以向不同的客户收取不同的费用

如果我以10万美元的预算为客户A公司内的一位主管和10位团队成员进行指导培训，那么我可能会报价1000万美元为客户B公司的一位副总裁和其组织内的400位成员进行指导培训，即使我采用的方法论相同，服务时间相同，我还是会收取不同的服务费用。

这是因为咨询费用是基于服务价值来衡量的，你是根据自己对于项目所贡献的价值来收费的。如果服务对象是副总裁，你所贡献的价值无疑是更高的。

但是对于同一家公司内的两个人，如果他们做着相同的工作，有着相同的需求，而你所运用的咨询方法也相同，那么你就不能采用不同的收费标准。（况且大家会相互交流收费信息并进行比较。）

◆ 永远不要偷工减料

你要兑现自己的承诺。如果你承诺你的服务包括定制化调研，那就不要用网上找到的通用化调研模板来代替。如果你承诺会拜访四个办公室和六个客户，就不要仅仅满足于三个办公室和四个客户。（这就是为什么在提案里写明具体的可交付成果或数字不见得是一件好事。）

艾伦主义

在与客户沟通时，你首先要想到与客户后续的合作。

信条

面对公司的财务问题，在道德和利益之间，人们往往会选择后者。最好的预防措施是保证你所建立的咨询事业长青不败，这样你就永远不会绝望。

◆ 永远不要隐瞒收入

如果客户为你个人开了一张支票，而不是给你的公司，请在支票上注明将收入转给公司。不要试图隐瞒，这是在逃税。

◆ 客户所支付的非现金好处也应纳税

机票、服装、膳食、礼物、体育赛事门票、戏剧观影票等构成应税收入，你必须如实上报。如果你收到有明显价值的东西，你必须申报。在大多数情况下，你最好礼貌地拒绝这些福利。（不要认为你可以通过以物换物的形式来经营业务，这种形式也要纳税。)[1]

对于你和你的客户而言，满足以下几点要求时，你们最有可能遵循道德行为准则，如图13-1所示：

- 你有个人坚持的价值观，知道什么是对的，什么是错的。
- 你有能力完成需要做的事情。
- 当你发现有问题的时候，你有清晰的认知和分析能力。

1. "想要行动"但是不会，因为缺乏相应的技能。
2. "应该行动"但是不做，因为缺乏正确的价值观。
3. "可以行动"，但不行动，因为缺乏基本认知。
4. "会有所行动"，因为具备所有的必要因素。

图13-1　道德有效性的影响因素

道德行为不是情境性的，财务问题也不例外。仅仅因为某些东西是合法的（例如，用一种价格更低、性能相同的产品替代原本的产品），并不意味着这种行为是道德的，因为这不是客户付钱时所期望得到的服务。

你期望客户从道德层面上为你考虑：按时支付账单，认可合法的开支，不试图用同样的钱获取更多的服务。

客户也应该对你抱有同样的期待。

13.3 保护与剽窃

有些人花费在欺骗和搞小动作的时间比认真投入工作的时间还要多。曾经有个情绪受挫的家伙在他的网站上虚构我的"传记"（他声称我出生在加拿大），批评我的工作（包括杜撰我从未说过的话），利用我的名字在搜索引擎上提高自己的排名，继而出售可疑的服务。有几个人告诉我，他们已经对这个人提起诉讼。最终，此人也因盗用别人的身份和试图盗取钱财而入狱。

但实际上，这种类型的人只是边缘性人物，他们不是问题的根源所在。那些轻易拿走你的东西并声称是他们的个人资产的人，才是真正的麻烦所在。

有一次，我发现一个澳大利亚人将著名小企业管理大师大卫·梅斯特的博客文章复制粘贴，变成了自己的文章！如果大卫发布帖文说他刚从阿姆斯特丹的签售会回来，那么同样的内容也会在这个人的网站上出现，并将主角的名字换成了自己！我发送消息质问他为什么这么愚蠢和胆大妄为，当然，我没有收到任何回复。

向大家推荐一个很实用的资源网站 Copyscape（www.copyscape.com），输入你自己的网页之后，如果你的网页出现在其他的地方，你会立即收到通知。利用这个方法，我发现有两个人将我导师课程介绍的整个页面为自己所用。当联系到这些山寨网站的所有者时，他们立即崩溃了，并告诉我，他们只是用这些网页做暂时的替代，在他们开发出自己的网站之后便会将其内容换掉（或者更有可能的情况是，他们在被发现后才会把内容换掉）。

我曾在澳大利亚结识了一个人，和他一起喝酒、吃饭、抽雪茄。后来，他到美国参加我的一个研讨会，并把我介绍给他的母亲。他们抄袭了我所有的作品，并当作他自己的作品在东南亚出售！他很卑鄙，但不值得我浪费时间。

将你所感兴趣的任意关键词输入到 Google Alerts 中，根据你的设置，你会接收到每日的搜索报告。你可以检索你的名字、商标、竞争信息、热门话题等。我经常在一些不入流的免费下载网站上看到我的作品，全球各地的人都试图通过侵犯知识产权（剽窃我的书），将这些内容免费发放出去，吸引广告商，从而赚钱！违反法律和道德的人是没有底线的。

我们在前面的内容中已经介绍了一些法律保护手段（版权、商标等）。在本节内容中，我想解释一下补救和升级的问题。

◆ 自我价值感并不重要

有人使用了你经常使用的短语（例如，"指数型学习"），并不意味着他剽窃了。但是如果有人使用了你注册过的商标（例如，"指数型学习研讨会"），那么你就可以立案了。这就是注册商标的压倒性优势，法律站在你这边。

◆ 不要上当受骗

每个月我都会收到来自亚洲一些不知名的公司的通知，尝试说服我注册海外商标，否则我的公司名称和商标将被当地区域的公司使用。当然，要解决这个问题，我需要汇出一笔巨额的服务费用。我看透了这些骗局。

确保你有一个好的商标律师，如果你担心这些问题，你可以直接将相关的信息转发给他并寻求建议。不要理会那些告诉你只需花 1900 美元他们就能帮助你"重新注册"商标的蠢货。这些都是纯粹的骗局。（我把未填写的申请表装在他们寄来的信封里原封不动的退回，这样他们就必须支付邮费了！）

◆ 忽略那些不值一提的人

不要为了保护价值 100 美元的东西花费 5000 美元。有一些人会为了蝇头小利盗窃你的作品或侵犯你的财产。如果你试图阻止他们，不仅会付出昂贵的代价，反而会给他们带来更多的宣传。凭借自己的力量，他们是无法获得大范围宣传的。

◆ 响应升级，措施加强

我建议你采取以下应对措施：

- 亲自给侵犯你权利的一方发送电子邮件或信件。你可能会发现这是一个意外或误会，违规者也可能会立即停止他们的行为。
- 如果这不起作用，可以让你的律师向他们"开一枪"。一封简单利落的警告信往往能解决问题。这大概会花费你的律师一个小时的时间。（令人难以置信的是，大多数律师仍然以六分钟为单位进行收费！）。
- 如果这一枪仍然无法阻止他们，请评估是否要采取进一步的法律行动。如果你决定采取行动，明确表示作为诉讼的一部分，你将坚持要求对方支付所有的法律费用。一定要仔细分析这么做是否值得。
- 如果你要继续追溯这个问题，就把接下来的问题留给你的律师，然后回去认真工作。不要为了这个问题熬夜。

我需要提醒你，一个强大的品牌必然会受到业界关注，大众对于品牌的认可和熟悉度将是对那些试图剽窃你作品的人最好的威慑。

追求成功，而不是完美。坚定地表明你会阻止恶劣的侵权行为，但不要因为过于纠结谁在使用你的作品而使自己陷入困境。

案例研究：提案模板

· · ·

我曾经指导过的一位客户寄给我一本他的新书。在我翻阅的时候，我发现了书中的内容包含了我在创建提案时的独门诀窍，一字不差，而索引中并没有提及我的名字，所以我打电话向他了解情况。

他为此感到震惊和尴尬，我也相信他不是有意的。（如果他想要剽窃我的作品，为什么要把书寄给我？）他告诉我，因为他经常使用我的方法论，已经逐渐成为他的习惯，并询问他应该如何弥补我。

最终我们达成共识，在发行下一版本的时候进行内容的修改，他也向我支付了一笔违规费用。这就是我所说的，当你发现这件事是个误会的时候，你要控制好自己，不要为此暴跳如雷。

经济学家常说"从另一方面来讲"，我在这也得这么提一句了。

从另一方面来讲，你也要严于律己，严格把控自己使用、引用、声明的内容。这一章节我们所讨论的内容是职业道德，而不仅仅是对你自己的保护。

如果你完整引用了别人的金句、知识产权、模型或插图，那么你必须要标明这些内容的出处。虽然"概念"本身无法被保护，也没有版权，但至少你可以保护传达概念的方式和模型。

如果你正在写一篇文章或一本书，创建一个工作坊，召开一个电话会议、Zoom网络研讨会，或者上传了一条播客，但是所发布的内容至少15%来源于他人，我会建议你尽量减少对于其他信息来源的依赖，即使你明确标明了这些信息的出处。对于那些时常引用他人作品、名言和模型的作家，我一直感到很困惑。如果我能找到这些信息的原始资料，我为什么还要阅读他们的作品呢？

口头形式的内容很难受到法律的保护（这与歌曲或演讲不同，若它们以书面形式出现，也会受版权保护）。为了使你的内容受到保护，你可以出版一些非正式的即兴演讲。有一次，一位主持人使用我的故事在会议上介绍我。他从太多人身上剽窃了太多东西，但是他没有意识到他渐渐被自己逼上绝路了，他甚至用了从那天会议的主讲人那里偷来的材料！

记住：你带给客户的东西是属于你的，在你介入之前客户所拥有的东西是属于客户的。除非另行协商，否则你和客户所共创的内容版权归你们双方所有。[2]

模仿是最真诚的奉承。但是如果模仿让本该属于你的收入转移到别人的账户上的时候，这就是犯罪。

13.4 何时拒绝业务或"解雇"你的客户

有一条不变的定律：如果在前期沟通时，种种迹象表明后期的合作会很糟糕，那么他很可能就是一个不好的客户。他们不会因为开始付钱给你，就奇迹般地变成负责任、尊重你并且专业的伙伴。

他们只会变得更糟糕。

如果某个潜在客户对你很不友好（开会迟到、最后一刻取消会议、言行粗鲁、允许员工打断你发言等），虽然你可能会觉得很为难，但是我依然建议你不要和这样的客户合作。你可以以"这个项目似乎和我的预期不符"或者"客户好像合作意愿不强"为借口拒绝与对方合作。钱确实很有吸引力，但你会失去你的颜面。

我敢肯定有许多人会忽视我的警告，这些人之后肯定会说："当初我应该听他的建议。"所以我提前和大家说一声。

信条
并非所有的生意都是好生意，正如食物有好坏之分，音乐也有好坏之分。远离那些你明知道对你不利的客户。

当遇到以下这四种情况时，你需要拒绝客户的业务：

◆ **当工作任务与你的个人价值观不符时**

我从未做过帮客户裁员的工作，因为我觉得这是由于高级管理层所犯下的错误所导致的不道德行为。（"我们犯了愚蠢的错误，让我们把伤害转移到员工身上吧。"）你可能会发现有的潜在客户的项目目标是合法但不道德的（我们之前已经讨论过这二者的差别）。向受其影响的人隐瞒信息、欺骗顾客和故意误导投资者肯定属于这一类。

我从不接触任何与传销（又名：庞氏骗局）有关的东西，我认为这对于社会环境没有任何价值，同时最先加入的人员是在损害后加入人员利益的基础上获利的。

◆ **需要付出过多的劳动力**

无论你与分包商或客户是如何配合的，如果你个人需要付出大量的时间，经历艰险的旅途或恶劣的工作条件等情况下，你可以选择拒绝项目合作。

另一种情况是，当你被迫从重要的家庭活动中离场去处理工作的时候。

◆ **当你对客户生产的产品或提供的服务没有信心时**

我个人抵制传销。有的人可能会拒绝那些对老年人不公平、歧视少数民族或对待外籍劳工不平等的业务。

这些业务可能是合法的，或有其他人认为是道德的，但是你不必接受一个令你感到反感的客户（只要你不是因为种族、性别、年龄、残疾等因素歧视你的客户）。

◆ **大部分的工作内容都不是你的强项**

你可以把你不擅长的工作（或你根本做不了工作）分包给别人，但这部分工作占比应该不超过整个项目的 25%。如果分包工作的占比在 25%~50% 之间，你可能需要一个合作伙伴来补齐你所缺失的能力。但是，如果它的占比超过了 50%，你最好把业务推荐给一个能够独立处理大部分工作的咨询师，由自己来承担分包工作或直接向对方收取业务介绍费。

极少数情况下，你已经成功拿下了这个项目并且在积极推进中，但因为一些不可抗因素不得不终止这个项目。这类情况我们每个咨询师都会遇到。

● 客户停止付款。

你手上最大的筹码（往往也是唯一的筹码）就是停止工作。这是一个很激进的策略，但是如果客户没有在合理的时间范围内支付你的服务或报销费用，你就必须这样做。

客户会以经济不景气、被他们的一个大客户取消订单、技术故障等为由拖延款项的支付。但事实是，你是一家小公司，仅靠客户的口头承诺无法支付你的贷款，你也不是能给客户借钱的银行。

你的回旋空间越大，就越会被客户所利用。你的名字会排在客户应付账款名单上的末尾。

● 客户试图扩大项目服务范围。

有时服务范围的扩大不是循序渐进的或者适度的，而是由客户精心算计并公开向你提出要求。当你的客户开始要求在项目中纳入新的研究领域和更多研究对象，并且拒绝考虑修改提案和进行适当的价格调整时，你就应该终止项目了。客户不会适可而止的，而且你的客户可能已经感觉到，一旦你开始执行项目之后，你就不会主动叫停。（这就是为什么你应该提前拿到项目的报酬，或者至少提前拿到50%的项目费用。）

● 买家没有尽到应有的义务。

项目提案中提出双方需要共同承担责任，咨询师与买家齐心合力、相互配合才能确保项目的成功。如果买家反悔了，不向你提供支持；或者买家只扮演赞助方的角色，而把工作都交由你来处理；或者分配其他人员来配合你完成这个项目，项目失败后受到指责的人都是你。这就是为什么你需要通过书面形式确认合作条款。（条款中要写明买家不能无故消失或回避与你的沟通。）

幸运的是，如果你与客户前期建立了很强的信任基础，这些可怕的事情都不会发生。但有时我们会被愚弄；有时买家的想法会改变；有时项目背景和外部条件会发生翻天覆地的变化。大家一定要注意，千万不要赔了夫人又折兵。

除了建立稳固的关系之外，还有一些其他的预防措施：

● 多与买家讨论项目进展，以确保你们对项目的进展和情况的改进有共同的看法。

- 运用提案中的指标作为你衡量项目进展的标准模板。
- 尽量不要同意扩大项目服务范围，哪怕服务内容只增加了一点点。一旦你降低了吊桥的高度，护城河就失去了它的意义。
- 如果在付款日期当天你未收到项目款项，可以在第二天跟进付款情况。不要与应付账款的人员沟通，你应该向客户询问情况。在保持礼貌的同时，你要专业且坚定地表达自己的想法。
- 你可以学习这类话术："我理解您有财务方面的困难，但我相信您也能理解我的难处。我的公司是一家小企业，我的现金流也不能中断。因此我不得不坚持按照我们的合同条款向您索要我的服务款，希望您通过其他方式缓解贵公司的财务压力，而不要拖延支付我的服务款。"

如果你有未收回的欠款，就寻求律师的帮助，不要害怕，做生意就是如此。我敢保证，如果你不及时还贷款，你的银行会雇用专业律师来对付你。

13.5 通过做正确的事来做好事

乔治·默克的箴言"行善积德，终将善有善报"出现在默克公司的年度报告和其他宣传物中。在我为默克公司提供咨询的十几年里，我亲眼见证了其公司内部的运营和协作情况，那里的人们相信这句话，并且也依此行事。

核心价值观和运营价值观应该保持一致。

作为咨询师，有两个方面影响着我们。第一是我们如何向客户提供咨询和建议。我的一贯立场是，一旦我发现任何违反道德的行为，无论它们是否与项目相关，我们都会即刻告知客户。就像我会通知客户火灾、大规模内部盗窃事件或其他威胁客户利益的因素一样。

因此，我们可以帮助客户处理那些具有直接性冲击和危险影响（或惊天机遇）的问题，或者至少指出这些问题。如果客户请我们去解决这个问题，并且这个事情是在我们能力范围内的，那也没有问题。只要我们所做的符合客户的合法利益，而不仅仅是我们自身的利益，那这么做就是道德的。

由此引入了我想和大家讨论的第二个方面的问题：我们如何行动。

我们之前已经讨论过基础性的问题了，例如不向客户重复提交报销费用，不报销超出标准的差旅费用。但是独立咨询师或精品咨询公司可能会面临其他道德方面的隐患。

案例研究：三月女郎

∙∙∙

在为卡尔冈工作时，我巡视了公司储存净水化学品的偏远仓库。之所以这么做，原因之一是公司管理层几乎从不亲自巡视仓库，对于订单的接收和处理的理解也是全凭自己的想象和假设。

在仓库里，我发现墙上挂着带有裸体女人照片的日历。

"那是什么？"我问其中一个员工。

"那是三月女郎。"他轻描淡写地回答。

我走进主管的办公室，告诉他这违反了工作环境管理制度，公司可能面临被起诉的风险。

他不以为然地说："这只是三月女郎而已。"

当我当天向总裁做汇报时，我提到了这个问题，总裁很生气，并表示他会立即处理此事。我告诉他，他面临三个问题：

（1）日历必须被撤下来（而且毫无疑问，还有更多的日历）。

（2）在处理这些问题方面，他的一线管理人员需要接受相关培训。

（3）他的人力资源部门没有起到把关作用（没有监督不良行为）。

我告诉他，他可以让自己手下的人来处理这个问题，但是如果他需要我的帮忙，我很乐意提供帮助。（事实证明，他确实需要我的帮助。）

关于道德行为和道德伦理考量的五条规则

◆ **你对社区有贡献吗？**

你是否为周边社区带来了正面影响？可能因为你是某一商会的成员或者赞助了一支少年联赛球队而使得你的公司声名远扬。但我的意思是，你是否为社区做出了贡献而不是从中获益？你是否在委员会任职，参与筹款（无论是捐赠还是募捐），并且帮助组织当地的活动？你是否拜访过老年中心，或者协助社区完成清洁工作？你是否参与了"食品银行"公益活动或者在节假日去做义工？

◆ 你对这个行业有贡献吗？

如果社区里的人都敢于挑战、乐于奉献、积极探讨和参与活动时，他们的专业能力也会有所提高。太多的专业团体存在的意义仅仅是为了让成员们可以互相遮掩和撒谎，或者费尽心思地构建概念框架并传达给其他成员，然而这些概念很有可能根本不适用于实际情况。

你在专业团体中担任过领导职务吗？你是否有让需要修学分的大学生参与实习工作？你是否与大家分享了成功的模式、概念和方法？你是否创建或参与智囊团工作？（如果"你不应该是智囊团中最聪明的人"这种说法是真的，那么这个小组又是如何成立的呢？）

◆ 你是否提供公益服务？

不考虑拓展市场的因素，你是否利用你的专长和才能帮助当地学校、慈善机构或艺术团体？（有的社区设有人才库，你可以向其贡献你的才能。）你有没有在不收获任何利益（金钱或业务拓展）的情况下帮助别人？

对于那些对如何制定战略、解决冲突、准确制定预算或有效实施技能没有一丝头绪的组织来说，通过很少的工作就能带来巨大的变化，这实在令人感到惊讶。

◆ 你是否向他人提供了辅导和指导？

有些人没有支付咨询服务的能力，但却是接受辅导的合适人选（他们并不是想不劳而获）。他们认识到职业发展的需要，也清楚地意识到这可能会影响到他们的进步。

我每一次的工作坊都至少有一个免费名额。没有人知道那个人是谁，其他人如果向我索要，我也会委婉地拒绝他们的请求。但如果你参与了以上几条活动，你就能判断哪些人需要这样的帮助。我的选择标准是基于对方的潜力和对咨询行业的热忱。我从来没有要求免费参与者提供任何回报，从来没有。[3] 你能为他们做的可能是提供免费的出版物、免费参与工作坊的机会、陪同你见客户、免费参加电话会议等。

◆ 你是否拒绝了不适当的请求?

出于好意（有时也会有恶意的情况），客户会要求你通过以下方式协助他们：

- 透露你在辅导他人时与对方谈话的具体内容。
- 透露匿名调查问卷的具体信息、参与人姓名。
- 透露你在从事其他工作时无意中听到的员工谈话和评论。
- 分享你答应要帮他人保守的秘密。
- 分享关于其他客户的不适当的信息。
- 向董事会或其他管理人员提供虚假或误导性报告。
- 针对组织内部的政治问题和冲突站队。

如果你要建议你的客户如何行事，那么你必须知道如何行事。

艾伦主义

言必行，行必果。

第14章
退出策略
没有什么是永恒的

14

14.1 建立资产

到了某个时候，你会离开你的公司，或者公司会弃你而去，我们都知道会有这么一天，所以你最好为此做好准备。（我认识一位企业老板打造了价值 700 万美元的培训和咨询业务，部门共有 14 名员工。每年，企业老板要花费大约 50 万美元来供养这个部门，却无法出售该业务。在创造了这个部门之后，企业老板反而成为这个部门的奴隶，肩负"养活"员工的责任。[1]）

在这一部分，我们将讨论建立公司的价值——公司资产。我们在前面的内容中提到过，咨询行业有两种运作模式。

模式一：独立咨询师，没有全职雇员，拥有较少的有形资产。很有可能是居家办公，没有租办公室，每年的公司利润几乎都归属于咨询师个人。

模式二：精品咨询公司，公司拥有实体资产，如自有办公室、雇员以及其他基础设施，企业老板每年将一定比例的利润投资于企业，用于支付员工工资、福利、业务扩张等。

我想和大家探讨一下在这两种模式下，如何建立公司资产。根据你已有的经验，你可以选择最适合自己的方式来建立公司资产。请记住，**打造高价值的公司资产要趁早，多早都不过分，如果太晚会来不及**。而且，正如我之前所告诫你们的，如果将这两种模式混淆很有可能会导致灾难，甚至会降低公司的价值。没有人愿意买一只会飞的山羊，无论你给它绑上的翅膀看起来多么的漂亮。如果你试图强迫让它飞行，你的山羊会非常不开心。

为了提升你的企业在他人心中的价值（同时也为了本章后续内容的开展），无论你是想出售业务或使用其他替代方案，通过以下七种方法，你可以"合理运用航空技术打造一个真实的飞行器"。

◆ 建立强大的人员名单和数据库

你需要掌握所有人和事件的最新消息。当今时代，技术发展让获取信息变得更加容易了。你不仅要追踪客户的信息，也要记录客户公司的人员、他们的头衔，以及他们的联系方式。跟进潜在客户、被拒绝的提案、线索和建议。

小提示：当这些人的工作有所变动时，你要及时追踪动态，并通过发送电子邮件或简讯的方式定期清理你的人员名单。如果有人跳槽，你会收到通知。质（最新的信息）比量（大量不准确的联系人信息）更重要。

一个警告

黑客不止会攻击大型组织，你的个人电脑也有被黑客攻击的可能。你的电脑上可能会有机密的客户信息（或你自己的密码、你雇员的社会保障号码、银行账户等）。如果这些信息被窃取了，你也需要承担一定的责任。我们生活在一个到处都是诉讼的社会里。

删除所有包含客户机密信息的文件或备忘录。把你需要的信息都以打印件的形式存放在办公室里。（顺便说一下，你的纳税申报单也是如此。）

◆ 与主要供应商保持密切、长期的合作关系

首先给当地的供应商付款，比如：设计师、网络专家、印刷公司、会计师、律师等。你要定期与这些供应商联络，保持沟通。即使你没有业务需求的时候，也

要让他们愿意随时对你的业务提供帮助。

小提示：每年为当地的关键人物组织活动，比如举办办公室聚会或夏季野餐，偶尔也可以提供公益性的服务。最重要的是，向他们推荐业务。

◆ 创造和保护知识产权

把你的知识资本变成可销售的知识产权。我在墙上挂了几十个牌子，展示的都是以我公司的名义注册的商标。（如果你要找投资人，这一点很重要。）确保你所有的作品都申请了版权。如果你的版权被侵犯了，及时提起法律诉讼并跟进最终的决议。

小提示：按产品、服务或项目等类目来追踪你的收入来源。你的记账员可以帮你准确记录收入并保守估计业务的增长。

◆ 随着你年龄的增长，考虑增加你的工资和福利

我们大多数人都知道要减少应税收入，并尽可能用税前收入来支付成本。然而，当我们退出企业的时机逐渐成熟时（对于那些事业已经取得成功并奔赴下一场冒险的人来说，可能他还在一个相对年轻的年纪），我们个人获得的收入会成为企业的资产。这对于买家来说是一笔财富，因为转让企业所获得的收入将被计入公司利润，而不仅仅是支付给你个人。

小提示：例如，你可以增加个人收入，并通过增加慈善捐款来享受税款减免政策。你也可以选择享受当下，或者把钱存起来为以后做打算。

◆ 收集并不断更新推荐信

讽刺的是，非常成功的咨询师通常积累了至少十年的客户推荐信，他们从来不会因为要索取更多或更新的推荐信而倍感压力！你需要证明你的咨询服务在不断吸引客户，也不断让客户满意。

小提示：不要为更新旧的客户推荐信而感到羞愧。去寻求那些支持者的帮助，询问他们是否能帮忙更新几年前的推荐信。这也是为什么视频推荐的影响力更大。只要出镜人的衣着不过时，这个视频推荐就不会过时。

◆ 维持媒体曝光度

持续发表新闻稿、博客帖子，在纸质刊物上发表文章，接受采访等。信息时代下，与你认识的出版社保持沟通，或动用你的人脉关系与媒体取得联系，比以往

更容易。哪怕你所服务的是一个垂直细分领域，你也需要保持个人品牌的曝光度。

小提示：尽量争取在专栏上发表文章。除非出版物被出售或你的文章质量下降，否则专栏就是不会枯萎的常青藤。我已经在一些刊物上发表了十多年的文章。

◆ 升级你的品牌形象

对你的网站、品牌 Logo、博客、宣传资料升级进行投资。你的品牌形象可能并没有过时，但是全球知名的品牌（比如：可口可乐、联邦快递）偶尔也会进行品牌形象升级。当你建立了忠实的客户群和知名度后，你不会因为给品牌 Logo 换了个颜色就失去客户。

小提示：当你所运用的技术也与时俱进时，你的品牌升级才会更容易、性价比更高、更协调。你能做的事情有：改进你的网站、博客或在线聊天室；更换电脑；升级你的远程服务（电话会议、网络研讨会、Zoom、Livestream）；利用那些你万万不可错过的新技术来提升你的品牌形象。

14.2 授权知识产权

授权知识产权首先要求你拥有知识产权！关于这一点的重要性，我们在前面已经讨论过了。

如果你想要出售你的公司，那么知识产权会成为一种潜在资产和股权的一部分。即使你不出售公司，知识产权也依然是公司资产的一部分，可以被出售或转让。多年前，一家名为 Forum 的培训公司的董事长约翰·汉弗莱告诉我，当银行业务员不愿意在他没有拿出有形资产作为抵押物的情况下给他借钱时，他会把业务员带到银行保险库，向他们展示他的原始材料、商标注册文件以及很多保存多年的文件。这听起来可能有些离谱，但是视觉呈现效果很好。

以下这些准则能帮助你判断知识产权的必要性和价值潜力：

- 它目前的销售情况好吗，本身能否产生收入？
- 未来几年，它能否卖得好？
- 它能否及时更新并保持相关性？
- 它是否适合于不同的媒体及传播渠道？
- 它是不是跨文化、多样化、适用于全球的？
- 能否以最小的开销和成本进行交付？

- 即使没有你，也能完成知识产权的销售和交付吗？

你可以根据情况进行选择性授权：有人可能要求在他们的某一特定项目中使用你的知识产权。

你可以选择以时间周期为标准进行授权：一年或五年。

你可以选择永久性授权知识产权，但这可能是建立在某些基本条件上的。这实际是一种销售行为。

你可以选择授权给公司内部使用，或授权给个人在公开场合下使用（以及面对他们客户的时候使用）。

信条

作为一位个体从业者，即使你无法出售自己的业务，也可以通过授权知识产权来另辟蹊径！

根据这个目标展开行动，哪些方式最有利于你达到上述标准？

- 组织工作坊或研讨会，并且这个会议的举办不依赖于你，任何专业人士都可以组织会议和推进落地。大家参与会议并不是为了听你分享你的著作。
- 制作拥有大量订阅者的广播媒体系列节目，节目播出的内容丰富多样，并不完全是你个人的内容。
- 开发专有运营模式（例如，有效促进战略制定或订单成交），其他人可以自行实施。
- 建立具有基础功能的在线聊天室、问答中心或可以由他人直接接管的讨论平台。（我将自己打造的聊天平台称为"论坛"。）
- 大家所关注的新闻简讯、播客系列和其他订阅号。
- 一套规范的市场化体系，这个体系也可以用你的名字来命名。（例如，"艾伦·韦斯百万美元咨询®体系"，包括研讨会、材料、音频、视频等，你可以在不同国家进行独家授权。）

如果你想通过这些方式及你开发的其他途径获得知识产权的最大授权价值，

你应该明确区分哪些方式能为你带来可观的收入，哪些方式只能起到辅助作用，哪些方式依赖于你的参与，哪些方式只能起到安慰作用。想要说服人们获得知识产权授权，没有比良好的商业记录更具有说服力的了。

我们以工作坊为例。如果项目为期两天，一位客户支付了 2.5 万美元让 20 位员工参与本次工作坊，你应该向客户证明每个季度需要至少组织一次工作坊。这样一来，你就能获得 10 万美元的收入。此外，你应该向客户证明工作坊可以由你的分包商或客户公司的人员来落地执行，并不需要你个人的参与。

你也可以向客户证明，即使没有你，服务方案也能销售出去，并且已有案例表明你是在业务成交之后才介入交付环节的。（还记得我在本章开头提到的那位企业老板吗？他所面临的一个问题就是公司业务过度依赖于他的名气和参与程度。）

如果连续五年时间，每个季度开展两场工作坊，而其中只有一半的场次是由你个人来完成的，那么你将有可能收获 20 万到 100 万美元的知识产权授权费。

我是如何得出这个结论的呢？因为如果有人希望得到一年的授权，作为交换条件，他们必须要专注于发展这一项业务并保证让你的营收增加 3 倍（甚至有可能更多，毕竟这只是你能提供的部分价值）。

据保守估计，如果一年能举办 12 场工作坊，即 30 万美元的总收入，其中 10 万美元的收益是获得授权方的。然而，如果他们想和你签订 5 年的协议，你可以将授权费用降至每年 15 万美元，即总费用 75 万美元，而在此期间，获得授权方将能获得约 150 万美元的收入。

如果有人想要获得永久授权，按照我们之前的预估方式，只要你保证每个季度至少有一场工作坊由你亲自举办且保质保量，年入百万不在话下！

艾伦主义

当人们看到你已有的可靠业绩记录时，他们会为你未来的无限潜力欣然买单。

在这里，我拿研讨会举了一个简单的例子，但这种授权方式同样适用于复杂的咨询方法、辅导培训和其他实践方法，而且往往能获得更高的收益。

在考虑那些申请授权的候选人时，你要像对待潜在客户一样认真对待对方。确保你们之间的气场相投，同时你也要对对方进行尽职调查。如果对方提出以未来收益支付授权费，千万不要同意！记住，你不是银行。

一定要落实以下几项规定：

- 授权仅限于被授权人使用，被授权人不得出售、继承或以其他方式转让。
- 被授权人必须保证服务交付的质量（客户反馈、观察的时间范围等），作为保留授权的条件。
- 如果款项是按年支付的，那么你必须在某一指定日期前收到全款。
- 你可以随机审查服务的交付和成果。
- 必须保留咨询实践的某些特色，不得随意更改。
- 在任何情况下，被授权人都不能与你（你也不能与对方）形成竞争关系。

为了加强授权管理，你可以提供多样的选项，比如：随着你事业的发展，不断地更新知识产权的范围；在必要的时候亲自出面协助推广；为被授权人及其支持团队提供持续的培训和进修课程；在你的宣传活动中帮对方做推广。

如果你开发了足够多的知识产权，你可以在不耗费过多劳动力的情况下年入百万。你应该尽早开始考虑这个问题，而不是在你打算离开这个行业的时候！

14.3 实现生活平衡

生活平衡是一个带有欺骗性的短语，它暗示着有一个平衡的支点使得天平不会来回摇摆，但实际上，工作与生活的平衡并不是五五开，也无法通过权衡工作和生活的重要程度来达到平衡。[2]

让我们建立几个基本的原则：

- 没有所谓的"工作生活"和"业务生活"。你只有一个自己的生活。将你的生活"切割"成不同的部分对你来说没有任何好处，反而会给你的时间分配带来不便。
- 可自由支配的时间是你的财富。你可以努力工作，盼望着赚钱（这是点燃你工作斗志的燃料），但实际上你是侵蚀了你的财富。
- 我们大多数人都一样，都是从大型组织中逃离出来的，即使我们后来成为掌控自己命运的独立咨询师，我们往往也会服务于一个更严厉、更不讲理的老板。
- 总有一艘更大的船。你不能拿自己和别人做比较，而且船的大小并不能代表什么。坐在游艇上的人也有很多是不快乐的。

- 从来没有人在临终前会说，"当初我应该服务于更多的客户，少花点时间陪伴我的孙子们。"

生活的平衡关乎你人生的成就，提升和锻炼你的才能，吸引和关心所爱的人，当你离开人世的时候，发现这个世界比当初更加美好了。即使你不是亿万富翁，也可以做到这一点。

衡量慷慨的真正标准不是看一个人给予多少，而是在他给予之后还剩下多少。

——约瑟夫·爱泼斯坦（Joseph Epstein），摘自《外出散步的队伍》（*A Line Out for a Walk*，W.W.Norton，1992）

信条

工作与生活的平衡实际上与人生的成就相关，而这一点也因人而异。

我曾经在波士顿大学为企业家们开展了一场关于生活平衡的研讨会。一位非常成功的律师说："我热爱我的工作，在帮助我的客户实现他们的目标的过程中我感到很充实。我每周都工作 80 个小时。这有什么不对的吗？"

"你成家了吗？"我问。

"是的。我已经结婚了，还有三个儿子。"

"他们对你每周工作 80 个小时有什么看法？"

他没有回答我的这个问题。所谓生活平衡指的是你必须与身边的人和谐共处，尤其是你所爱的人。已故的伟大战略家彼得·德鲁克指出，公司与动植物不同，不会因为能够繁衍生息和持续发展就被视为成功。

组织的成功是根据他们对周围环境的贡献来判断的。

为什么人会大不相同呢？图 14-1 展示了著名的亚伯拉罕·马斯洛需求层次理论。请注意，杰出的心理学家马斯洛以构建需求层次而闻名古今，**但是该理论缺乏实证，也没有任何形式的纵向研究来验证它们在现代职场中的应用。**

事实上，马斯洛有一个更好的见解，他告诫说，如果锤子是你拥有的唯一工具，你可能倾向于把每个问题都看成钉子。

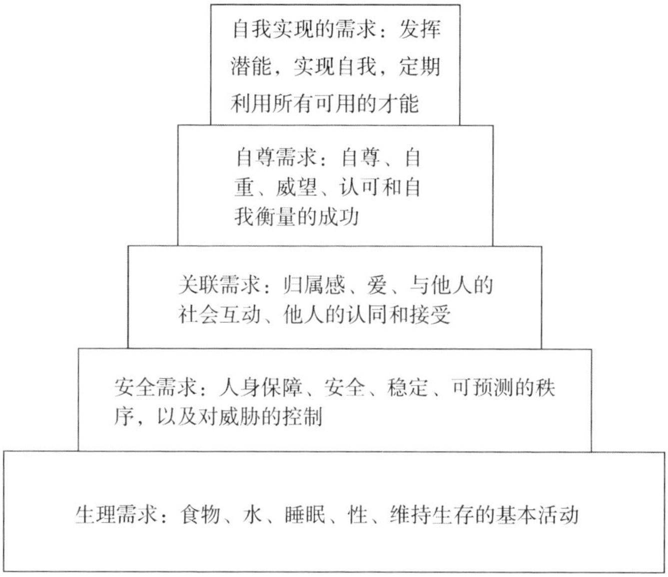

图14-1 马斯洛需求层次理论

　　马斯洛需求层次理论假设我们从需求出发，循序渐进，从基本的生存到安全，最后到马斯洛所说的自 我实现。到了最上层阶段，我们能经常性地运用和发挥我们的才能。我要提出一个不一样的观点：我认为在实际生活中，我们的需求层级会发生变化。这可能是因为我们的工作、生活、情绪、心理、人际关系和身体因素都会发生变化，同时我们需要不断适应新的环境。如果某一天我们被解雇了，我们的需求层级会顺着这些台阶跌到最底层；其实，哪怕我们的工作发生了一些变动（新老板、新工作任务、资金削减、新技术等），我们的需求层级都可能发生从上到下的位移，这是因为我们在面对变化时需要同情或安慰。

　　我给你的建议是：我们每个人都有自己独特的天赋和才能，而且我们有能力在日常生活中发展和培养自己的才能。有些才能是他人强加给我们的（比如，学会如何使用电脑），有些是我们自愿学习的（比如，学会唱歌）。这就是关键所在，正如马斯洛所说，**在日常生活中，我们每天越是能够充分地发挥我们的才能，心情便会更加愉悦，工作效率也会更高。**

真正的动力源自内心的期许，而不是来自"励志演讲大师"的演讲或其他户外拓展活动。从组织层面而言，员工积极性通常会受到部门政策、自由度，以及个人受认可程度的影响。

请注意，我从来不会说"我们的工作生活"。著名的导演和前喜剧演员伍迪·艾伦每周六都会在纽约的一家咖啡馆里和乐队一起演奏爵士单簧管。这就是他锻炼和发展自己才能的方式，在他的工作中，没有人要求他必须这么做。

生活平衡指的是将才能合理分配在工作和娱乐中。对于我个人而言，我不是按照 50/50 来分配的，但肯定也不是 0/100 或 100/0。如果你的才能在工作岗位上没有得以发挥，那么你未来的日子将会是漫长而孤独的，高度紧张且缺乏生产力。如果你的才能没有在个人生活中得以展示，那么你可能会一门心思扑在工作上，缺乏社交生活，或者变成一个相当无聊或脾气暴躁的人。

但是你并不需要每天都运用你的才能，比如潜水或演唱歌剧就不太适合进行每周的例行练习，但你可以在一年的时间里寻找机会练习。由此可见，针对不同的才能，你的练习频率也会有所不同。我喜欢每天写作，但如果是潜水的话，我每年潜水两次就可以了。（如果我需要每天潜水，我会成为一名潜水教练。）

我认识默克公司的一位经理，他有一副不错的歌剧嗓子，但也并没有那么的惊为天人。他总有办法在斯卡拉歌剧院等场地关门时溜进去，到主舞台上唱一段咏叹调！他曾在十几个地方这样做，并喜欢到处宣扬这个故事（在他还没有被人抓到或被赶出来的时候）。

案例研究：钢琴家

...

我辅导过一位出色的古典钢琴家（她每年都会参加"钢琴训练营"）。我告诉她要把她自己的专长都融合起来，在她的推广工作中也融入音乐元素。

这并不难做到。团队需要领导，管弦乐队需要指挥；一个人必须在正确的时间内弹出正确的音符；有时独奏，有时要与他人合作；音量的大小、沟通的节奏和持续时间都是很重要的考虑因素。

> 她只需要把自己演奏的音乐片段放到个人网站上就可以，这并不复杂，只是她从来没有考虑过这个问题。

你从事这个职业是为了生产燃料（金钱）以创造财富（可自由支配的时间）。在追求这些的过程中，你应该能时常拓展自己现有的才能和发掘新的才能。这会让你感到快乐、保持身体的健康和心灵的富足。当你与所爱的人一起朝着这个共同的目标努力时，他们也会支持你发展自己的才能，就像你支持他们一样，没有什么比这更好了。

14.4 寻找继任者和买家

如果你确实打算出售你的公司（或者你正在寻找购买你的知识产权或特许经营权的对象），而且你在建立和展示公司资本方面做得很好，那么你需要寻找投资人。

这里有七条通往这个目的地的路线：

◆ 寻找另一个寻求扩张的同类型企业

有很多和你同类型的公司想要急速扩张。你的公司可能从事同一类型的咨询业务，并能帮助他们巩固市场；或者你的业务可能与对方不同，但能与对方协同，并助力对方打开新的市场。从业多年以来，你应该通过贸易协会拓宽行业圈层关系，这样你就可以向其他负责人提出这样的提议。

你要与对方公司的企业负责人建立直接联系，不要通过中间人，这样才能保证信息的保密性。因为谣言、忧虑和员工的抵制不利于双方的谈判，并且很有可能会破坏双方的合作。

◆ 允许员工买断

如果公司内部有老员工，你可能已经分出一小部分的业务给他们了。在任何情况下，这一群核心员工非常了解公司内部的情况，若他们认为公司是一个很好的购买对象，你可以考虑采用杠杆收购的方式，即购买者支付定金，然后在约定的时间内用他们后期经营所获的利润来支付剩余的款项。

在这种情况下，我建议购买者的数量不要太多，这样才能保证决策清晰明确，他们需要限制给自己分配的工资和奖金，直到付完全款。

信条

  对一个公司进行估值是一项专业的工作。专业服务公司的估值通常为销售额的 1 至 2 倍，或公司利润的 4 至 6 倍，甚至更多。在你打算出售公司的几年以前，你就要提前做好准备将企业价值最大化。

◆ 寻找其他国家的企业家

  其他国家的企业家想通过引进具有强大品牌力和成功业绩的业务模式来主导一个市场，这是很常见的。你最好选择那些没有语言障碍的地方，例如，南非、新加坡、澳大利亚、加拿大、新西兰、爱尔兰和英国，这些地方都会阅读和使用英文材料。

  这就是为什么在你的职业生涯中，全球旅行和工作有巨大的好处，你可以提早建立这些联系。投资者可能想要获得你的品牌在对方国家的特许经营权，或者是想要获得你的某项授权，或者直接购买你的版权。

◆ 寻找正在创业、对于机会如饥似渴的人

  我曾经见过一个演讲者，他的舞台表现力非常强，但是他拥有的材料有限。因此他选择购买另一位即将退休的演讲者的全部知识产权，并将其融入自己的演讲中。

  你会发现那些有钱人都在开启第二职业，他们以现有的业务、基础设施、客户、方法、品牌等作为跳板。而你实际上完成了一项"交钥匙工程"，供他们购买。你自己可能都想象不到你的买主会是谁。我的百万美元咨询学院里有医生、律师、理疗师和核潜艇艇长。

◆ 考虑一下你的家庭

  你是否有子女、兄弟姐妹、表兄弟姐妹或其他亲属想要买下你的公司？让感兴趣的孩子们参与公司管理并在几年后将公司交给后辈来管理，这样的做法是明智的且并不罕见。你可以在幕后进行指导，对于涉及与长期客户相关的业务，你可以偶尔进行干预。

  请注意，如果接任者不够专业，那对你们的家庭关系可能反而有害无利。亲兄弟明算账，如果你的家庭成员欠钱不还也会很麻烦。

◆ 将目标投向更大的公司

几年前，《泰晤士报》/《镜报集团》、麦格劳·希尔公司和普伦蒂斯·霍尔公司等出版商曾齐刷刷地收购培训公司和精品咨询公司，这是由于他们错误地认为这一类公司都在从事信息交换业务。

虽然这对于购买者来说是灾难性的决策，但却能为被收购的公司带去经济上的益处。一家大型公司可能会发现，你的业务很适合它们公司一个正在发展的业务板块，或者有助于他们开展一项新的业务。对于大型公司来说，钱从来不是问题。（千万不要和收购你的公司签订员工合同，他们所谓的过渡期通常需要好几年时间。这也是为什么你的公司最好不以你个人的名字来命名。）

艾伦主义

唯有一件事情比为自己的企业劳心费力更糟糕，那就是为别人的企业劳心费力。你出售公司的目的不是为了成为别人的雇员。

◆ 将不同的业务进行切割

尤其当你是独立咨询师的时候更要如此。但即便你拥有的是一家精品咨询公司，你也要考虑将知识产权、研讨会、演讲、书籍、网络营销渠道、咨询模式、固定客户等分成不同的、可销售的个体。确保各个业务之间没有任何关联，把你能卖的东西出售给最合适、最相关、最渴望得到它们的人。

只要客户尊重和支持，这种业务切割就能发挥作用，你甚至可以选择保留某些不需要付出过多劳动力但能给你带来巨大满足感的业务。

任何组织最终都会走向消亡，你不需要为了维持组织的生存而苦苦支撑。然而，在我们的职业生涯中，退休并不是一个必选项，也不应该如此。你可以自主选择延续、终止或以其他方式改变你所打造的业务，这完全取决于你。如果你已经建立了一个实质性运作的公司，而且不打算把它留给你的家人，那么你可能需要一个买家。如果你是一位独立执业者，并且通过这种方式已经赚取了很多钱，那么你真的不需要正式终结自己的业务。

请牢记这些标准：

- 我是否有能力为我的亲人提供有品质和令人愉快的生活方式？

- 我能否不断超越自我？我的才能能否得到充分的发挥？
- 我的客户是否能得到合理的照顾和支持？
- 我的知识产权和其他有价值的东西是否会得到中肯的评价和展示？
- 我是否会为我所做的事情感到骄傲？

14.5 转型与过渡

如果你同意到目前为止我们在本章所讨论的内容，那么你可能也会同意以下观点：对不同的人来说，转型方式各不相同。就我个人而言，我从未打算退休（至少不是传统意义上的退休），但我确实打算持续不断地重塑自我。[3]

案例研究：一场买卖

• • •

汤姆是我的老朋友了。他曾经在一家私营企业工作，负责公司的咨询业务。之后，他加入了一家咨询公司。后来，在这家公司的创始人前往佛罗里达享受退休生活之后，他和一位同事买下了这家咨询公司。当时这家公司的创始人虽然已经70多岁了，却依然是一个相当有活力的人。

他们花了多年时间把公司发展成了一个价值600万美元的精品公司，拥有知名客户和六名员工。汤姆和他的合伙人以特立独行的方式经营着这家公司，就像牛仔一样洒脱，但是他们玩得很开心，工作也做得很出色。后来，他的这位合伙人生病了，汤姆把公司全部买了下来。最终，这位合伙人去世了。

汤姆独自经营着这家公司，过着美好的生活，有美满的婚姻和家庭。在他60岁出头的时候，他决定将公司卖给一家大型咨询 / 会计公司。然而，买家要求他留在公司两年，监督过渡期的工作。

成为这一大型公司的合伙人，这对于汤姆这种自尊心强的人来说很有吸引力。然而，汤姆必须先接受基础的培训，长期在外奔波，而且他的

级别比现有的合伙人都低。他认为这些事"可笑"和"尴尬"，在我看来却是羞辱和荒唐的。后来汤姆得了重病，在不违反合同的情况下以因公伤残的理由离开了新公司。

我认为这场病救了他的命。

如果你在寻求转型，以下是我为你提供的建议，不论你的年龄大小或经营年限长短，你都可以做出重大变革——转让公司或改变公司业务。

- 当你预期会发生重大变化的时候，你需要至少提前五年开始计划和筹备，不要只预留几个月的缓冲时间。循序渐进地做一些有意义的事情：建立股权架构、打造更强大的品牌、寻找潜在买家、探索员工收购的可能性、了解家庭成员是否有兴趣接管公司、开始知识产权授权等。如此一来，即使你在五年之后没有遇到重大冲击，这么做也没有什么坏处。
- 不要让自己陷入被动的局面。购买最高额度的伤残保险。招一个行政主管或选一个分包商进行合作，将大量工作委派给他们。尽可能地远程工作，如接受聘用制服务或提供远程辅导。将你的咨询方法授权给客户。
- 渡人先渡己。企业不是福利院。你需要考虑哪些做法对你的家人和你自己最好，而不是考虑你的员工、供应商，甚至你的客户。你没有义务终身雇用你的员工，如果对方不是公司的投资人，你也不需要与对方分享出售公司所获得的收益。员工不是你的合伙人。
- 不要想着"要么全部出售，要么一个不卖"。你可以完好保留其中一部分服务（例如，演说和写作），将另一些服务出售（指导实践），停止提供余下的服务（咨询项目）。你可以保留公司原来的名字或者起一个新的名字。（这就是为什么多品牌架构会更灵活。你可以撤掉一部分品牌，保留另一部分。）
- 在专家的帮助下对你的财务状况进行评估。将你的被动收入、主动收入、退休福利、税收情况等告知你的财务顾问和律师。这可能也会影响你决定延续或终止的服务类型。
- 你也需要考虑那些可能消失的额外福利及外围利益。你可能喜欢去某些地方旅行，这意味着你会想要留住某个客户或持续投入这个项目。你可能陶醉于培训他人的满足感，这表明你想要继续以某种形式提供这类服务。这从来不是单纯的金钱问题，这关乎你的满足感和财富（可自由支配的时间）。

- 审视自己的长期项目。你会开始考虑：
  - 保留其中一部分客户和项目。
  - 将部分项目职责转移给他人，并预先通知你的客户。
  - 妥善地结束合作关系，或者不再与客户续约。
  - 把一些项目支持工作切换成低频率、短时间或远程的工作，而不必亲临现场。
  - 不要依赖于那些不稳定的收入来源。
  - 不要承接超出你时间规划的事情。

信条

"过渡"是需要时间投资的，它不是突然间发生的巨大变化，这与我们所说的"蜕变"有所不同。

你可以自行选择放弃或保留哪些业务板块。为公平起见，你需要告知所有相关人员，在不久的未来会发生什么事情。

- 想想你接下来会身处何方。你可能会待在原地不动，也可能会搬到地球的另一端。科技让人们更容易保持联系，但是不一定要通过旅行或面对面交流。什么活动形式和项目最适合你未来要居住的地方？你会拥有和目前类似的技术吗？会有你的支持者吗？出行方便吗？你需要考虑这些因素，因为它们会影响你未来的业务走向。

- 你还有哪些替代方式来发展你的才能和天赋？特别是如果你放弃了之前的大部分业务，或者彻底改变了以前的工作方式。在之前的工作中，你能够充分发挥自己的才能，那么在转型之后，必须有其他事物吸引你参与，否则你会越来越不满足。这可能是一份无偿的工作，或者兼职教学，或者指导培训。不论如何，你应该有所规划，使你的才能得以施展。

- 如何能联系到你？你的长期客户和业务伙伴还有你的手机号码和私人邮箱

吗？他们还可以偶尔向你征求意见吗？还是说你更愿意把这些都抛在脑后，和他们彻底断绝关系？你需要明确这一点，并自己定下规矩，否则你可能会被拉回到原来的生活中，但却不会因此得到报酬！

如果你为转型过渡做好了计划，充分理解你的选择，并且慎重做出未来的选择，那么你将会收获颇丰。换句话说，你要按照给客户提供建议的标准为自己制定规划。

第15章
回报和再投资

我们打造了强大的帝国，同时它也成就了我们

15

15.1 辅导和训练他人

我们在之前所述的方法论中已提及过"训练辅导"的咨询方式，即主动与客户一起寻求行为上的改变以改善当下状况。这与"提供辅导"是不大相同的。

我在这里所说的"辅导"并不是在为创造收入做出努力，而是对职业的贡献。当人们向你寻求辅导的时候，你可以选择性地参与，也可以以公开的方式提供系统性的帮助。你可以将此作为一项独立的服务，也可以在提供正式的、高收费的服务同时提供辅导。

> **艾伦主义**
>
> 除非行业中经验丰富的老手和成功领袖为他人创造和传播最佳实践，否则这个行业不会有任何发展。

一些专业和贸易协会规定其会员必须履行这一职能。比如，整容手术协会组织会召集业务能力拔尖的外科医生一起开展座谈会；建筑行业团体会组织会议，各种设计奖得主会分享他们的创作过程。

但在大多数情况下，专业协会似乎决心要将每个成员的成功水平拉低，直至与最不成功的会员相差无几！他们放弃了对卓越的追求，并且坚信"每个人都应该有平等的机会"。他们从不对价值和贡献进行区分，因为他们嫉妒他人的成功，而

且很矛盾的是，他们不想听取别人所传授的成功秘诀。（会议厅内，几位经营不善的企业家在后座窃窃私语，讽刺着演讲嘉宾所说的成功经验全都是空话，这也是这类聚会真正可笑的地方之一。）

不幸的是，很多协会组织的地方分会都有一群试图为自己的惰性辩护的长期成员。（牛顿运动定律曾说过：静止的物体往往倾向保持静止状态。）而且他们的可笑之处也各不相同。

想要通过投身于该行业领域的人获得成功，从而推动行业的发展，那么行业引领者必须提供相应的技能、鼓励、示范、引导，最重要的是，要能让大家获取到。

信条

告诉对方"这就是你要做的事情"（或"我是这样做的"）是一回事，提出"让我们一起讨论一下你要如何去做"则是另一回事。

首先，为他人提供辅导，你将获得以下好处：

- 你也会有新的收获。我在教授课程、辅导他人或分享经验时，我自己也受益匪浅。（这绝不仅仅是说说而已。因为当你有足够的阅历、有自己独到的见解和观点后，与其他没有经验的人相比，你的感悟会更多。）

- 你会摸准行业的脉搏，保持自己对行业发展的敏感度。一位新入行的咨询师、一位技术咨询师或一位在英国的咨询师，如果我不与这些人持续互动，我很难告诉你这个行业如今正经历着哪些变化。当你取得成功后，你很容易感到厌倦，并对这个世界产生误解。（住在曼哈顿上东区的电影评论家宝琳·凯尔因她的一句话而被众人取笑："理查德·尼克松是如何当选的？我的朋友可都没有投他的票！"）

- 你将得知哪些干预方式或咨询方法是可行的，哪些是因为你的个人关系和经验而奏效的。我经常被问道："但那是你，艾伦。难道其他人也可以这样做吗？"。这样的质疑无可厚非，我必须得验证一番，我的成功经验有哪些是因为强大的客户关系或著作而获得的，哪些经验和技巧是他人可以复用的？（这就是为什么在很多高管的个人传记中，你会发现他们的经验对别人的发展毫无助益，他们没有将自己的成功赋能给其他人。再想想有多少人与亨利·福特共进午餐？李·艾柯卡在发展事业的过程中就会经常向他请教。）

- 实际上，你的思想领导力也会得到加强。获得你帮助的人会主动帮你宣扬，同时对你做出的贡献表示认可，作为行业的领军人物，你的名字将不断被引用。（当你选择向出版商推荐另一本书或在全国性活动中发言时，你能获得的益处也不容小觑。）

我并非劝你在为他人提供辅导时要唯利是图，但是当我们自身能够获益时，我们在做事的时候也会更有热情。这就是为什么我们对付费客户这么好的原因！

有些人可能会来向你寻求建议。事实上，我每周都会收到一些请求，请我为他们提建议或分享看法。我基本都会拒绝这些请求，因为它们会耽误我太多的时间（比如有人会问："我们能一起吃午饭吗？"），有些人甚至不知道自己要问我些什么问题，也不知道在收到我的回复之后该做什么。与这些人交涉纯属浪费时间，花费再多都是枉然。

然而，以下是我解决这个问题的方法，简单易行且行之有效，若你已经小有所成，以下这些方法更适合你在帮助他人的时候使用：

- 我总会在我的项目中提供"免费名额"。我已经正式提供了工作坊、研讨会、实践活动等。每个项目都会邀请至少一位（通常不止一位）我确信可以从中学到知识并获益，但却支付不起学费的人。我不要求他们提供个人财务信息，也不会依据年龄或从业年限来判断；我只会发出邀请，而不会提出任何附加条件。（之后有人请求"免费名额"并承诺以后会报答我，但实际上，我从来没有得到任何回报。）

- 我会帮助那些我认为足够认真、足够了解咨询行业，并且已经花时间对我作了一番了解的人。比如，当人们向我寻求帮助，却不屑于阅读《成为百万美元咨询师》（或者现在这本书），不知道我说的"基于价值收费"是什么意思，或者不看我所发布的免费新闻简报，那么，我就会断定他们不是来虚心求教的。这些资料都是可以免费获取或者借阅的。如果你对我的工作项目和咨询方法不感兴趣，那我为什么又要对你感兴趣呢？

- 每次只指导一个人。我会先指导一个人一段时间，通常是几个月，然后再考虑指导另外一个人。当然，我只会为他们提供暂时性的帮助。

- 我向来是出于被动才帮助别人，而不是主动地施予援手。当你需要什么的时候，请联系我，我会给出具体的回复。但不要指望我会继续跟进，也请不要问一些愚蠢的问题，比如"我需要知道的全部事项都有哪些呢？"，或千篇一律地询问："我还有什么应该问，但是还没有问的问题吗？"

当人们前来咨询时，他们在意的不仅仅是你的智力，而是在评估你是否会真心诚意地帮助他们。如果你确实在为他人提供帮助，那就把他们的需求与你自己的需求结合起来。但你必须要下定决心，绝不能认为他们是在浪费你的时间或是拖累你的生活和事业。

顺便说一句，不是所有的人都适合这个职业。你很少能掌控他人的纪律性或性格天赋。当你遇到有拖延症的人时，他们可能是在畏惧些什么。[1]

由此可见，有时你能给他人的最好的建议就是让他们转行。如果律师总是挣扎摇摆（或欠缺诚信），那整个法律行业都会遭殃；如果从医者总是渎职或者在行医过程中出现重大失误，那这对整个医生群体都有弊无利；由于僵化的体制和大众对于"穷教师"形象的刻板影响，教师群体也很难得到更高的报酬。

咨询行业是一个新兴行业，远不如以上提到的几个行业规范。在这样的情况下，我们更不能让不合格的咨询师加入我们。我们需要促进整个行业的高质量发展，而作为给他人提供指导的人，我们需要帮助他人，并给予他们足够的尊重，如果他们不能在这个高尚的职业中脱颖而出（超越行业中的其他人），就应当指引他们另择出路。

因此，如果我们证明了自己的成功、德高望重和平易近人，为他人提供辅导是我们应该做的重要的事情。你不需要做太多，但如果我们每个人都做出一点贡献，这个行业就会发展得更好，整个咨询行业的水准也会被我们的客户和潜在客户所认可。

15.2 提升技术水平

在本书的开头，我描绘了在远古时代，咨询师与客户会面时可能会出现的场景。以商议好的报酬作为交换条件，来帮助买家改善其自身状况。时至今日，这种交易方式的本质并没有发生改变。（因为它建立在资本主义的基础之上。）

发生改变的，是我们使用的手段和技术设备。弗雷德里克·温斯洛·泰勒推动了关于时间和工作方法的研究，这也是科学管理发展的巅峰，但经后人证实，这些研究结果都有失偏颇，实际上根本没有起到任何作用。霍桑的标志性研究，即当员工认为他们被密切关注或观察时生产力会提高，而后被证实缺乏严谨性。即使那些备受大家追捧的理论，比如我们在前文中提到的马斯洛需求层次理论，也常常无法在职场中得到验证。

热门词汇就像工作日早上中央车站的通勤列车一样，来了又走，不断交替：

- 流程再造
- 精益管理
- 从优秀到卓越
- 以员工为导向的组织
- 开卷管理
- 以客户为导向的组织
- 后英雄式的领导
- 一分钟管理
- 质量小组
- 夸克领导力
- 仆人式领导
- 精英领导体制
- 合弄制

好吧，夸克领导力这个词语是我编造的，可能一开始你们并没有注意到。甚至有一位学者提出不应该对有功绩的人予以嘉奖。这简直太可笑了，我想知道像他这种人，是如何能够获得终身职位的？

当我们攀登职业的高峰时，也需要为他人留下可以行走的道路。世界上没有所谓的"新方式"，即使是法老也需要雇用团队来建造金字塔，但是他们所采用的激励手段各不相同。在不断变化的经济、社会和技术环境下，企业主会通过重新排列组合和增加新的方式，从而最大限度地提高效率。

举个例子，图15-1是我在写这一章时创造的一个可视图形，以阐明如何从另一个角度来看待市场潜力。传统的钟形曲线将市场的重心放在中心位置。在这幅图中，我展示了一个不对称的三维视图，表明一个人的市场价值取决于其深度。

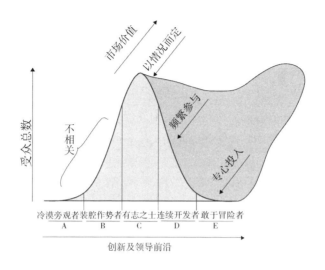

图 15-1　市场三维钟形曲线

　　因此，当你的创新手法和吸引力沿着横坐标轴不断增加时，你首先会遇到无动于衷的听众；接着是一些装腔作势的人，他们并不积极投身于行业中，而是涉猎广泛的二流咨询师；随后是一些有志之士，他们对于专业发展与成长的追求各不相同；然后是连续开发者，他们会逐一考虑所有的成长机会，然后再视个人资源而定；最后是乐于接受挑战和新技术中的"欢腾爱好者"，正如欢腾品牌一样，他们有着勇往直前的冲浪精神。

　　让我们换一个角度来看待这些问题，当我们从客户真正的价值，而不仅仅是客户数量来考虑如何分配自己的时间和金钱时，我们就会得出截然不同的结论。虽然钟形曲线最右侧的数值（在一个标准差内浮动）看起来微不足道，但它实际上是三维的，那些高度追求创新和处于行业顶端的人拥有最大的市场价值，这些人同时也拥有自己的品牌和知识产权。

　　我不强求大家接受我的主张，这也是为什么我没有在先前的方法论讨论中提及这个问题。我想表达的是，这正是我现在在做的事情：在行业中不断寻求新的进展和突破。你可能不认同，或者你可能在尝试过后再接受我的观点。但无论如何，你都会了解到是我提出了这一令人深省的观点。（如果我围绕这一议题组织一场研讨会或电话会议，肯定会有人来参加的。）

我相信你们大多数人都处于图的最右端。这也是为什么在翻阅这本书的你们，可能还读过我之前的著作。我们责无旁贷，有义务去创造新的方式来思考和推动行业和专业的发展。

例如，过去曾有"八大"会计师事务所和咨询公司占据市场主导地位，如今已降至"二点五大"公司了。去年，IBM 通过咨询业务获得的利润远高于其销售硬件或软件的利润。精品咨询公司和个人咨询业务在世界各地蓬勃发展。在未来，巴西、中国、印度、某些中东地区和非洲的大部分地区等快速增长的经济体会对双语咨询师产生强烈的需求。

技术发展实现了远程全球咨询，并促进了市场的指数级增长。现在出版的书籍比以往任何时候都多，无论是纸质的还是电子的。社交媒体平台上有很多人都渴求着大众的关注，他们频频发声，但大多数信息都是毫无价值的。

世界各地对于咨询行业的监管力度并不是很大。你可能认为这个行业很混乱，也可以把它看作是机遇，无论如何，你必须视之为持续不断的挑战！

依我之见，为了推动行业的发展，我们需要履行以下责任：

- 分享我们的观点。我们可以保护重要的知识财产，但是我们也应该乐于与他人分享和展示，不要太过保守。
- 揭穿骗子。如果我们默许有很多庸才留在咨询行业中，那整个行业就会变得不入流。（拥有超群的记忆力无法帮助你制定策略，横向阅读法也无法帮助你提高学习效率。）
- 保证他人能够联系到你。我们之前已经讨论过如何为他人提供辅导，面对他人合理的提问，我们需要做出反馈。
- 成为公众代表。我给编辑写了很多文章为专栏投稿（包括那些被拒绝的），针对这些，我建立了一个单独的文件夹。
- 你可以自嘲，但不要取笑我们的工作。我很喜欢那些关于咨询顾问的笑话，有时我也会调侃职业中的趣事。但我为世界各地的组织和个人对咨询行业所做的贡献感到骄傲，我不允许任何人贬低这个行业。
- 面向公众发声。不要将你的知识产权藏着掖着。你可以写书，也可以公开地与大家讨论和分享。大家总有发现它的时候，那为什么不将其公开呈现，正式地介绍给大家呢？

- 支付会费。我属于某一专业组织，虽然我没有得到金钱上的回报，但从道德层面来说，当组织的成员需要我的时候，我会对他们施以援手。

随着人口、经济、技术、监管措施、政治和其他因素发挥出各自的决定性作用，咨询行业也会持续发展和迭代，但改善客户状况的核心不会改变。

幸运的是，最先进的技术并不依赖于粒子加速器、数十亿美元的投资或14个研究生学位。

15.3 参与行业的发展与演变

我们还没有到退休的时候，所以仍需要继续精进自己的能力，调整我们自身的状态以适应时代的发展，并学会欣赏自己取得的成就。毕竟，我们在努力适应环境的变化、客户的变化，以及我们自身的变化。我们的咨询方式变得越来越多样化。随着我们的客户变得越来越专业和老练，咨询师也在拓宽业务类型，我们在图15-2中已经描述了这一点。

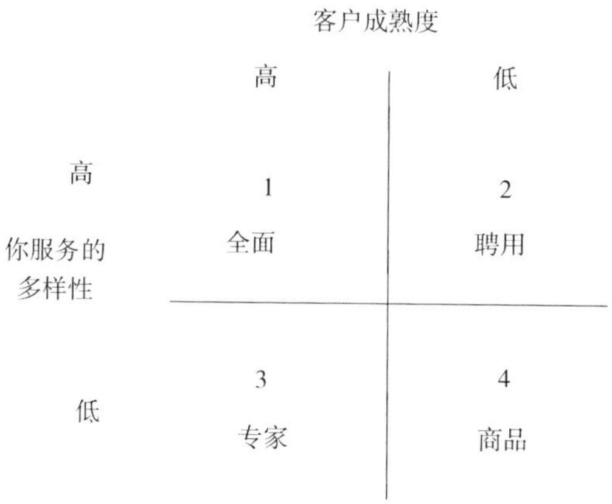

客户成熟度

	高	低
高 你服务的 多样性	1 全面	2 聘用
低	3 专家	4 商品

1. 长期项目。
2. 合作伙伴关系。
3. 现场提供专业支持（实施技术方案）。
4. 远程提供专业支持（打造商业计划）。

图15-2　服务的多样性与客户成熟度

艾伦主义

退休源自古老的信仰，是你对自己失去信心的表现。你可能会离开一份工作或一份事业，但你绝不会背弃自己的使命。

当我们为成熟客户尽可能地提供多元化服务时，我们就能与对方建立起密切的关系。这里指的并不是将所有可提供的服务应用给所有客户，而是提供广泛的咨询服务支持。这样一来，我们就可以参与一系列的项目或同时进行多个项目，也可以挖掘客户的资源，为他们提供持续性的服务。

如果我们能提供的业务类型非常多元化，但客户成熟度较低，采取聘任的方式会更加合适，在服务时能协助客户解决他们遇到的所有难题。你将成为资深人士为数不多信任的咨询顾问，这些人可能很少联系你，但当他们需要你的时候，你就会及时出现并施以援手。作为一位深得信赖的顾问，你可能会对企业战略和战术问题给出相应的建议。

当客户成熟度很高，但你自己的专业知识仅限于某一小领域时，你可能会成为这一专业领域的专家。客户会请你来处理特定的问题，比如公司合并、薪酬架构或销售人员效率等。

最后，如果你的服务不够多样性，客户成熟度也很低，那么你所提供的就是单一、非差异化的服务，可能会被迫提供低价来吸引客户。

组合 1 往往能促进长期合作，位于这一象限的咨询师可能会参与复杂的项目实践；组合 2 的咨询师能与客户达成合作伙伴关系；组合 3 的咨询师能提供专业性的帮助（这通常由技术专家提供）；组合 4 的咨询师能提供远程专业化服务，这类服务通常都是以产品的形式提供。你必须明确咨询实践经过不断优化后最终的呈现形式，以及该实践如何更好地匹配你的个人生活方式。

你可能会发现，你希望在减少出差的同时继续与顶尖人士合作，这将你指向第二象限。然而，如果你不想要牵涉到个人和责任，可以参考第四象限的服务模式，利用你的知识产权，通过销售产品以获得收入。

在这种情况下，你要考虑到你的服务对他人的吸引力。我们已经讨论了"市场引力""成为人们关注的对象"和"思想领袖"等概念。随着业务的成熟，你们的拓客需求应该越来越少，更多的是吸引客户主动上门（如图 15-3）。

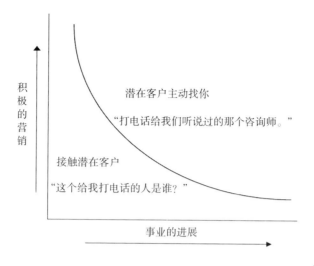

积极的营销

潜在客户主动找你

"打电话给我们听说过的那个咨询师。"

接触潜在客户

"这个给我打电话的人是谁?"

事业的进展

图 15-3 业务拓展与市场引力

大多数顶尖的咨询顾问在成就达到某一阶段后基本不会主动去拓客。这意味着你可以决定如何与人合作,在什么条件下合作。实际上,你可以通过筛选和选择向你寻求帮助的人,将自己定位在某一特定的象限中。

重要的是要丢掉这样的思想:所有的生意都是好生意,所以拒绝任何生意都是不明智的。财富是可自由支配的时间,而不是成堆的金钱。

信条
用心塑造你的未来,因为我敢保证,你一定不会喜欢自己的初始状态。

你不再是那个关心下个月的抵押贷款的人了。你的关注点应该是你需要为自己、为你所爱的人创造梦寐以求的生活,以及你持续为客户和咨询行业做出的贡献。你所拥有的正是这些。

15.4 未来

有一天,一个女人稳稳当当地坐在她的工位上,椅子悬浮在距离地面几英尺的高度之上。此时，入耳式耳机内发出提醒，一位在地球同步轨道上从事月球采矿项目的客户打来了电话。她眨了眨双眼，同时接起了客户的电话。

转眼间，客户将他所面临的问题以全息影像的形式呈现在顾问面前。她的手指从地图上划过，向客户展示了解决对策。客户向她表示感谢，并表达很希望有一天，可能就在乌兰巴托的会议上，两人能见上一面。整个过程用了六分钟，这是她在被聘任后，每年需为客户提供的一部分服务。接下来她要去参加一个虚拟会议，会见伦敦金融客户，她通过椅子上的导航系统移动到虚拟办公室，设置好虚拟背景后准备开始会议。

在她看来，对于一位身处 2075 年的咨询顾问来说，她的工作可能太过辛苦了。

在我写这篇文章的前一天，我在早上 7 点接入了 Zoom 会议，与墨尔本、台北和奥斯陆的客户进行交谈，早上 8:30 我就完成了一天的咨询工作。当我的这本书出版第一版的时候，我无法实现这样的服务模式。

对我来说，咨询行业迷人的一点是，即使人们所处环境会发生变化，这个行业的本质也不会发生变化。

我预计近期会发生以下几件事情，并且可能会对你产生影响。

- 独立咨询师的数量将会增加，因为越来越多的人想要掌控自己的命运，他们对传统组织的严谨性感到失望。(我指的是真正严肃的个人从业者，而不是处于职业空窗期或做分包工作的人。)2020 年的疫情导致了大量失业和转业，同时加剧了人们对控制自己命运的渴望。
- 组织对咨询师的需求将会增加，因为咨询服务的性价比更高，可以取代常驻员工。而常驻员工的能力无法得到充分发挥，他们受制于职场政治[①]问题，而且往往他们的能力模型与组织需求不匹配。员工可能会遭遇大规模裁员。
- 各种监管、认证和制裁的举措此起彼伏，但基本上都会以失败告终，因为咨询服务是"需要帮助的人"和"能够提供帮助的人"之间的简单交易，而帮助的性质是非常多样化和情景性的，市场是验证咨询实践有效性的最佳工具。在医学、法律或会计领域，这一点几乎是不成立的。
- 科技使我们能够触及全球各地。就像小镇大街上的零售商们会失去它们的顾客，未接入互联网的服务商们会更容易被取代。通过科技赋予你在营销、

---

① 到了职场，从分工合作、职位升迁，到利益分配，在人的"主观因素"作用下，人与人之间的各种关系就会变得错综复杂，谓之"职场政治"。——译者注

通信和交付方面的能力至关重要，如果咨询顾问自己无法独立完成，可以寻求他人的帮助（而且求助他人可能比一个人单打独斗要更好）。

- 非正式的咨询师关系网将逐渐形成，大量的咨询师和多样化资源聚合力量，与正规大型公司展开竞争，但独立咨询师所收取的管理费用和附加费用要少得多。巴西、印度、加拿大、美国和澳大利亚的独立咨询师可能会被"环球咨询公司"捆绑在一起，他们可以联合起来，通过获取知识产权的国际保护、国际化人才和客户名单，获得在迪拜的业务。

- 除了低级别的从业人员、分包商和培训师之外，按小时和按日计费的做法将不复存在。绝大多数的重要业务将根据服务价值来计费。（我们将看到越来越多的律师事务所和会计师事务所也会朝这个方向转型。）

- 根据经济因素，批发和零售市场将分别呈现增长和下降的趋势，并且重叠在一起。换句话说，咨询师可以在大公司中找到个人客户，公司将鼓励个人成长，个人聚集在社区中获得成长并获取团队的经验。

- 在批发和零售领域，同行之间的互动社区将日益兴盛起来，并逐渐取代传统的贸易和专业协会。这些社区既可以是线上的也可以是线下的，一个人同时加入几个社区是很常见的，这些社区都通过会员制度、成员互动等方式来创造价值。咨询顾问们将通过在他们的批发领域（例如，在首席财务官或销售专业人士之间）和零售领域（例如，在独立特许会计师或企业家之间）创建和培育社区来拓展业务。我自己已经打造了20多年的社区了，同时，我一直在拥抱新技术和新变化。

世事难料，我们可能不需要为我们的预言负责，但重点在于大家得进行自我思考，并适时调整和增补，或者在亲身验证之后进行反驳。但是，无论你对未来的预言是什么，你必须从现在开始就做准备。

我说过了，在这本书中我们不谈老手和新人的问题。我们都处于职业生涯的不同阶段，许多从事咨询行业一年的人甚至比其他入行十年的人做得更好。很多人声称自己有"十年的经验"，如果这十年间，你每一年都在重复着同样的经历，或者平平无奇、成长缓慢，那么这十年的经验是没有任何价值的。（我认为组织在寻找人才的过程中，对于从业经验年限的要求总是不可理喻。）

艾伦主义

> "你做这一行多久了？"与"你取得了怎样的成绩？"相比，是一个无足轻重的问题。

对于所有阅读本书的人来说，从明天起你们可能会开展新的实践、职业生涯或咨询方法。这是一个高尚的职业，因此我认为将这本书称为"宝典"并不过分。咨询服务就是为了改善客户的状况从而换取与之相称的服务费用。如何改善状况和给予相应的报酬是基于买家与咨询师之间达成的共识。他们不受政府监管，不受传统的约束（为什么房地产经纪人收取了高达6%的佣金呢？），也不会有人轻易妄断。

我们符合资本主义的主流思想：以提供服务的价值换取报酬。

我为大家提炼了以下九点总结性的建议：

（1）评估你的才能、热情和市场。

（2）调整你的时间、资源和精力，积极将你的价值呈现给那些有能力支付咨询服务的人（市场引力）。

（3）做好你的工作，请客户提供推荐信、证言和背书。

（4）将你的劳动强度降到最低，同时将你的价值和费用最大化（加速曲线）。

（5）从质量上而不是数量上，关注价值最高的新兴市场（市场价值钟形曲线）。

（6）持续不断地创造知识产权并面向市场进行传播，保护好你的工作成果，建立强大的品牌。

（7）建立企业资产，使其价值最大化，并明确你将如何运用这些资产。

（8）用金钱、时间和智力的贡献来回报你的社区和所在的行业。

（9）永远记住，真正的财富是可自由支配的时间。你以后会遇到更多的客户，但是却换不回逝去的时间。

信条

> 你理应获得幸福和成功。通过帮助他人获得幸福和成功而获得自己个人的幸福和成功，这是一项伟大和奇妙的殊荣。

第 16 章
危机时刻的咨询

16

16.1 市场波动的本质

"波动性"指的是快速和不可预测的变化，大家可能无法提前做出准备，但即使是再混乱不堪的状态，也是有边界的。[1] 无序和混乱是在一定范围内发生的。无论是自然灾害、技术故障、错误的商业决策，还是意料之外的瘟疫，都有相应的规则和范围。

地心引力总是亘古不变，人们不会悬浮起来。钱可能被盗或丢失，但它不会变成放射性物质。龙卷风和飓风有特定的移动路径，它们对某一类公寓或公司业务是没有影响的。

2020 年暴发的疫情给了我灵感，促使我为此书的第二版撰写这一新章节。当疫情汹汹来袭，大约在 3 月初，大家终于意识到这次疫情的严重性时，股市也崩盘了。人们惊慌失措，许多人在遭受重大打击后将他们的资产变成现金。而这些人错过了随后几个月的巨大涨势，失去赚取利润的机会。股市经过再次修正之后，市场仍然处于历史高位。

艾伦主义

决策既是一门艺术（关乎情感），也是一门科学（关乎智力）。如果你忽略了其中任何一项，那你还不如通过扔硬币来做决定呢！

投资专家指出，由于之前市场价值的长期增长，他们知道波动会在某一时刻

产生重大影响。他们只是不知道波动会在哪一刻爆发，或者无法预测波动产生的缘由（比如病毒），但他们已经做好了万全的准备——"秘诀"是不要恐慌，要有足够的现金资产支撑你渡过难关，而不必急急忙忙去抛售股票。

同样的道理也适用于小企业。那些有现金储备的企业可以渡过难关，而那些利润微薄、手忙脚乱的企业则最终落败。缺乏现金储备的人（比如，足以支持他们度过六个月的失业期以及其他福利和激励资金）不得不散尽他们的毕生积蓄、IRA 基金等。

市场波动是可以预期的，如今的波动更频繁，因为随着我们逐渐获得对生活的掌控权，我们也会在某些方面失去控制。例如，我们用技术来控制交易或装配线，但当它出现问题时，就会导致股市恐慌和大面积停工。你不能再像我岳父那样把头伸到引擎盖下面去修车了，你需要一位汽车经销店里的专家，将仪表盘与一台笔记本电脑相连，再进行维修。

信条

市场波动性既是一种进攻武器，也是一种防守需要。而最好的防守是势不可挡的进攻。

关于市场波动，以下是你需要考虑的问题：

- 根据其定义，我们无法预测波动发生的时间，但却可以预测波动产生的影响。你必须为你自己和你的客户做好万全的准备，以备不时之需。不管是什么原因造成的市场波动，你必须为自己和客户做好应对突发事件的准备。无论火灾是如何引起的，船上都会配备救生艇和进行消防演习。
- 在后危机时代，市场波动成为新的常态。在我年轻的时候，50 点的市场波动就会引起巨大的反应。今天，需要超过 500 点的波动才能引起人们的注意。
- 无论你的客户的市场份额如何，都不足以形成对市场波动的免疫力。西尔斯本可以蜕变成亚马逊，但它却一直难以赶超。尽管在大城市里出租车的身影早已无处不在，但 Uber 的出现推动了出租车的行业变革，经过优化后，它们成为可以提供网约车服务、GPS 导航且清洁又干净的交通工具。
- 在动荡的时代，人们乐于听取解决方案、战略方向和发展预测。所以，在市场发生波动时，你更应该积极谏言，这正是你成为一位可信咨询师的好时机。永远不要妄下判断，以为人们在动荡时期不想采取行动。大家都在努力摆脱翻滚的浪潮、漩涡和流沙。

- 这一理念是"增加"或制造波动，你和你的客户会比那些没有准备的人更好地控制和利用市场的波动。

正如我们逐渐习惯于处理"正常"和"常规"事物一样，我们也会逐渐习惯市场波动。尽管我们无法预测波动的发生，但我们可以在经历波动时做出适当的反应。军队会接受训练以应对突发状况。无独有偶，据拳击手迈克·泰森观察，每位拳手都有自己的作战计划，直到进入拳击场被打中下巴。

艾伦主义

市场波动会成为"常态"，即使我们无法预测未来将会发生的事情，我们也可以有所预料和准备；即使我们无法阻止波动的发生，也可以学着去适应它。

我们需要为自己和客户考虑如何应对持续一个月或一年的动荡时期，关键是提高敏捷性，正如 2020 年疫情发展初期有各种预测和推断，说得好听点是推测不准确，说得难听点就是无端揣测、胡思乱想。

这些波动不可避免，无论是从个人还是职业层面而言，你必须为这些事情做好准备，然后学着积极适应。

时间与金钱

这些并不是你所认为的"资源"，而是优先事项，意味着它们要被分配到有高价值回报的地方。任何告诉你"我们没有钱"或"我们没有时间"的人都在说谎，因为每个公司（和人员）都不会缺少时间和金钱。问题是如何让买家将时间和金钱重新分配给你，只因考虑到你能为买家带来更丰厚的回报。

- 当所有人都在"躲避",试图不被动荡的残骸击中,这就是你戴着头盔大胆冲锋陷阵的好时机。你的竞争对手在"躲避",而你在积极进取,若想取得成功,没有比这更好的时机了。

- 永远不要等待情况"恢复正常"或"进入新常态"。你想要的绝非正常状态,而是完美适应。正如苹果公司的业务开始从硬件拓展到软件、手机、应用程序和信息交流。

- 为市场波动做好准备和应对之策是一个过程,不一定是针对某一特定行业或市场。这意味着你可以帮助任何人(也包括你自己)。比如:
  - 识别你的最佳客户/顾客,并确保你对他们给予极大的关注。
  - 为客户提供帮助,而不是完成项目。
  - 将自己定位为一个值得信赖的顾问,不要错过与客户约定的最后期限,主动提供谏言。
  - 准备好上述的资源(资金、新服务、创新方式等),以便在需要时进行部署。

我们所处的是一个不断变化的世界。我在前面介绍了"混沌理论",以证明一切都有边界,水不会逆流而上,电视上仍会播放有关杜鲁斯市 [1] 的主妇们的内容。因此,大家会慢慢接受市场波动,并游刃有余地处理。也就是说,不断变化将是常态。

变化的是边界范围。就像 500 美元的股市波动不再引起大家注意一样,不断变化的市场、客户、产品、服务、全球扩展等,对你的客户和潜在客户(更多的是对你而言)来说将变得习以为常。

因此,创新是一个重要的核心进程,以下事项也同样重要:

- 人才保留条件
- 交付方式
- 分包合同
- 合作的期限
- 优先事项

---

[1] 杜鲁斯被誉为最适合移居的城市之一。——译者注

你是否注意到，除了联邦快递和 UPS 的卡车外，你现在还能在四周看到亚马逊的 Prime 卡车吗？

16.2 颠覆式破坏是一种武器

也许现在是时候将颠覆式破坏"武器化"了。

哪些人是"具有攻击性的"破坏者？显然，这其中包括：

- PeaPod 公司和食品外卖服务，每次派送都会途经不同的商家和用户。
- 阿联酋航空公司建造了豪华的头等舱俱乐部（迪拜航站楼的整个二层楼），并在其中一些飞机上安装了淋浴器。
- 二手车经销商 Carvana 平台除了能让大家购买和出售汽车之外，还提供了上门取货和送货服务（还包括七天试用期和七天内无条件退货）。
- 与线上导师一起制定的居家养生方案。
- 远程医疗，使远在温哥华的皮肤科专家也能检查到身处迈阿密的你左手拇指上的痣。
- 奈飞传媒将连续剧、电影和活动信息流传送到你家，使你不需要去户外场所也能收看到娱乐内容。

当你读到这本书的时候，我相信你肯定能举出更多、更好的例子。请注意，颠覆式破坏是持续性的，且具有竞争性。引进了高端食品、休闲椅和其他设施的电影院，却输给了奈飞，因为人们寻求的不再是美食体验，而是在一个舒适、私密的环境里，有独立卫生间，同时又能欣赏娱乐节目！

就像市场波动一样，我们总是倾向于"深挖"它给我们带来的冲击，而不是把势头转向对我们有利的地方。

艾伦主义
进攻往往意味着使用武力的方式，利用竞争对手的势头来对付他们。

应该还有很多人记得 Beta 与 VHS 的原始格式大战，最终 VHS 以压倒性的优势获胜，它比 Beta 更具颠覆性（但这并不意味着 VHS 更好，因为很多人认为其质量更低）。例如，Beta 将其录制时间限制在两个小时以内！

我们如何才能具有颠覆性？

- 我在 20 世纪 90 年代为咨询行业引入了基于价值的收费，它已成为专业服务计费的主要（而且合乎道德的）方法。
- "专业管家服务"现在在医疗、金融和法律服务领域都相当普遍了。
- 现在在网上购买保险很容易，不用再给经纪人或代理人支付中间费用，也不会有任何时间的延迟。
- 庞大的计算机数据库使法律（和其他）调查研究发生了革命性的变化。
- 平板电脑改变了我们阅读书籍和报纸的方式。

什么是"持续破坏性"？我认为我们需要改变心态，接受这些现实：

- 虽说"太阳底下没有新鲜事"，但是有些策略和战术是通用的（战略、领导力、变革管理、供应链等）并不受制于不同的条件：
  ○ 科学技术：如何使用技术来缩短实践应用和起效时间，并保证更高的一致性和质量？
  ○ 人口结构：谁将成为我们的选民？公司内员工的情况能够反映出我们的顾客和客户情况。据估计，到 2040 年左右，大多数美国公民将不再是白人，白人将只是众多种族中的一个。作为服务的提供方，我们是否会变得更加全球化，需要将服务以多国语言呈现，或通过本地合作伙伴为客户提供服务？
  ○ 社会风气：社会正义运动对你而言意味着什么？诸如气候变化和环境改善等问题应该如何处理？你自己的业务多样性和你的客户业务的多样性意味着什么？
  ○ 经济学：利率、全球经济、美元的强势、欧盟所面临的解体等问题将如何影响我的业务、投资、定价等？
- 我们这里所说的"破坏"并不是指彻底的变革，而是进化，而且通常很迅速。Uber 并没有发明新的出租车服务，而是为"出租车"提供 GPS、叫车服务、干净的内饰、礼貌的司机和更高的安全标准。西南航空公司并没有重新改造航空旅行，而是打造了一款通用型飞机，让所有飞行员都可以驾驶这一款飞机，所有乘务员和乘客也都能快速熟悉这款飞机上的配置。
- 快餐经营并不是把食物带到餐桌上，而只是把食物送上车，并把车开到厨房边。

- 破坏和波动是相辅相成的。当你做出破坏性举动时，就会产生波动。而当你处理波动问题时，为了掌控整个局面，你很可能会做出破坏性举动。它们是相互协同的，必须掌握两者才能处理好任意一种情况。

波动性和破坏性会一直存在。2020年暴发的疫情告诉我们，我们可以足够灵活地应对它们，甚至可以积极地掌握这些动态并将其作为进攻武器。

艾伦主义

适用于我们客户的实践同样适用于我们，适用于我们自己的实践也同样适用于客户身上。这就是你的实验室。

16.3 启示录

我给你们的"启示"是关于这个世界的奥秘，比如宇宙的边界存在吗、生命是如何进化的、人们为什么那么喜欢狗，但这些谜团之中，也有确定无疑的事情，即使置身于危机中，也无法将其搁置、抛弃或忽视。

我在前文中向大家说明了，动荡纷扰也可以为我们所用，在危机中寻找机遇，并将不利的影响控制在一定范围内。毕竟我们已经见识过战争、瘟疫、自然灾害、死亡和犯罪行为对社会所产生的危害，但是我们总有办法去克服它们，而且就是这些时候，我们总需要一个头脑清晰的人来提供一些更全面的建议。

2020年期间，我们经历了疫情、社会动荡、自然灾害、激烈的政治辩论、大量人员失业、企业倒闭、居家隔离行动受限，使我们倍感孤独。追溯近代发生的事，我们在经历了"9·11"事件、越南战争、古巴导弹危机之后，依然迎来了新的转机。

我曾指导过一个勉强糊口的咨询师，他以提供远程医疗（向医院里和家里的病人提供线上医疗服务）为生，在21世纪的第二个十年里，他很难在封闭守旧的医院制度和僵化的卫生保健系统中提出自己的观点。然而，随着时间的推移，他发现在他众多的联系人中，有一位非常热心的追随者，急于拓展低成本的远程治疗方式。从此以后，他的业务便蓬勃发展。

案例研究：企业的重生和坚守

. . .

奈飞曾是一家提供租赁服务的公司，正如百事达娱乐公司一样。有一次，该公司提高了租赁费，几乎在一夜之间失去了60万名客户。在遭受如此重创之后，有哪些公司能够生存下来？专家们都预测奈飞可能会破产。相反，奈飞随后进入了流媒体行业，虽然还未获得巨大的利润，但屡获殊荣，开创了新纪录。读到这里，你们中的大多数人应该都观看过（和播放过）奈飞的流媒体视频。

据公众预测，自史蒂夫·乔布斯的癌症公布于世之后，苹果电脑的销量也会随着他的离去而急转直下。专家们也认为苹果的创新力和对顾客的吸引力将消失殆尽。作为乔布斯的继任者，蒂姆·库克将公司推向了新的高度，业务从硬件和软件转移到手机和平板电脑，然后是应用程序和信息交流。在我写这本书的时候，苹果刚刚完成了1比4的拆股，是世界上价值最高的公司，价值超过一万亿美元，甚至高于亚马逊。

几年来，亚马逊的资金大量流失，但创始人杰夫·贝佐斯依旧坚持筹集资金，支持公司创新和扩张。目前，亚马逊的价值仅次于苹果公司，并且正在开拓多种新业务。不久前，亚马逊在一个季度内赚取的利润足以比肩它成立后前14年的总和。

我辅导过的一位女士是隐性偏见方面的专家，与他人所说的"多样性"和"包容性"等陈词滥调不同，她指出了我们无意识和不自觉的倾向，浑然不知自己已深受偏见的伤害。除了豁达开明的管理层之外，她在向他人阐述自己的观点时都会受阻。尽管如此，她已经建立了强大的声誉和良好的关系。当社会正义运动爆发，产生了变革的需求，她的业务量也暴增，甚至一度超过了她能承受的范围。

马基雅维利曾评论，在他看来，人们的成功或失败取决于如何根据时代的发展而改变自己的行为。我给你们的"启示"是，你不应该再固守旧我，而要学会调整和进步，以适应当下时代的"召唤"。（没人能够预测未来。）

艾伦主义

过去取得的成功从来都不是未来成功的指标。

过去经历的失败也不意味着在未来也会遭遇失败！

你可以是受害者，但不能成为牺牲品。你可以落败，但绝对不能被打败。你虽经历了苦难，但是不可一蹶不振。

最后，我想提醒你，有些事情是亘古不变的，在危机时期和任何时候都是如此。

- 如果你无法帮助自己，就不能帮助别人。牢记"氧气罩原则"——如果你需要用资源、精力、时间和财力来帮助他人，也需要为自己考虑。
- 当你不确定某项行动方案时，要扪心自问"客户的最高利益是什么？"这将为你指明正确的行事方法。
- 你是在为客户提供价值，而不是"销售"服务。因此，你永远不会打扰到任何人。若你不将价值和帮助提供给他人，帮助他们改善业务和生活，那便是你的失职。
- 财富是可自由支配的时间。不要因为追逐金钱而侵蚀你的财富，很多人每天都在消耗自己的财富。
- 你是买家的同路人。你应该展现出自己是买家的合作伙伴，而不是苦苦哀求对方和你合作。不要和那些不会答应你的请求，而只会一味拒绝你的人联系。
- 根据服务价值收费。远程演讲、咨询或辅导同样有价值，不要仅仅因为你不在现场就降低你的收费标准。
- 你将以怎样的心态度过每一天，要么从敌人的地盘上狼狈逃离，要么振奋精神，为他人提供价值，开启机会之门。
- 你与自己的对话和谈论自己的方式反映了你的信念，同时体现在你的行为中。将负面因素归咎于个别案例，保持积极心态，怀抱成功的信念。你的行为将遵循你的信念，你是自己的主宰者。

这对我来说是一段不可思议的旅程。我很高兴你们能和我一起，共同探索未来的旅程。

1. 样本提案

现状评估

自从四个月前成为 ×× 公司的执行副总裁以来，你发现了组织中的诸多优势和阻碍成功的关键因素。当公司的目标是以前所未有的速度发展业务时，这些特征就更加重要了。在发展业务的同时，你要坚守公司的文化，你的上级和下级都认为打造企业文化是有价值和富有成效的。

你的成功取决于制定一个强有力的组织战略，并予以执行，让合适的人扮演合适的角色，并让大家相互配合。过去你与客户和同事成功建立起的关系将会起到关键作用。但是，就你目前所处的角色和位置，你必须管理一个更大、更多样化的组织。不仅如此，你必须在有限的时间内向公司领导证明你是合适的人选。

目标

（1）为你提供一个专业的外部咨询平台。

（2）开发和实施一套完整的方案，以彰显你作为公司执行副总裁的能力。

（3）为组织高层的人才提供专业化的建议和专家观点。

（4）制定一个清晰的、令人信服的战略。

（5）开发并使用一个简单而强大的实施计划。

（6）加强高层领导人之间的合作与配合，以确保目标的实现。

（7）具体来说，要减少两个执行委员会成员之间的摩擦，因为他们的才能都是获得成功所必需的要素。

成功的衡量标准

（1）×× 与你之间就你应该对哪些工作成果负责达成协议。

（2）缩短决策时间，增强对决策的信心。

（3）在保持利润率的同时增加收入。

（4）有证据表明战略和目标明确，且行为与计划保持一致。这些证据包括：

- 自发性对话。
- 加强合作。
- 有更多的创意从组织底层传达到高层。

（5）减少解决高层冲突问题所需的对话次数。
（6）首席运营官对于你在财务管理和领导力方面的表现给予积极反馈。

价值

（1）在去年的基础上销售额增加 150 万美元，并使净利润增加 30 万美元，净利润总额达到 130 万美元。

（2）减少高层冲突，这同时也会减少与相关人员交谈的时间。

（3）缩短新创意和方法的上市时间。

（4）加速提升你创造积极影响的能力。

（5）建立一个有效的决策框架，减少决策时间。

方法和选择

选项一

在六个月的时间里，根据需要与你进行面对面会议，并提供不限量的电话咨询。

与你的每个直接下属会面，以便于更全面地了解人员和组织情况。

与直接下属团队召开会议，听取意见，进一步加快整合。

与执行委员会会面，确保目标明确，步调一致。建立战略框架，确保达到增长和盈利的目标。

与你、××和××（另外两人）会面，解决他们二人以及你们三人之间的问题。

与你和××会面，制定可实现的目标和期望，保证行动与计划保持一致，并且得到你的支持与认可。

选项二

选项一的所有要素，附加：

在项目进行五个月后与直接下属团队召开小组会议，以识别和探讨新的机遇、挑战和想法，并巩固你的领导力。

选项三

选项一和选项二的所有要素，附加：

对组织进行全面的调查，以便于你更彻底地了解组织内的情景，找到影响咨询战略有效实施的文化因素。另外，还包括与直接下属团队沟通调查分析的结果。

日程安排

在本项目开始后的八周内完成初次面谈和会议。

向你和执行委员会提供长达六个月的咨询服务。

责任共担

××将任命康斯坦斯·法拉利博士为项目负责人。她将全面参与项目的推进和执行，同时也是项目的主要联系人。我们将按要求签署保密协议，所有工作成果的所有权归××所有。

在规定的时间范围内，××将允许我们与关键管理人员进行沟通，同时会酌情向我们提供文件和公司信息的访问权限。××将负责安排会议，并为会议的顺利举办提供必要的行政、设备及相关支持。××同意下述费用结构，并将遵循费用报销程序。

价格和付款条件

选项一：6万美元

选项二：7万美元

选项三：8.5万美元

付款条件：本协议书签署之日，你将支付一半的项目费用；在协议签署45天内，你将支付另一半的项目费用。

按月提交合理的差旅费和生活成本费用，买家将在收到发票后进行支付。

协议一经签署后不可撤销，你应当按照上述付款条件进行款项的支付。如有必要，你可以推迟进行部分服务项目。我们会保证工作的质量，若项目交付未达到上述预期目标，我们会将费用退还于你。

签字

_____

×　×

_____

2. 分包商协议

独立咨询师通常会根据情况从外界获取帮助，这通常被称为分包。在实施之前，与分包商制定规则很重要，这样就不会有意外发生。

接下来的协议旨在拟定合作的标准。你可能希望你的律师起草协议，尽管我发现稳固的关系比任何法律协议都要强大，而糟糕的关系会破坏最严密的法律协议。

一些提示：

- 使用你认识并信任的人。
- 即使你不需要帮助，也要为你需要帮助的时候持续寻找这些人，并与之建立关系。
- 当你需要大量的工作帮助时，当你需要的是你不具备的专业知识时，当你对工作不感兴趣或者不愿学习时，或者当你有更好的备选项时，可以考虑分包。
- 始终记住，客户只是你自己的。

分包商协议范本

当琼·拉森代表高峰咨询集团在埃可米公司工作期间，将按照本文件中的以下条款管理我们之间的劳动关系：

（1）你将表明自己是高峰咨询集团的分包商。你在任何时候都不会发放个人名片或谈及你的个人业务。

（2）你在任何时候都不会拓展和推广个人业务。

（3）贵方将按照高峰咨询集团提供的指示执行方案，不得擅自与客户进行任何条例的变更、修改或增加。若客户需求变更，请将客户诉求转交由艾伦·韦斯做决定。

（4）费用按月报销，我将在收到发票后的10天内为你支付钱款。你要在该月的最后一天提交费用。报销的费用包括经济舱机票、打车费、餐饮费（每天不超过75美元）、市中心万豪酒店的房费和小费。所有其他费用，包括通信费、娱乐费、洗衣费等，都不能报销。

（5）根据高峰咨询集团的指示和批准，你的报酬标准如下：若现场协助，报酬为1500美元/天；若远程协助，报酬为750美元/天。你同意在60天内完成分配给你的工作，另外驻场协助工作的时间不超过15天，远程协助工作的时间不超过4天。你将完成以下工作内容，即使超出规定的时间，但工作报酬将以上述标准为限：

- 按照规定开展12个焦点小组，每次调研时间为90分钟。
- 在调研每个小组的时候制定分析报告。
- 对所有小组的调研结果进行分析并制定报告。
- 在结束调研后与艾伦·韦斯会面，并做最终汇报。

项目报酬将在每月末报告提交后的10天内完成支付，前提是所有焦点小组的进展报告都已提交。

（6）对于所有的工作成果和提供给你的材料，其知识产权都归高峰咨询集团所有。你不得在谈话或书面文件中提及该组织为您的客户。对于高峰咨询集团和埃可米的任何交流内容，你必须要做到绝对保密，并遵循你所签署的保密协议。

（7）要保证自己的专业性和职业素养，遵守商业道德和礼仪规范，并满足工作项目的要求。如果埃可米或高峰咨询集团认为你没有做到这一点，将提前终止本合作协议并停止向你付款。

若你同意上述条例，请在确认后签字，并承诺将遵守以上要求。
琼·拉森
高级副总裁
日期：_____

第 1 章

1. 关于泰勒的传记和他研究成果的精彩记录，请见罗伯特·卡尼格尔所著的《一个最好的方法》（*The One Best Way*，Viking，1997）。

2. 作为证据，第一次管理咨询会议是在 1888 年由德国邮局组织的。根据历史记载，当时并没有人参与本次会议。

3. 拥有约翰霍普金斯大学和牛津大学学位的克里斯多福·D. 麦肯南曾经研究过独立咨询行业发展背后的政策原因和影响，并就此发表了大量的文章。

4. 埃德加·沙因率先提出"流程咨询"这一术语，也是这一咨询方法的权威代表。参见他的《重新思考流程咨询》（*Process Consultation Revisited*，Prentice-Hall，1998）和我所创作的《流程咨询》（*Process Consultation*，Jossey-Bass/Pfeiffer，2002）。

5. 很多相关资料对外声称咨询师的数量约有 40 万人，但我从未见过权威报告或计算方式。

第 2 章

1. 我可以列举出很多条有利因素，在这里长话短说。举个例子：当你在英国有业务，要在那里申报增值税，你必须有一份美国税务局的文件，证明你目前在美国经营着一家公司。

2. 美国版权局网站：www.copyright.gov/。

3. 美国专利和商标局网站：www.uspto.gov/about/offices/trademarks/ index.jsp。

4. 请咨询师和分包商注意，关于分包商和雇员的界定标准，美国税务局有相关的规定。比如，如果这个人 80% 及以上的收入来源于同一个渠道。请查询美国税务局网站或向你的财务顾问咨询。

5. 我出差的时间占比从 65% 降低到 40%，然后降到了 25% 左右，在过去的几年里，我因公出差且没有和妻子一起旅行的时间占比已经低于 15% 了。

6. 很少有例外，当客户主动来找你时，你可以邀请他们到你家里来，或者在酒店或俱乐部租一个私人会议室。

第 3 章

1. 你自己维护和管理网站或博客就是浪费时间。你要成为内容专家，而不是技术专家。

2. 请注意，你能通过电话就确定再次见面的时间，这是因为你们已经建立了相互信任的关系。

第 4 章

1. 一个重要的资源是《美国国家贸易和专业协会》。在其他国家也有许多类似的出版物。

2. 在过去的十年，各类参考文献表明"点对点"推荐是获取业务最有效的手段，而不是通过互联网。这一点得到了乔纳·伯杰（《传染》*Invisible Influence*，Wharton School Press，2016）和丹·平克（《销售是天性》*To Sell Is Human*，Penguin，2012）等人的支持。

3. 你对自己使用的话语（也就是你与自我的对话）会影响你的行为。尽量避免用"推销"和"议价"的方式与客户谈业务。你要与客户"交流"而不是做"汇报展示"，要注重 ROI（投资回报）而不是"成本"。

4. 我不建议你回关所有在 Twitter 上关注你的人，否则你会掉入时间垃圾堆。你并不需要遵守这方面的"礼节"，不要浪费自己的时间。

5. 例如，当你回顾市场引力轮的时候，你会发现其中的大部分元素都依赖于技术手段。

6. 这也是我加入门萨的原因，因为我怀疑这些"高智商成员"是一群自以为是的人，他们只是善于考试（运气好或作弊），事实证明我是对的。

第 5 章

1. 成熟的客户可能接触过咨询服务，他们是早期采用咨询服务的人，与咨询师真诚合作、各尽其责，并以结果为导向而非以任务为导向。

2. 我所说的"交付内容"是指焦点小组、采访、观察、研究、研讨会等。他们会接受按日收取服务报酬。

3. 这些推荐费的支付标准都是针对眼前的项目，而不适用于回头生意或其他拓展业务。

4. 卡尔冈公司总裁是我的客户，每当他第二天要参与一个重要的董事会会议，或者当他工作中遇到突发事故，他经常会在深夜或周末致电向我咨询。

5. 如果你想要了解更全面的信息，可以查看我和奥马尔·汗合著的《全球顾问》（*The Global Consultant*，John Wiley & Sons，2008）。

6. 如今，与许多全球化的公司一样，即便你在家庭办公室里工作，你也必须使用英语。

第 6 章

1. 我们痴迷于超模、超级碗比赛、超自然、超导性等。

2. 事实上，如果你要在服务中提供自己的意见和知识产权，而不仅仅是确保场地布置和会议结束时间，那么你可以收取更多的服务费用。

3. 《了解媒体》(*Understanding Media*, McGraw-Hill, 1964)。

4. 查看相关供应商的信息，如 PRLeads.com、Expertclick.com 和 HARO。

5. 加速曲线的左侧。

6. 如果你在创作的时候脑子一片空白，请参考我的著作《突破写作障碍：打造蓬勃发展的专业化服务所需的商业信函和文件模板》，这本书是由我自行发布在网站上的。

7. 资料：杰夫·赫尔曼和黛博拉·莱文·赫尔曼所著的《完美的图书提案：10 本畅销书及畅销原因》(第二版)(John Wiley & Sons, 2001)。杰夫是我的经纪人，但是这么好的一本资料，我可没有打它的主意。

8. 可以看看杰夫·赫尔曼的《文学经纪人指南》，每半年更新一次。

9. 在从悉尼飞往曼谷的澳航 747 飞机的头等舱内，我的妻子正在摆弄着计算器。我有点担心她，便询问她发生了什么事。"我正在按照你的实际工作时间来计算你的时薪。"她每天看着我进进出出，对于我的工作时间了如指掌，"你每小时能赚 14 750 美元。"我说："把计算器收起来吧，我们不要再谈论这个问题了。"

10. 我不想老生常谈，但是所谓的"教练大学"和认证证书真的是太荒谬了。详情请参考我的著作《百万美元教练》(Million Dollar Coaching, McGraw-Hill, 2011)。

11. 我们听到很多关于"部落"的说法，但我发现部落是排外的，部落的信仰已经僵化为不可更改的。对待那些和他们不同的人，部落里的人很排斥，也不予接纳。社群接受主流的信仰和观念，只要其基本价值观是一致的，都会被社群所接纳。

第 7 章

1. 请见第三章和第六章中的完整费用方程式。

2. 我再次强调一下，如果大家想要获取更深层次的内容和更多的模板，请参阅我的另外一本著作《百万美元咨询师®的提案》(*Million Dollar Consulting® Proposals*, McGraw-Hill, 2012)。

3. 我给自己立了一条规矩，每当客户的员工想告诉我一个"秘密"时，我都会回答："在你告诉我任何事情之前，我需要向你明确一点，如果我觉得这件事情影响了我的客户(买家)的利益，我就不会替你保密。"

4. Docusign 是一个很好的远程签名方式：docusign.com。很多律师、房地产商、汽车经销商都在使用这个平台。

第 9 章

1. 我的最长受聘记录是五年，在那五年的时间里，我一直协助出售客户公司的其中一个部门。

2. 如果曾经有人为你推荐过其他客户，那么你可以举例说明！

3. 注意：即使客户同意你将它们引用为你的客户案例，但是企业商标通常受到严格的保护。如果你没有得到客户明确的许可，而在宣传中使用了客户的 Logo，你很可能会被起诉。

4. 当我为书籍著作写推荐语的时候，我总会给作者和出版商提供多种选择，他们可以选择其中一个，或将其合并。因此我写的推荐语基本上每次都能被选上封面。其他人不知道这个诀窍。

5. 永远不要为营利性组织提供无偿服务。

第 10 章

1. 如果你想获取更详细的信息或深入学习，可以查阅我的这两本著作：《过程咨询》和《组织咨询》，这两本书由 John Wiley & Sons 出版；或者查阅由 IDG / Macmillan 出版的《关于动力管理的非官方指南》。你也可以在我的网站上找到它们。当然，也可以看看我的《百万美元咨询师》，由 McGraw-Hil 出版。

2. 我曾看到过一则网络广告，宣传着：只要花费 495 美元，你就能"在一天内获得人生教练的认证书"。

3. 关于这一变化过程，查尔斯·凯普纳和本杰明·特雷高的《新时代的理性管理者》(*The New Rational Manager*, Princeton Rearch Press, 1997)里有更精彩的论述。在我看来，这本书对于这个主题的有着深远的影响。

4. 今天大家广泛使用的新词就是"训练"。你可以参与到一个训练课程、工作坊或者研讨会里，但是如今说到"我正在训练营"就像说"我要去跑步"一样稀松平常。

5. 学者唐纳德·柯克帕特里克在 1959 年首次提出了这一见解！

第 11 章

1. 最佳资料来源：约翰·加德纳，《论领导力》(*On Leadership*, Free Press, 1993)；沃伦·本尼斯，《无意识阴谋论：为什么领导者不能领导》(*The Unconscious Conspiracy: Why Leaders Can't Lead*, Jossey-Bass, 1998)。虽然古老，但是很好。还有我的《无畏的领袖》(*Fearless Leadership*, Taylor & Francis, 2020)。

2. 最佳资料来源：维克托·弗鲁姆所著的《领导力

与决策》（*Leadership and Decision Making*, University of Pittsburgh Press, 1973）。我在这部分提出的观点是基于他的研究成果。我认识维克快 50 年了。

3. 林肯·斯蒂芬斯指出："如果我们有很优秀的国王，那我们现在肯定还拥护君主制。"

4. 如果一个组织有优秀的继任计划，那么从这里离职的人一定能在其他公司谋得高位。

5. 最主要的一个特例是银行，在银行里每个人都是副总裁，包括开门的人，但他们没有一个人有足够的权限可以帮到你，更不用说帮你贷款了！

第 12 章

1. 由本·特雷戈和约翰·齐姆曼所著的《高层管理战略是什么以及如何运作》（*Top Management Strategy: What It Is and How It Works*, Simon & Schuster, 1980）。你可以去买原版的，因为最新一版简直就是一场灾难，对原作者极为不尊重。

2. 你可以参考我所写的《最佳计划》（*Best Laid Plans*, Harper Collins, 1990；Las Brisas Research, 1994）。

3. 关于这一点的讨论，参见玛格丽特·惠特利所著的《领导力与新科学》（第三版）（*Leadership and the New-Science*, Berrett-Koehler, 2006）。

4. 参考我和米歇尔·罗伯特共同创作的书，比如《创新公式》（*The Innovation Formula*,Harper Business, 1988）。

第 13 章

1. 因此，如果你正在辅导一家健身房的老板，并以你的服务换取价值 2500 美元的健身房会员资格，那么这个数额就是应税收入。

2. 如果你觉得我提供的经验和建议不够充分，那你可以去寻求律师的帮助。我用一段话就能向你说明的概念，他们会给你一份 200 页的文件，让你从中寻找答案。另外，你还需要缴纳比这本书贵 100 倍的费用。

3. 毫不意外的是，有些人对我的活动很感兴趣，并告诉我他们会在参会后补交费用。事实上，他们之后从未向我支付费用，甚至再也没有提及这个问题。所以我不再允许这么做了。

第 14 章

1. 提供专业性服务的企业往往以 1~2 倍的收入或 4~6 倍的利润出售服务。

2. 如果你想深入了解这个话题，可以查阅我的著作《生活平衡：如何将职业成功转化为个人幸福》（*Life Balance: How to Convert Professional Success into Personal Happiness*, Jossey-Bass/Pfeiffer, 2003）。

3. 参考我的书《六十多岁》（*Threescore and More*, Taylor & Francis, 2019）。

第 15 章

1. 之所以拖延是因为害怕工作完成的质量不好，被别人批评或不被认可，这比错过项目的最后期限和花费太长时间完成项目更可怕。

第 16 章

1. 相关案例请参见玛格丽特·惠特利的《领导力与新科学》（*Leadership and the New Science*, Berrett Koehler, 1999）。

艾伦·韦斯是少有的可以称自己是顾问、演说家和作家的人之一，而且也的确名副其实。他的咨询公司高峰咨询集团的客户包括默克公司、惠普公司、通用电气公司、梅赛德斯－奔驰公司、道富集团、《时代镜报》集团、美联储、《纽约时报》公司、丰田公司以及其他 500 多家全球领先公司。他曾服务于圣三一剧团、获得托尼奖的新英格兰地方剧院和节日芭蕾舞团，并担任新港国际电影节的主席。

他每年在重大会议上做 20 场主题演讲。此外，他还在凯斯西储大学、波士顿学院、塔夫茨大学、圣约翰大学、伊利诺伊大学、管理学研究所、加州大学伯克利分校和佐治亚大学商学院担任客座教授。他曾在罗德岛大学商学院担任兼职教授，教授高级管理和咨询技能课程。在纽约市成人继续教育学院之前 21 年的教学历史中，他保持着企业家课程售价最高的纪录。他是心理学博士，曾在哈佛大学医学院心理健康和媒体心理理事会任职。

他曾入选职业演讲名人堂，同时也是美国全国演讲协会卓越奖的获得者，全世界前 1% 最顶尖的专业演讲家才能获得此项殊荣。同时，他也受邀成为管理咨询协会的会员。历史上仅有两人同时拥有这两项称号，而他是其中一位。

他拥有诸多著作，包括 500 多篇文章和 60 本书，其中有他的畅销书《成为百万美元咨询师》（*Million Dollar Consulting*，由 McGraw-Hill 出版）。他最新的作品是《遗产》（*Legacy*，由 Taylor & Francis 出版）。他的书已被列入维拉诺瓦大学、天普大学、斯坦福大学和沃顿商学院课程的专用教科书，并被翻译成 16 种语言。

艾伦经常接受媒体的采访，他的名言警句也常常被媒体引用。在他的职业生涯里，他的足迹遍布 63 个国家和美国 49 个州。《成功》杂志曾有一篇文章将他称为"全球管理教育大师"。《纽约邮报》称他是"美国最受尊重的独立咨询师之一"。

他是美国新闻学会终身成就奖的获得者，这个奖项有史以来第一次颁发给非新闻工作者，该协会成立 65 年以来仅将此奖项颁发给了七个人。他每年举行思想领袖会议，吸引世界著名的专家开展讲座。